데이비드 포터의
남태평양 항해기
1812~1814

데이비드 포터의
남태평양 항해기
1812~1814

초판 1쇄 인쇄 ㅣ 2024년 8월 20일
초판 1쇄 발행 ㅣ 2024년 8월 30일

지은이 ㅣ 데이비드 포터
옮긴이 ㅣ 홍옥숙·류미림·노종진·김낙현*

발행인 ㅣ 김남석
발행처 ㅣ ㈜대원사
주   소 ㅣ 06342 서울시 강남구 개포로140길 32 원효빌딩 B1
전   화 ㅣ (02)757-6711, 6717
팩시밀리 ㅣ (02)775-8043
등록번호 ㅣ 제3-191호
홈페이지 ㅣ http://www.daewonsa.co.kr

ISBN ㅣ 978-89-369-2309-9   93950

＊이 역서는 2021년 대한민국 교육부와 한국연구재단의 지원을 받아 수행된 연구임
  (NRF-2021S1A5B5A16078468)

데이비드 포터의
남태평양 항해기
1812~1814

데이비드 포터 지음
홍옥숙·류미림·노종진·김낙현 옮김

A Voyage in the South Seas, in the Years 1812, 1813, and 1814.
with Particular Details of the Gallipagos and Washington Islands

대원사

『밴쿠버와 브로튼의 북태평양 항해기 1791~1795』에 이어 두 번째 번역으로 『데이비드 포터의 남태평양 항해기 1812~1814』를 내놓게 되었다. 조지 밴쿠버는 현재의 미국 북서부와 캐나다 태평양 연안을 탐사한 항해자로 이름이 알려져 있고, 윌리엄 로버트 브로튼 역시 18세기 말 조선의 용당포를 자의로 찾았던 최초의 영국인 항해자이기에 옮긴이들은 망설임 없이 항해기 번역의 첫 번째 책으로 선정할 수 있었다. 반면 '데이비드 포터 항해기'는 포터가 누구인지, 왜 번역했는지 설명이 필요하다.

데이비드 포터를 19세기 초 미영전쟁 당시에 활약한 미 해군 함장으로서 에식스호를 지휘하여 태평양에서 영국의 사략선들을 나포하는 전과를 올렸던 인물이라고 한다면, 이는 썩 적절한 소개는 아닌 듯싶다. 세계 해전사에서 포터보다 더 대단한 승리를 거둔 인물이 한두 명이 아니지 않은가.

포터를 처음 만난 것은 『모비 딕』의 작가 허먼 멜빌을 통해서였다. 포터의 에식스호는 갈라파고스제도의 섬 사이를 누비면서 영국기를 올려 영국의 포경선 겸 사략선들을 속여 넘긴 후 발포해 적선들을 나포하는 전략을 썼다. 멜빌은 중편소설 『엔칸타다스』에서 에식스호를 "아침에는 미국 배, 저녁에는 영국 배"가 되는 "수수께끼 같은 배"로 묘사했다. 그뿐만 아니라, 포터의 항해기에 기원을 두고 있는 『엔칸타다스』의 많은 에피소드는 항해기가 문학 작품에 영감을 줄 수도 있다는 사실을 일깨워 주었다. 사실 항해자의 관점에서 서술된 일인칭의 항해기는 항해를 다룬 소설과 맞닿아 있기에 문학 작품으로 읽을 여지가 있다.

　포터의 항해기에는 신생국 미국을 대표하여 영국과 맞서 싸운다는 자부심과 애국심으로 똘똘 뭉친 미국인이 보인다. 남보다 더 빨리, 더 많은 공을 세우려는 호승심으로 가득한 포터가 있다. 포터 이전에 나온 대부분의 항해기는 단순히 발견의 항해를 사실적으로 전달하는 보고서 성격이 더 강하다. 포터 역시 이 목적에 따라 갈라파고스제도의 식생과 동물, 지형을―그것도 찰스 다윈보다 앞서―상세하게 묘사하고, 갈라파고스의 인간 이주민에 관한 이야기까지 기록하며, 앞으로 식민지를 경영한다면 어떤 작물을 어떻게 심는 것이 좋다는 제안도 남긴다. 칠레와 페루, 남태평양의 누쿠히바 등지에서 만난 사람들의 풍속과 습성을 호기심에 넘쳐 관찰하고 미국인과 비교하지만, 포터 항해기의 매력은 항해자 포터의 다양한 면모를 솔직하게 드러낸다는 점에 있다.

　데이비드 포터는 미국 식민주의자의 원형(原型)을 보여 주는 인물이다. 오늘날 태평양은 미국의 세계정책에서 중요한 축을 담당하는 지역이다. 그렇지만 포터 당시 신생 국가 미국은 자국의 영토가 태평양과 접하고 있다는 사실도 잘 몰랐을 것이다. '남양(南洋)'이라 불리던 태평양의 마르케사스제도에서 원주민과 식민 전쟁을 벌였고, 미국 최초의 식민지를 건설한 사람이 포터다. 포터의 주 무대는 태평양이었다. 대서양을 남하하여 남미의 끝인 케이프 혼을 지나 미 해군으로서는 최초로 태평양에 진출했고, 갈라파고스에서 적선을 나포하고, 누쿠히바섬(본문에서는 '누아히바'로 표기)에 미국식 지명을 붙여 식민지 매디슨빌을 건설했으며, 타이피족과 전쟁을 벌였다.

우리는 1854년 페리가 스스로 '제독'이라 칭하면서 일본과의 수교에 성공했을 때 미국이 태평양 시대를 열었다고 생각한다. 물론 허만 멜빌은 1830년대부터 미국의 포경선들이 먼저 태평양에 진출했다고 주장하지만, 페리나 포경선에 앞서 태평양에는 데이비드 포터가 있었다. 포터는 영미전쟁이 끝난 후 1815년 매디슨 미국 대통령에게 청원서를 썼다. 이미 발견의 항해가 끝났다고 하지만 미국은 태평양으로 나서야 하고, 중국·러시아·일본과 교역을 해야 하며, 적극적으로 미국의 이익을 도모해야 한다고 주장하며 태평양으로 원정대를 보내자고 했다. 이런 제안의 배경에는 영미전쟁의 개인적 경험이 한몫했을 것이다. 미국 태평양 진출의 역사를 다시 쓸 필요가 있는 게 아닌가 하는 생각이 들 정도다. 부록으로 포터의 청원서를 같이 옮겨 실었다.

2021년 9월의 『밴쿠버와 브로튼의 북태평양 항해기 1791~1795』 출판에 이어 바로 『데이비드 포터의 남태평양 항해기 1812~1814』 번역에 착수했다. 포터는 1815년과 1822년에 각 2권짜리 항해기를 출판했지만, 옮긴이들은 1823년에 나온 한 권으로 된 세 번째 판본을 택했다. 1·2판과 같은 구성으로, 장황한 설명은 빠져 있어 항해의 핵심적인 내용을 전달하는 데는 문제가 없다고 여겼다.

초벌 번역은 2022년 초에 일찍 끝냈으나 출판까지는 생각보다 오래 걸렸다. 강의에 바쁜 한 학기를 정신없이 보내고, 방학이 되어서야 함께 모여 교정 작업을 하다가 또 새 학기를 맞이하는 과정을 몇 번이나 거친 다음에야 겨우 책의 모양새를 갖추게 되었다. 공동 번역이기에 의견 일치를 볼 때까지 한 단어를 두고 열띤 토의를 하다 보면 시간은 금세 지나갔다. 19세기 항해 용어는 여전히 옮기기 어려웠고, 범선의 모양새며 해상전투까지 눈앞에 그려내야 하는 작업이었다. 기존 항해기의 출판 양식에 따라 소제목과 날짜를 조사하여 본문 옆에 추가했다. 또한 포터가 들은 대로 임의로 표기한 많은 지명을 가능한 한 정확하게 현지명으로 바로잡으려 했다.

데이비드 포터의 항해기를 추천했을뿐더러 번역에 더해 많은 삽화와 표를 정리하고, 지도 제작에 출판사 섭외까지 해준 김낙현 박사에게 출판의 공을 돌려야겠다. 옮긴이들은 바쁜 일정에도 불구하고 거의 빠짐 없이 매주 금요일 오후를 교정 작업에 바쳤다. KMOU 연구진흥사업을 통해 옮긴이들에게 번역과 관련 연구를 하도록 지원해 준 한국해양대학교산학협력단에도 감사를 표한다. 항해기 초벌 번역본을 처음부터 끝까지 원문과 대조하고 꼼꼼하게 다듬어 준 소설가 황은덕 선생에게도 고마움과 경의를 전한다.

옮긴이들은 책꽂이에 꽂아두기만 할 책이 아니라고 판단했기에 책을 독자들에게 제대로 전해 줄 수 있는 출판사를 찾느라 맘고생도 좀 했다. 대원사출판사에서 졸고를 보듬어 주신다니 얼마나 감사한 일인지 모르겠다. 부디 많은 독자가 데이비드 포터를 만나기를 고대한다.

2024년 8월, 옮긴이들을 대표하여
홍옥숙

● 차 례

머리말 / 4

일러두기 / 12

1부 대서양에서 태평양으로

1장
델라웨어강에서 카보베르데제도를 지나 케이프 프리오까지
항해 시 특이사항 / 18

2장
브라질 해안에서의 활동
세인트캐서린섬 도착과 출발 / 28

3장
세인트캐서린섬에서 출발하여 케이프 혼을 돌아
모카섬 도착 / 34

2부 갈라파고스

1장
모카섬
발파라이소 도착과 출발 / 54

2장
칠레와 페루 해안 항해
갈라파고스제도 도착 / 73

3장
갈라파고스제도
나포선 / 85

4장
갈라파고스제도
어장 / 108

5장
툼베스 도착
갈라파고스제도 귀환 / 122

6장
제임스섬
랑데부 요새 / 141

7장
갈라파고스제도
워싱턴제도로 출발 / 148

3부 남태평양

1장
워싱턴제도로의 항해 / 160

2장
워싱턴제도
루아후가 / 163

3장
매디슨섬
하파 전쟁 / 172

4장
매디슨섬 / 196

5장
매디슨섬
타이피 전쟁 / 216

6장
매디슨섬
종교의식, 관습 등 / 228

7장
매디슨섬
농작물, 매디슨섬 출발 / 241

4부 에식스호의 나포

1장
발파라이소에서 일어난 일과 에식스호 나포 / 248

해 설

1812년전쟁과 데이비드 포터 / 266

데이비드 포터의 갈라파고스제도 / 271

마르케사스(Marquesas)제도 / 277

데이비드 포터의 남태평양 항해와 이후 미국의 태평양 정책 변화 / 280

부 록

부록 1. 매디슨 대통령에게 보낸 포터의 편지 / 284

부록 2. 데이비드 포터 주요 연표 / 290

부록 3. 출항 시 에식스호 승선자 명단과 계급, 인원 / 292

부록 4. 에식스호의 연혁과 제원 / 306

부록 5. 포터 함장의 에식스호가 나포한 배 / 308

부록 6. 범선의 돛 이름 / 310

참고 문헌 / 312

일러두기

- 이 책은 데이비드 포터의 『데이비드 포터의 남태평양 항해기 1812~1814』(*A Voyage in the South Seas, in the Years 1812, 1813, and 1814. with Particular Details of the Gallipagos and Washington Islands*, London: Sir Richard Philips, 1823)를 번역한 것이다.

- 편의상 본문의 장을 묶어 부(部)로 나누었으며, 본문에 삽입된 소제목과 날짜는 옮긴이들이 추가하였다.

- 본문의 주해와 각주는 모두 옮긴이 주이며, 원문의 각주는 저자 주로 따로 표시하였다.

- 길이나 무게 단위는 그대로 옮기고 ( ) 속에 미터법 변환 후 수치를 기재하였다.

- 영어식으로 표기된 지명은 그대로 옮기되, 포터가 들은 대로 표기하여 정확하지 않은 지명은 현지 발음에 따라 옮겼다.

- 데이비드 포터의 항해기 1815년판과 1822년판을 대조하여 인명, 지명 등의 오류를 바로잡았다.

- 삽입한 그림은 1823년판 외에 1815년판과 1822년판에서 가져왔다.

A

VOYAGE

IN THE

SOUTH SEAS,

IN

THE YEARS 1812, 1813, AND 1814.

WITH

PARTICULAR DETAILS

OF THE

GALLIPAGOS AND WASHINGTON ISLANDS.

By CAPTAIN DAVID PORTER,

Of the American Frigate, The Essex.

WITH THREE ENGRAVINGS.

LONDON:

PUBLISHED BY SIR RICHARD PHILLIPS & Co.

BRIDE-COURT, BRIDGE-STREET.

1823.

[*Price 3s. 6d. sewed, or 4s. in boards.*]

1823년판 표지 "갈라파고스제도와 워싱턴제도의 자세한 설명을 곁들인 1812~ 1814년의 남양 항해, 미 해군 프리깃 에식스호, 데이비드 포터 함장, 1823"이라고 되어 있다.

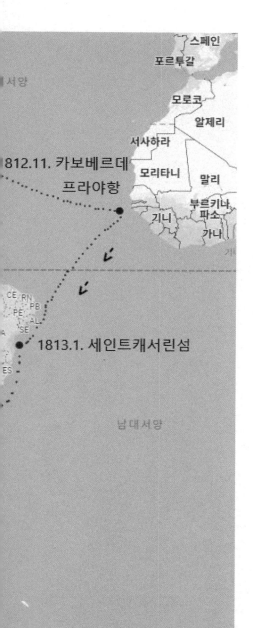

스페인
포르투갈
서양
모로코
알제리
서사하라
812.11. 카보베르데
모리타니
말리
프라야항
부르키나
파소
기니
가나
가

남대서양

1813.1. 세인트캐서린섬

데이비드 포터의 항로(1812~1814)

1부

대서양에서 태평양으로

1장
델라웨어강에서 카보베르데제도를 지나 케이프 프리오까지

항해 시 특이사항

1812년 10월 6일, 출항 준비

1812년 10월 6일, 윌리엄 베인브리지[1] 사령관으로부터 장거리 항해를 위해 에식스호를 준비하라는 명령을 받았다. 그리고 다음 날 향후 집결지를 전달받았고,[2] 그 이튿날 해군 장관으로부터 명령서 사본을 받았다.

델라웨어강 출발 후[3] 호의적인 바람이 불어와 11월 2일 우리는 추측항법[4]으로 북위 36°7', 서경 58°54'에 있었다. 그러나 좀 더 온화한 날씨가 예상되

---

1) 윌리엄 베인브리지(William Bainbridge, 1774~1833)는 미국 해군 장관(1824~1827) 등을 역임했다.
2) 포터는 단독으로 움직였다기보다는 베인브리지 사령관을 만나기 위한 목적으로 항해했다. 카보베르데제도 프라야항과 브라질 페르난두지노로냐, 세인트캐서린섬이 모두 베인브리지와의 랑데부 장소다.
3) 에식스호는 베인브리지의 컨스티튜션호와 만나기 위해 10월 28일에 출항했다.
4) 추측항법(dead-reckoning)은 이미 알고 있는 자리를 출발점으로 하여 그 후의 침로와 항정(航程)에 의하여 현재 배의 위치를 추산하면서 항해하는 방법이다.

는 위도로 진입하고, 영국에서 버뮤다제도로 가는 선박과 서인도제도에서 유럽으로 가는 선박들의 항로를 지나기 위해 남동쪽으로 항해했다.

1812년 11월 23일, 적도제

23일, 바다의 신 넵튠과 그의 아내인 암피트리테(Amphitrite) 여신이 수많은 악동, 이발사 등의 가신을 거느리고 우리를 방문했다. 오후 내내 배의 모든 신참도 해신의 신비스러운 의식에 참여했다.[5] 그러나 넵튠과 일행 대부분이 술의 신 바커스에게 너무 자주 헌주를 바쳤기에 세례식이 반도 지나기도 전에 선원들은 술에 취해 제대로 서 있을 수도 없었다. 그러므로 의식의 주관은 하위 제관들에게 맡겨졌는데, 그들은 해신 폐하가 그랬을 것처럼 조심성 없이 신참들을 면도해 주고 머리를 감겼다. 그러나 대체로 그들은 내가 예상했던 것보다 그럭저럭 질서를 지키고 기분 좋게 의식을 치렀다. 몇 명은 아주 심하게 상처를 입었지만, 자기가 이발을 해 줄 차례가 되었을 때 새로 고안한 방식을 써서 상대를 괴롭힘으로써 만족을 얻었다.

1812년 11월 26일, 카보베르데제도 진입

26일, 일출 때 세인트니콜라스(St. Nicholas)섬이 보였다. 곧 세인트안토니(St. Anthony)섬으로 향하는 포르투갈 브릭[6]을 타고 있는 선원들을 만나 말

---

5) 적도제(Line crossing ceremony or Neptune crossing ceremony)는 적도를 처음 지나가는 군인이나 선원이 힘들고 긴 항해를 잘 견뎌 내는지를 시험할 목적으로 시작되었다. 해신 넵튠을 주인공으로 하여 의식이 진행되는 동안 참여하는 뱃사람들은 육체적 고통을 감내해야 했다.
6) 브릭(brig)은 쌍돛대 범선의 일종이다.

을 걸었다. 그날 섬들 가운데를 지나갔고, 다음 날 밤에 살섬과 보아비스타섬 사이를 보면서 지나갔다.[7] 살섬은 고도가 높았는데, 처음에 섬을 볼 때 설탕 덩어리처럼 보이는 언덕 때문에 그렇게 알려진 것일 수 있다. 보아비스타섬은 외관이 험준하고 울퉁불퉁했다.

1812년 11월 27일

27일, 아침에 마요(Mayo)섬과 산티아고(St. Jago)섬 사이에 있었다. 산티아고섬의 산 가장자리에서 우리는 몇몇 마을과 큰 무리의 염소 떼를 볼 수 있었다. 그러나 메마른 토양의 모습은 우리에게 필요한 음식물을 제공해 줄 것이라는 희망을 주지 못했다. 우리가 알아볼 수 있는 코코야자 몇 그루를 제외하고는 어떤 식물이나 나무도 보이지 않았기 때문이다. 그 섬은 전체적으로 매우 음산했고 경작할 수 없는 땅으로 보였다. 나는 프라야[8] 정박지만 살펴보고 그곳에 우리의 전함들이 있는지 알아보기로 마음먹었다. 왜냐하면 이곳이 베인브리지 사령관이 지정한 첫 번째 약속 장소였기 때문이다.

1812년 11월 29일~12월 2일, 프라야항

29일, 카보베르데제도(Cabo Verde, 아프리카 서쪽 대서양의 제도) 총독과

---

7) 살(Sal)섬과 보아비스타(Boa Vista)섬은 북대서양 아프리카 서해상에 있는 카보베르데제도 부속 섬이고, 살섬의 '살(sal)'은 스페인어로 소금을 뜻한다. 포터가 '보나비스타(Bona Vista)섬'으로 기재한 것은 그의 오기인 듯하다.
8) 프라야(Praya 또는 Porto da Praia)는 카보베르데제도의 부속 섬인 산티아고(Santiago)섬의 항구로, 당시에는 포르투갈령이었다.

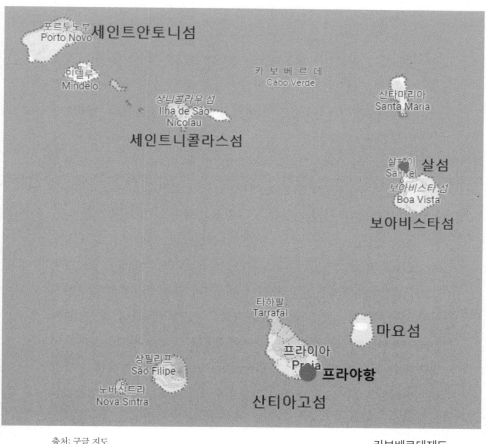

포르투노부
Porto Novo 세인트안토니섬

미델루
Mindelo

카 보 베 르 데
Cabo Verde

산타마리아
Santa Maria

상니콜라우 섬
Ilha de São
Nicolau

세인트니콜라스섬

살 레이
Sal Rei 살섬

보아비스타섬
Boa Vista

보아비스타섬

타하팔
Tarrafal

마요섬

프라이아
Praia 프라야항

상필리프
São Filipe

노바산트라
Nova Sintra

산티아고섬

출처: 구글 지도

카보베르데제도

한 번 더 식사했다. 이날부터 12월 2일 아침까지 우리는 식량과 식수를 싣는 데 몰두했다. 하지만 물의 경우, 우리는 겨우 5천 갤런(18,925L) 정도밖에 얻지 못했다. 소고기는 매우 비쌌고 보잘것없었다. 300파운드(136kg)짜리 수소는 35달러나 나갔다. 양은 3달러였지만 매우 보잘것없었다. 오렌지는 100개당 40센트였고, 다른 과일도 마찬가지로 엄청나게 풍부했다. 다량의 코코넛, 플랜테인,[9] 레몬, 라임, 카사바[10] 등과 함께 10만 개 정도의 오렌지를 배에 실었다. 식용으로 돼지·양·가금류·칠면조·염소 등을 실었는데, 가격이 꽤 쌌다. 가금류는 열두 마리에 3달러, 괜찮은 칠면조는 한 마리에 1달러였다. 많은 선원이 원숭이와 어린 염소를 애완동물로 가지고 탔는데, 카보베르데제도를 떠날 때 배에 탄 여러 동물을 보자니 배는 노아의 방주 같았다.

프라야 마을에는 30명 정도의 백인들이 있었다. 나머지 주민은 노예와 흑인 자유민으로 이루어져 있었고, 전부 3천 명 정도였다. 그 가운데 400명이 군인이었다. 서너 명을 제외한 모든 장교는 물라토[11]였으며, 그들의 사제는 흑인인데 예절이 상당히 세련되었다. 군인들은 일반적으로 허리 위로는 옷을 입지 않았다. 그리고 프라야에는 쓸만한 머스킷[12]이 다섯 자루도 없다는 사실을 확실히 말할 수 있다. 대부분은 발사 장치가 없었고, 개머리판도 끝이 떨어져 나갔으며, 총열은 가죽끈으로 개머리판에 매어져 있거나 코코넛 섬유로 만들어진 끈으로 묶여 있었다. 그리고 벌거벗은 흑인이 머스킷 총열만을 어깨에 걸어 맨 채 보초를 서고 있는 것을 흔히 볼 수 있었다. 기병대는 같은 식으로 부러진 검으로 무장한 채 나귀에 올라타고 있었다. 총독은 그들에게 급료나 옷이, 무기가 지급된 지 10년이 지났다고 나에게 알려 주었다.

---

9) 플랜테인(Plantain)은 바나나의 일종으로, 채소처럼 요리해서 먹는다.
10) 카사바(Cassava)는 카사바 나무 또는 뿌리로서 여러 가지 방법으로 요리하거나 가루로도 빻아서 식용한다.
11) 물라토(mulatto)는 백인과 흑인 부모 사이에서 태어난 혼혈인이다.
12) 머스킷(musket)은 과거 병사들이 쓰던 장총으로, 오늘날과 달리 강선(腔線, 총포의 내부에 나사 모양으로 판 홈)이 없다. 이후 기술 발달로 인하여 강선이 새겨져 탄환이 목표물에 깊이 박히도록 돌면서 나가게 한다.

프라야항에서 공급받을 때 경계해야 할 두 가지 가장 큰 악폐는 이곳의 형편없는 럼주와 태양의 열기인데, 물을 싣는 일행은 불가피하게 이 두 가지 악폐에 노출된다. 흑인들과 수병들은 럼주를 배에 실을 수 있는 다양한 편법을 알고 있어서 그 방법을 탐지하는 것은 거의 불가능하다. 흑인들이 술병을 겨드랑이에 끼고 해변을 배회하거나 여자들의 숄 안에 술병을 잘 감추었다가 적당한 기회가 오면 모래에 묻어두고 돈을 받는다. 한편, 수병들은 술병을 배에 싣거나 마실 기회를 엿본다. 흑인들은 가끔 코코넛에서 물을 빼내고 럼주를 채워 수병에게 비싼 가격에 판다.

우리가 물을 실으려고 사람을 고용하기 시작한 첫날에는 술에 취한 남자 몇이 포함되어 있었다. 하지만 그 후에는 좀 더 다행이었는데, 왜냐하면 내가 가장 믿음직한 사람들을 선택해서 통을 가득 채워 해변으로 굴리고, 그들이 보트로 이동할 준비가 되었을 때 신호를 보낼 수 있도록 했기 때문이다. 이 방법으로 우리 배의 수병들이 해안과 어떠한 거래도 하지 못하도록 막았다. 비슷한 예방책이 과일을 배에 싣는 데 사용되었다. 과일은 흑인들에 의해 해변으로 운반되었고, 신호가 오면 보트를 보냈다. 많은 양의 물을 공급받고자 오는 배에 내가 조언하자면, 흑인을 고용하여 통을 가득 채워 해변으로 굴려 보내게 함으로써 수병들이 태양의 열기와 술의 유혹에 노출되지 않게 하는 것이다. 마을 뒤편 계곡에 있는 우물이 주민들이 물을 공급받을 수 있는 유일한 장소다.

아래의 측정치는 프라야항에서 천문 관측에 의해 이루어졌다.

북위   14°54'05"

서경   23°30'17"

나침반 편차   14°58'00" W

현재 프라야항에는 상거래가 이루어지지 않는다. 프라야항은 식량 구입차 기항하는 배가 주요 수입원이고, 항의 유일한 중요성은 카보베르데 제도의 최고 지휘관이 이곳에 주재한다는 것이다. 지휘관은 정부로부터 월 200달러의 월급을 받으며, 가축을 외국 선박에 판매하여 생기는 수입의 일부를 얻는다. 가축 한 마리당 구매자가 지불한 금액의 1/2이 세금으로 부과된다. 이것이 정부 관리들이 부과한 것인지 아닌지에 대해 나는 아는 척하지 않겠다. 그러나 나는 식량을 조달해야 하는 배들에게는 가격이나 품질 면에서 소고기보다 양, 돼지, 가금류를 추천하고 싶다. 또한 도착 첫날에 물품을 구하거나 계약을 체결하는 것을 권하지 않는다. 예포를 쏘아서 하루나 이틀 사이에 섬 전역에서 사람들이 몰려들면 모든 물건의 가격은 절반으로 내려간다.

산티아고섬에서는 온갖 종류의 열대 과일 외에도 설탕, 인디고,[13] 우수한 품질과 향미의 커피, 염색용 덩굴인 오칠라,[14] 면과 옥수수를 생산한다. 오칠라는 국왕의 전매품이며(풍작일 때), 대량의 옥수수는 마데이라(Madeira)제도와 카나리아(Canaries)제도로 수출된다.

섬의 여인들이 착용한 일종의 면 재질의 숄은 거의 모든 가정에서 만든다. 그것은 놀랍도록 깔끔하고, 여러 개의 좁은 줄무늬로 구성되어 이음새를 거의 알아볼 수 없을 정도로 정교하게 꿰매져 있다. 같은 종류의 침대 덮개 또한 마찬가지다.

---

13) 인디고(indigo)는 일년생 초본식물인 '쪽'의 영어 명칭이며, 그 어원은 원산지 인도에서 유래했다. 근대 이전에는 푸른빛을 띠는 남색(藍色) 염료가 없었기 때문에 귀중하게 취급되었다.
14) 오칠라(orchilla)는 자주색 물감 또는 그것이 채취되는 지의류(地衣類)의 총칭이다.

1812년 12월 12일, 녹턴호 나포

12일 오후 2시경, 바람이 불어오는 쪽[15]에서 영국 전함인 브릭 한 척을 발견해 돛을 전부 펼치고 추적하였다. 6시에 그 배가 신호를 보냈다. 나는 배를 내 쪽으로 유인하려는 생각에 최근의 순찰 항해에서 입수한 영국 신호기를 가지고 영국 신호를 내보였으나 효과는 없었다.

해 질 녘에 배는 영국기를 게양했고, 어두워진 후 야간 신호를 보냈다. 9시에 우리는 머스킷 유효 사거리 내로 접근했고, 가능한 한 배를 손상하는 걸 원치 않았기 때문에 나는 함포를 발사하지 말라고 명령했다. 나는 브릭에 신호를 보냈고, 가운데 돛(topsail)들을 내리고 침로를 바꾸어 바람을 향하게 하라고 지시했다. 그러나 우리 배 선미 쪽을 가로질러 스치며 도망가려는 것 같아 일제사격을 지시했는데, 유감스럽게도 그쪽의 수병 하나가 죽었다.

배는 팰머스(Falmouth, 영국 남서부의 항구 도시)로 향하는 영국 우편선 '녹턴(Nocton)호'로 판명되었는데, 10문의 대포를 싣고 31명의 선원이 타고 있었다. 그날 밤 나는 그들을 포로로 삼았고, 선내에서 발견된 정화[16] 약 5만 5천 달러를 압수했다.

1812년 12월 14일, 페르난두지노로냐섬

14일 오후, 선수의 바람이 불어가는 쪽[17]에 있는 페르난두지노로냐섬 (Fernando de Noronha, 브라질 동쪽 적도 가까이에 위치한 섬)의 '피라미드'라

---

15) 바람이 불어오는 쪽을 'windward', 'weather' 또는 '풍상(風上)'이라고 한다.
16) 정화(正貨, specie)는 동전 모양의 화폐다.
17) 바람이 불어가는 쪽을 'lee', 'leeward' 또는 '풍하(風下)'라고 한다.

고 불리는 높은 봉우리를 보았고, 섬을 향해서 밤새 순항했다. 포르투갈의 페르난두지노로냐섬은 남위 3°54'28"에 있고, 런던에서 동경 32°36'38"에 있다. 섬의 모든 지역이 잘 요새화되어 있고, 섬의 구성원은 몇 명의 비참하고 벌거벗고 추방당한 포르투갈인과 마찬가지로 비참한 간수가 전부였다. 총독은 3년마다 바뀌며, 섬에서의 근무 기간 동안 그 생산물을 자신의 보수로 처분할 수 있는 특권을 가지고 있다. 섬에는 많은 수의 소·돼지·염소·가금류와 옥수수·멜론·코코넛 등이 있었다. 이전에는 식량·나무·물을 얻기 위해 배들이 자주 기항했지만, 아카스타호[18]가 도착하기 전 7개월 동안 어떤 배도 오지 않았다. 이 섬에 여자는 없고, 다만 이 망명지를 더 끔찍하게 만드는 것 외에 어떤 이유가 있는지 내가 알 수 없었지만, 그 누구도 이곳에 발을 들여놓는 것이 허락되지 않는다. 물을 공급받는 장소는 요새가 있는 바위 기슭의 해변과 가까이 있는데, 파도를 헤쳐 가며 식수통을 배로 운반하기는 매우 어렵고 위험한 일이다.

이 섬은 목재를 풍부하게 생산하고 있지만, 포르투갈인들은 '우딩(Wooding)섬'이라고 불리는 페르난두 동쪽에 있는 작은 섬을 제외하고는 어느 곳에서도 목재를 선적하기 위해 나무 베는 것을 허용하지 않는다. 섬은 제법 경작하고 있어 필요한 채소를 생산한다. 섬에는 보트가 없다. 우딩섬과 페르난두 사이의 유일한 수송 수단은 작은 뗏목, 즉 카타마란[19]뿐인데 이 뗏목은 요새 중 하나에 귀하게 보관되어 있고, 두 사람만 탈 수 있다. 낚싯바

---

18) 영국 해군 함장 커(Alexander Robert Kerr, 1770~1831)가 아카스타호(HMS Acasta, 함포 40문)를 몰고 브라질을 떠나 영국으로 가는 중이었고, 에식스호가 도착한 그 전주에 섬에 들렀다.

19) 카타마란(catamaran)은 두 개의 선체를 나란히 연결한 배의 일종으로, '쌍동선(雙胴船)'이라고도 한다.

늘과 낚싯줄만 있으면 거의 문제없이 많은 물고기를 낚을 수 있다.

여기서는 옷이 필요 없고, 일하지 않아도 굶주리지 않는다. 활기찬 환경 때문에 사슬에 묶이지 않은 사람들은 이 섬에 오기 전 자유로운 때와 마찬가지로 좋은 상태에 있다고 생각된다.

파도가 두 번이나 우리 보트를 덮쳤고, 거의 파괴될 뻔했다. 총독은 우리에게 줄 과일을 구하기 위해 그의 카타마란을 파도를 뚫고 우딩섬으로 보냈다. 하지만 우리는 카타마란이 돌아오기 전에 출항했다.

이곳에서는 조수의 상승이 약 5피트(1.5m) 정도다. 유일한 정박지는 요새 근처다. 이곳의 답답한 열기는 추측건대 무역풍 방향과 직각을 이루는 브라질 해안에 의해 발생되고, 때때로 무역풍의 진로를 방해한다. 선원들의 말처럼, 해안이 높은 곳에서는 바람이 육지로 올라오지 못한다는 것은 잘 알려져 있다. 게다가 밤에 불어오는 육풍은 기류의 규칙성을 깨뜨리고 우리가 이곳에서 경험했던 가벼우면서 불규칙한 바람과 무풍 상태를 만들어 낸다.

1812년 12월 20일

남위 17°35' 서경 34°56'에서 우리가 아브롤루스제도(Abrohlas, 브라질 동부에 있는 제도) 모래톱 위에 있을 것으로 추정하고 120패덤(220m)[20] 줄로 수심을 측정했는데, 바닥에 닿지 않았다. 다시 남위 19°45'와 서경 37°22'에서 같은 길이의 줄로 수심을 쟀으나 또 바닥에 닿지 않았다. 이 두 곳의 수심을 재면서 물의 색깔이 거의 바뀌지 않아 수심이 거의 차이가 없다고 생각했다.

---

20) 패덤(fathom)은 수심 측정 단위로서 1패덤은 6피트(약 1.83m)다. 즉 120패덤은 수심 약 220미터다. 이후부터는 패덤을 미터로 환산해서 함께 기재한다.

2장
브라질 해안에서의 활동
세인트캐서린섬 도착과 출발

1812년 12월 27일, 세인트캐서린섬으로 항해

우리가 처음 발견한 땅은 높고 울퉁불퉁해서 그것이 케이프 프리오(Cape Frio, 브라질 남동부에 있는 곳) 북쪽에 있는 섬들의 일부라고 믿을 만한 충분한 이유가 있었다. 그래서 케이프 프리오까지 가기 위해 남쪽으로 침로를 바꾸었고, 오후 4시쯤에 그곳이 보였다.

1812년 12월 29일

지난 이틀 동안 배는 돌고래들로 둘러싸여 있었고, 우리는 수많은 돌고래를 잡는 데 성공했다.

1813년 1월 19일~1월 25일, 세인트캐서린섬에서

1813년 1월 19일, 남서 방향에 있는 세인트캐서린섬[1] 근처에 도착했다.

---

1) 세인트캐서린(St. Catharine)섬은 오늘날 브라질 남부에 있는 산타카타리나(Santa Catarina)섬이다.

케이프 프리오와 세인트캐서린섬

이스트 포인트(East Point)와 알바레이드(Alvarade)섬 사이의 수로를 밤 8시까지 항해했다. 그런 다음 섬과 12~15마일(22.2~27.8㎞)[2] 거리를 두고 있다가 아침에 북동쪽에서 불어오는 가벼운 바람을 타고 입항했다.

정박하자마자 보트로 다운즈(Downes) 중위를 섬으로 보냈다. 우리가 미국인이며 보급품이 부족하다고 요새 사령관에게 알리고, 예포를 어떤 식으로 할지 알아보기 위해서였다. 중위는 약 두 시간 만에 사령관의 정중한 인사와 함께 아침에 장교와 수로 안내인을 보내 우리 배를 해안에 더 가까이 물 보급받기 좋은 곳으로 안내하겠다는 약속을 가지고 돌아왔다.

21일에 윌머(Wilmer) 중위를 세인트캐서린섬의 마을로 파견했다. 그는 보트 한 척에 갬블(Gamble) 중위, 회계관 쇼(Shaw), 의사 호프만(Hoffman), 그리고 펠터스(Feltus) 장교 후보생을 대동했다. 나는 윌머 중위에게 돈 루이스 마우리시오 다 실비아(Don Luis Mauricio da Silvia) 총독을 잘 받들고 나에게 베푼 환대에 대해 감사를 표하라고 지시했고, 가능하다면 같은 날 돌아오라고 명령했다. 나는 쇼에게 소고기·밀가루·빵·럼주를 조달하기 위해 노력하고, 보급품이 준비될 때까지 마을에 남아 있다가 배를 빌려 실어 나르라고 하였다.

일행이 출발할 때, 우리가 여기 있는 동안 내내 그랬던 것처럼 폭우를 동반한 돌풍이 시작되었다. 저녁에 보트가 돌아오지 않아 불안했지만, 날씨는 점점 더 나빠졌기 때문에 부하들이 그날 밤은 마을에 남아 있기를 바랐다. 그러나 새벽 두 시에 윌머 중위와 갬블 중위가 거의 벌거벗은 채 물에 젖어 추위에 떨면서 함장실로 들어왔다. 그들은 나에게 돌풍으로 뒤집힌 보트 위에서 네 시간을 보낸 끝에 모두가 목숨을 건졌다고 보고했다. 다행히 그들은 만 가운데 있다가 바람이 불어가는 섬 쪽의 해안가에 표류하여 보트를 바로 세울 수 있었다. 그들은 옷뿐만 아니라 600~700달러를 들여 마을에

---

2) 해상에서의 1마일은 1해리에 해당하는 1,852미터로, 환산한 거리를 괄호 속에 표기했다.

서 샀던 물건을 다 잃었다. 그러나 다음 날 다행히도 섬 바위 가운데 떠다니는 물건을 모두 찾을 수 있었다. 소고기는 배에 싣기 전부터 상해서 어쩔 수 없이 바다에 던져 버렸다. 그리고 얼마 지나지 않아 적어도 25피트(7.6m) 길이의 거대한 상어가 황소 1/4 크기의 소고기를 아가리에 물고 옆에서 솟아올랐다. 이 탐욕스러운 동물이 환기한 공포를 묘사하기란 불가능하다. 우리 수병 몇 명과 대부분 장교는 전날 저녁 배 옆에서 수영했었다. 사람 하나는 상어에게 한 입 거리밖에 안 되었을 것이다. 상어가 처음 나타났을 때 모두가 새끼 고래라고 생각했다.

정박하고 난 다음 날 요새의 사령관을 방문했다. 그는 나이가 많은 노인으로, 이름은 돈 알렉산더 호세 데 아세디도(Don Alexandre Jose de Azedido)다. 사령관은 아주 정중하게 나를 맞이했고, 포르투갈인들이 일반적으로 그러하듯이 우리의 항해가 성공하기를 바랐다.

요새는 약 70년 되었으며, 그 위에 15~20문의 각기 다른 구경의 대포가 벌집처럼 탑재되어 있다. 식물의 성장이 너무 빨라서 요새의 벽은 사방에서 불쑥 솟아오르는 나무로 거의 가려져 있다. 대포 운반차는 심하게 부식된 상태이며, 수비대는 반쯤 벌거벗은 약 20명의 병사들이 있다. 요새 안에는 교회가 하나 있는데 문 앞에 종 대신 부러진 쇠지레가 걸려 있고, 사령관 숙소 입구에 놓인 차꼬는 기름지고 윤이 나는 외양으로 보아 (병사를 벌주기 위해) 평소에 사용하는 것처럼 보였다. 이 만을 보호하기 위한 세 개의 요새가 있는데, 그중 이 요새가 가장 중요한 곳이다. 다른 하나는 세인트캐서린 섬 가장 높은 곳에 있다. 세 번째는 우리 보트가 뒤집힌 후에 상륙한 그레이트랫(Great Rat)섬에 있다.

주 요새 아래 약 1.5리그(8.3km)[3] 떨어진 만으로 들어가면서 우현 방향 바

---

3) 1리그(league)는 약 3마일로, 5.556킬로미터이다.

위 포인트 너머 건물에는 고래잡이 종사자들의 숙소, 그리고 고래기름을 짜는 솥·통·저장고 등이 있다. 국왕은 이곳의 어업 독점권을 가지고 있다. 약 500명의 남성이 포경업에 종사하고 있다. 거의 비슷한 수의 고래가 매년 이 만으로 새끼를 낳으러 들어오는데, 여기에서 꼼짝없이 잡힌다. 오직 작은 보트만이 고래를 잡는 데 관여하고 있다. 고래기름은 거대한 통에 담긴 채 바위굴 안에 저장된 다음 포르투갈과 다른 곳으로 운반된다.

포르투갈인들이 세인트캐서린섬에 정착한 지 70여 년 되었다. 꽤 번창해 보이는 마을은 대륙에서 가장 가까운 지점에 있고, 1만 명 정도가 살고 있으며, 여기에 사령관도 거주한다. 이곳은 상업이 상당히 이루어지는 것으로 보인다. 브릭 또는 스쿠너[4] 몇 척이 마을 앞에 정박해 있었고, 가게가 많고, 값싼 의복도 많았다. 마을은 쾌적한 곳에 있고, 앞의 만도 널찍해 보인다. 사람들은 근면하다. 두 개의 작은 요새가 마을을 방어하고 있는데, 하나는 방죽 길로 연결된 작은 섬에 있는 마을 중간의 맞은편에 있다. 다른 하나는 대륙으로 돌출한 곳에 있다. 집들은 대체로 깔끔하게 지어졌고, 마을 뒤쪽 지역도 상당히 개선되어 있다. 그러나 북쪽에 있는 세인트캐서린섬과 대륙이 만들어 낸 거대한 만의 아름다움을 능가하는 것은 없다.

아름다운 경치를 선사하는 다양한 것들이 있다. 아름다운 마을과 집들이 주변에 지어져 있고, 해변은 점차 산으로 이어지고, 언제나 푸르른 나무들이 정상까지 뒤덮여 있다. 기후는 항상 온화하고 쾌적하며, 신록으로 뒤덮인 작은 섬들이 여기저기 흩어져 있고, 토양은 매우 비옥하다. 이 모든 것이 합쳐져서 이곳을 세상에서 가장 아름다운 장소로 만드는 것 같다.

우리는 유감스럽게도 과일을 구하기에는 최악의 계절에 도착했다. 지금

---

[4] 스쿠너(schooner)는 돛대가 두 개 이상인 범선의 일종이다.

은 오렌지를 구할 수 없지만, 수확기에는 물량이 아주 풍부하여 싼값에 구할 수 있다는 것을 알았다.

이곳 사람들은 포르투갈 지배를 받는 사람 중 가장 행복한 것 같다. 아마도 포르투갈 정부로부터 먼 곳에 있을수록 강요와 억압에서 멀어지기 때문일 것이다. 그러나 그들은 여전히 불평한다. 세인트캐서린섬에는 두 개의 연대가 있다. 만약 그들에게 식량이 필요하다면 장교가 농부들의 집으로 가서 소나 곡식을 압수한 후 정부가 계산할 청구서를 주는데, 농부들은 결코 돈을 받지 못한다. 농부들은 옷을 잘 입고, 낙천적이며 명랑해 보인다. 여자들은 아름답고 예의범절이 우아하다. 남자들은 여자들을 극도로 보호하려는 경향이 있는데, 나는 그들이 그럴 만한 이유가 있다고 믿는다.

- 우리의 정박 지점   남위   27°26'10", 서경 48°2'20",
- 폰타 그로사(Ponta Grossa)에 있는 요새   남위   27°24'46", 서경 47°55'30",
- 세인트캐서린섬의 북동쪽 지점인
  폰테 데 보틀(Ponte de Bottle)   남위   27°46'49", 서경 47°42'48",
- 나침반 편차   6°27'E

선박은 반드시 이곳에 정박해야 한다. 그렇지 않으면 조류가 불규칙해서 닻이 곧 엉킬 수 있기 때문이다. 밀물은 남쪽과 북쪽으로 들어와 약 4.5피트(1.4m) 상승한다. 일반적으로 대형 선박의 투묘지는 우리가 현재 위치한 지점 근처다. 흘수 16피트(4.9m) 이하의 선박은 마을 가까이 올라갈 수 있다.

3장
세인트캐서린섬에서 출발하여
케이프 혼을 돌아 모카섬 도착

1813년 1월 27일, 승무원들의 질병

26일 내내 우리는 남쪽으로부터 불어오는 새로운 강풍을 만났고, 이 바람을 이용해서 육지와 적당한 거리를 둔 앞바다에 도달했다. 이때 승무원들 사이에 걱정스러운 질병이 발생했는데, 그들 중 10~15명이 갑자기 심한 위통과 함께 콜레라에 걸렸다. 처음에는 '화가의 콜릭'[1]으로 알려진 질병과 관련된 모든 증상을 보였기 때문에 의사들은 세인트캐서린섬에서 구입한 납이 든 나쁜 럼주에서 병이 시작되었다고 생각했다. 그러나 승무원들의 빠른 회복으로 이런 의견이 곧 바뀌었다. 우리는 타당한 원인으로, 염장식품에서 신선식품으로의 너무 갑작스러운 변화, 그리고 익지 않은 과일과 채소를 지나치게 많이 섭취했기 때문이라고 판단했다.

---

1) 화가의 콜릭(painter's cholic)은 'painter's colic'의 오기인 듯하며, 납 중독으로 인한 변비와 관련된 복통이다.

1813년 1월 28일, 케이프 혼을 향하여

날씨는 계속 맑았고, 바람은 28일까지 좋았다. 물 색깔로 보아 수심 측정이 가능했다. 남미서[2]와 남남서 사이의 항로에서 우리가 배를 멈추고 수심을 측정하느라 시간을 낭비할 수 없었다. 오늘 정오에 관측한 바로 남위 34°58'09", 크로노미터로 서경 51°11'37",[3] 나침반 편차는 동쪽 12°49'이다. 오후 9시가 되자 바람이 남쪽으로 바뀌기 시작했고, 날카로운 번개가 친 후 자정에 바람이 남미동으로 고정되었지만, 로열 활대[4]를 내려놓고 가운데 돛대의 돛들(top sails)을 두 번 접을 정도로 바람이 강해졌다. 추위가 이제 두드러지게 느껴지기 시작했고, 모직 옷은 과거 어느 때보다도 더 소중하게 느껴졌다. 승무원들은 배에 이리저리 널려 있던 낡은 재킷과 바지들을 조심스럽게 껴입었다. 케이프 혼[5]을 지나가려는 나의 의도를 알아챘기 때문이다.

고위도에서 자주 출몰하는 앨버트로스와 다른 조류들이 이제 우리 주변에 모여들기 시작했지만 그 수는 적었다. 여러 차례 새를 잡으려 했으나 번번이 실패했다. 고래 두 마리도 보였다. 물 색이 맑아서 계속 수심을 쟀으나 160패덤(292.8m) 줄로는 바닥에 닿지 않았다. 모자반류의 해초도 보였다.

우리는 평균 수심 60~75패덤(109.8~137.3m)의 바다를 지나갔다. 잦

---

2) 남미서(S. by W.)는 정남에서 서로 11°15'의 방위를 의미한다.

3) 정확한 경도 측정을 위해서 정밀한 크로노미터가 필요했다.

4) 로열 활대(royal yard)는 돛대에 가로로 붙이는 활대의 일종이다.

5) 케이프 혼(Cape Horn)은 남미 최남단의 곶으로, 포터 함장이 미국 해군으로서는 최초로 항해했다. 포터는 베인브리지 사령관의 배를 기다리거나 만나지 않고 단독으로 태평양에 나가려고 한다.

은 파도가 강한 조류를 암시했지만, 8일과 9일 우리가 서쪽 해안과 24마일 (44.4km) 떨어져 있던 남위 47°36'외에는 조류가 우리의 운항에 큰 영향을 미치지 않았다. 측심할 때 '켈프(kelp)'라고 불리는 해초 덩어리를 자주 만났는데, 그것은 앨버트로스 또는 주변의 다른 새들도 떠 있을 만큼 충분한 부력을 지녔다. 하지만 측심하지 않을 때는 새들을 보지 못했다. 우리는 고래 몇 마리를 보았지만, 1마일(1.85km) 이내로 우리 가까이 접근한 고래는 없었다.

1813년 2월 3일

이곳의 북풍은 북미 해안에서 부는 남서풍의 특징을 많이 가지고 있으며, 일반적으로 흐린 날씨를 동반한다. 이곳에서 남서풍이 불 때 하늘은 맑고 기온은 차갑지만, 북미 해안의 북서풍과는 조금도 유사하지 않다. 남풍이 불기 전에는 보통 앨버트로스와 다른 새들을 볼 수 있는데, 북풍이 불어올 때는 거의 볼 수 없었다. 그러나 이 변화무쌍한 기후에서는 바람과 날씨를 정확하게 판단할 수 있는 어떤 지침도 없다. 가장 좋은 날씨가 이어지다가도 종종 새로운 강풍과 악천후가 갑자기 발생하며, 마찬가지로 예기치 않게 무풍과 맑은 날씨가 뒤따라온다.

1813년 2월 11일

2월 11일 아침, 날씨는 매우 좋았다. 공기는 맑고 화창했고, 바다는 매끄럽고, 바람은 순조로웠으며, 이런 상황이 계속되었다. 남위 51°13', 서경 63° 53', 수심 74패덤(135.4m), 그리고 바닥은 고운 회색 모래였다. 날씨 덕분에 방향타를 수리할 기회가 생겼다. 항구로 들어갈 이유가 없어서 나는 이제

최선을 다해 케이프 혼을 지나가 보기로 결심했다. 그리고 르매르(Le Maire)
해협을 통과하는 데 어려움이 있을 것을 염려하여 스태튼랜드(Staten Land)
섬 동쪽으로 가기로 결심했다.

그날 오후, 바람이 북쪽에서 불어왔고, 날씨가 매우 흐려져서 관측을 방
해했기 때문에 몹시 유감스러웠다. 그러나 산들바람은 매우 좋았고, 좀 더
강해졌다. 그래서 나는 스태튼랜드섬까지 빨리 항해할 자신이 있었으며, 동
쪽으로 더 멀리 갔다. 우리는 보조 돛(studding-sails)을 양쪽으로 펼쳤다. 그
리고 시속 7~9마일(13~16.7㎞)의 속도로 항해했다.

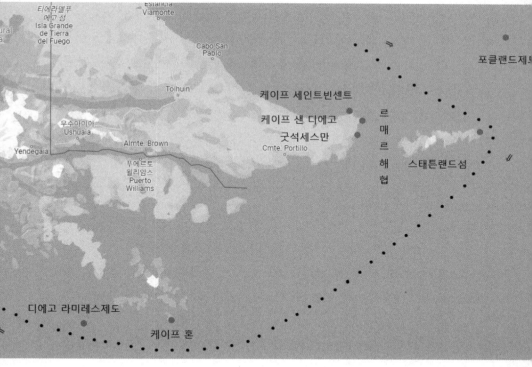

출처: 구글 지도

에식스호의 케이프 혼 항로

1813년 2월 13일

13일에도 바람이 계속 불더니 비가 내리면서 날씨가 더 흐려졌다. 정오에 스태튼랜드섬 동쪽에 있는 케이프 세인트존(Cape St. John)이 남쪽으로 멀리 35마일(64.8㎞) 떨어져 있다고 계산이 되었다. 그리고 비록 날씨가 혼탁하여 1마일(1.85㎞) 이상 앞을 볼 수 없었지만, 키를 돌리면 충분한 시간 안에 맑은 날씨의 육지를 볼 수 있다는 자신감이 나를 계속 항해하도록 만들었다. 4시에 강한 조류를 암시하는 거센 물결이 보였고, 해안에서 말라 죽어버린 것처럼 보이는 상당량의 해초가 거위와 매우 닮은 새 떼와 함께 있는 것을 보았기 때문에 우리 배가 해안가에 아주 가까이 있다고 확신했다. 그래서 견시를 절대로 게을리하지 말 것과 꼭대기 돛대[6]와 꼭대기 돛들을 접고 중간 돛대(main-topmast)의 돛을 절반으로 줄인 다음 바람이 불어오는 방향으로 키를 돌릴 경우를 대비해 만반의 준비를 하도록 지시했다. 6시 30분에 나는 이러한 예방책을 취했다는 것에 기뻤다. 왜냐하면 큰 파도가 동남동쪽과 남동쪽에서 닥쳐왔고, 몇 분 후에 같은 방향으로 3/4마일(1.4㎞) 정도 떨어진 거리에 육지가 나타났기 때문이었다.

우리는 힘들게 맞바람을 안고 동쪽으로 갔고, 수심은 45패덤(82.4m)이었다. 이제 우리는 해안을 향해 부서지며 달려오는 큰 파도와 지나치게 가까이 있었다. 이를 돌파해 나갈 희망을 포기하지 않았지만 헤쳐나갈 공간이 없었다. 성난 파도가 달려왔고, 선수루[7]는 물 아래로 향하고 있었다. 이 난관을 뚫고 갈 기회가 없었는데, 저 앞에 보이는 육지는 동미북[8] 방향의 작은

---

6) 꼭대기 돛대(top gallant mast)는 횡범선(橫帆船)에서 가운데 돛대 위에 붙이는 돛대다.
7) 선수루(船首樓, forecastle)는 배 앞부분의 갑판 또는 갑판 아래에 있는 선원실이다.
8) 동미북(E. by N.)은 동에서 북으로 11°15'의 방위를 의미한다.

덩어리로 무시무시한 파도에 둘러싸여 있었다. 안전을 위한 우리의 유일한 희망은 배가 지삭[9]으로 버티는 것이었다. 주 돛을 최대한 기민하게 펼친 덕분에 우리는 매우 운이 좋았다. 배를 제대로 돌려놓은 후에 삼각돛과 선미 세로돛(spanker)을 올렸고, 위 돛대의 활대를 내렸다. 그러나 잠시 후 세로돛은 바람 때문에 산산조각이 났다. 맨 처음 든 생각은, 우리가 서쪽으로 향하는 조류에 의해 케이프 세인트빈센트(Cape St. Vincent)와 테라 델 푸에고(Terra del Fuego)의 해안으로 이루어진 만으로 밀려왔다는 것이다. 그리고 강풍이 증가하고, 밤이 빠르게 다가오고, 흐린 날씨가 이어지면서 해안 방향으로 부는 바람과 엄청난 파도 때문에 배가 안전하지 못할 것 같았다. 이 해안에서 벗어나기 위해서는 바람이 바뀔 때까지 돛이 견딜 수 있을 만큼 펼쳐야 했다. 보트를 앞세워 계속 측심하니 수심은 일정하게 45패덤(82.4m)이고, 바닥은 바위와 산호로 되어 있었다. 서북서쪽으로 한 시간쯤 측심하는 동안 파도가 아주 잠잠해지기 시작했는데, 이것은 조류의 변화에 의해서만 일어날 수 있는 것이었다.

잠시 후에 고래들이 배 옆에 나타났다. 이것은 우리 배의 현재 위치가 세인트빈센트 동쪽이면서 르매르해협에 있다는 희망을 주었다. 육지를 찾기 위해 철저한 견시가 취해졌고, 7시 30분에 선수 좌현과 우현에서 약 1마일(1.85km) 떨어진 곳에 육지가 있는 것을 발견하여 말할 수 없이 기뻤다. 이제 우리가 해협 가운데에 있다는 것을 확신했다. 키를 바람이 불어오는 쪽으로 돌려놓았고, 테라 델 푸에고 해안 가까이에 배를 유지하면서 남쪽으로 항해했다. 그리고 배는 첫 번째 썰물을 만나 빠른 속도로 떠내려가면서 9시에는 해협에서 벗어났다.

---

9) 지삭(支索, stay)은 마스트를 고정시키는 굵은 밧줄이다.

극도의 흐린 날씨로 육지를 자세히 관찰할 수 없었지만, 예상보다 음산한 모습은 아니었다. 언덕은 초록으로 뒤덮여 있고, 수심이 깊은 만이 해안을 따라 들쑥날쑥 펼쳐진 것처럼 보였다. 이전 항해자들의 말에 따르면, 이곳은 이 바다를 항해하거나 고래잡이를 하는 선박에게 피항처를 제공하기에 적합한 곳이다. 사실, 가장 유명한 항해자들이 묘사하여 인류의 많은 관심을 불러일으켰던 이 해안을 선상에 있는 나와 승무원들이 날씨 때문에 잘 볼 수 없어 유감스러웠다. 사정이 허락되었더라면 나는 쿡 함장이 자세히 묘사한 굿석세스만(Good Success, 스태튼랜드섬을 마주하고 있는 남미 남단에 있는 만)에 정박했을 것이다.

우리가 처음 바람을 거슬러 통과하려던 땅은 스태튼랜드섬 해안에 있는 케이프 샌디에고(Cape San Diego)였고, 그 모습은 말로 표현할 수 없을 정도로 음산했다. 배의 위급한 상황, 암초에 부서지는 파도 거품, 맹렬한 바람, 극도로 흐린 날씨 등 이 모든 것이 합세하여 형세를 더욱 무시무시하게 만들었다. 그래서 당시 날씨 상황으로 갖게 된 인상과 다른 사람들의 묘사로부터 나는 세계의 어느 지역도 스태튼랜드섬만큼 끔찍한 곳은 없다고 믿게 되었다.

1813년 2월 14일~2월 17일

14일 정오에는 수평선이 다소 맑았고, 서쪽에서 불어오는 바람은 온화하고 태양은 밝게 빛났다. 북쪽으로 흘러가는 약간의 검고 낮은 구름을 제외하고는 날씨가 좋을 것으로 예측했다. 이제 시야에 들어오는 케이프 혼은 배의 북쪽에 있고, 디에고 라미레스(Diego Ramirez)제도는 북서쪽에 있다. 앞서 언급한 검은 구름은 음울하고 황량한 분위기에 공포스러운 분위기를 더했다. 그러나 기온, 하늘의 모습, 바다의 잔잔함은 우리가 기대하고 상상했던 모든 것과 너무나 달라서 이전에 항해했던 사람들의 과장되고 기적 같은 이야기를 쉽게 믿었던 우리의 어리석음에 웃지 않을 수 없었다. 잠시나마 그들이 언급한 내용의 정확성을 인정했을 때조차도 우리는 그들의 재난과 불행을 주로 그들 자신의 경솔함과 잘못된 관리 탓으로 돌렸다.

모든 사고를 사전에 방지하기 위해 최선을 다한 우리는 행운의 여신이 다른 배보다 우리 배에 더 호의적이라고 믿은 나머지 우쭐해졌다. 하지만 우리가 이런 즐거운 추측에 빠져 있는 동안 케이프 혼에 드리워진 검은 구름이 갑자기 강풍을 동반한 채 맹렬하게 우리를 덮쳤고, 몇 분 만에 앞 돛대의 돛(foresail)과 중앙 가운데 돛(main-topsail)을 접게 했다. 그리고 몇 시간 후에는 강풍용 삼각돛(storm-staysails)까지 접어야 했다. 우리가 맞닥뜨려야 했던 유일한 위험은 바람의 맹위만이 아니었다. 강풍은 불규칙하고 위험한 파도를 만들어 냈고, 배가 좌우로 흔들릴 때마다 돛을 잡아채며 위협했다. 이 강풍 속에서 배가 해안가 근처에서 빠져나오지 못했기 때문에 침로를 남쪽으로 튼다면 향후 발생할지도 모를 돌풍과 거친 조류로 인해 생기는 불규칙한 파도를 피해 앞바다로 나갈 수 있을 것으로 기대했다.

1813년 2월 18일

이런 기대는 실망으로 바뀌었다. 우리가 해안가에서 멀어지자 강풍이 더 거세졌다. 그리고 우리가 18일에 도달한 남위 60°에서 이전 항해자들이 일반적으로 경험했다는 온화하고 쾌적한 날씨를 바란 것은 헛된 일이었다. 우리가 육지를 시야에서 놓쳤을 때부터 지금까지 강풍은 북서쪽에서 거세게 불어왔고, 폭우와 춥고 불쾌한 날씨, 그리고 위험한 파도를 동반했다.

18일 오후, 서쪽에서 강풍이 불어왔는데 그 격렬함은 이전 항해자들이 묘사했던 것과 다르지 않았다. 하지만 이미 내 경험상 이 시기에 이곳에서 온화한 날씨란 기대할 수 없었기 때문에 가능한 한 빨리 북상하기 위해 최대한 모든 돛을 올려 최선을 다하기로 결심했다. 그리고 수많은 어려움과 돛이 찢어지는 위험을 감수하면서 중앙 가운데 돛을 완전히 축범[10]하는 데 성공했다. 이와 함께 앞(fore), 중앙(main) 그리고 뒤 돛대 강풍용 버팀줄돛(mizen storm-staysails)으로 위험한 앞바다를 약 2노트[11]의 속도로 움직일 수 있었다. 휘몰아치는 파도는 선수 돌출 장대(bowsprit)와 돛대들을 매 순간 위협했다. 강풍이 거세지자 곧 중앙 강풍용 버팀줄돛만 남겼다가 이것도 내렸다.

12시경, 바람은 남서쪽으로 불었고, 우박과 함께 무서운 돌풍을 동반했다. 덕분에 북서쪽으로 방향을 잡을 수 있었고, 배가 떠밀리는 것을 감안하여 북쪽을 목표로 하여 테라 델 푸에고의 서쪽 지점으로부터 벗어날 수 있으리라 생각했다. 또한 보조용 밧줄(preventer-bracer)을 사용해서 모든 활대(yards)가 부러지지 않도록 했고, 적절한 바람에는 완전히 축범한 앞 가운데 돛(fore topsails)과 중앙 가운데 돛, 그리고 축범한 앞 돛을 펴기도 했다. 그런데 돌풍은 거의 경고도 없이 15분에서 20분 간격으로 엄청나게 불어와 돛을 줄일 수 없었다. 돌풍이 배를 친 후에 아딧줄[12]을 조절했다면 분명히 돛의 손실이 있었을 것이기 때문에 바람이 지속되는 동안 바람을 뒤에 두고 전진하는 것 이외에 다른 대안은 없었다. 돌풍은 보통 2~3분 정도 잠잠해졌다가 다시 들이닥쳤다. 최대한 조심해서 시속 5~6마일(9.3~11.1㎞)로 나아갈

---

10) 축범(縮帆)은 돛이 펼쳐진 상태에서 돛의 전부 또는 일부 접는 것을 뜻한다.

11) 노트(knot)는 1시간에 1해리를 나아가는 속도다. 1해리는 나라마다 약간의 차이가 있었는데 1929년 1,852미터로 통일되었다.

12) 아딧줄(sheet 또는 범각삭(帆脚索))은 풍향에 따라 돛의 각도를 조절하는 밧줄이다.

수 있었다.

1813년 2월 21일

21일, 우리 위치는 남위 57°30'과 서경 77°에 있는 것으로 추정했다. 우리가 막 태평양에 진입했다는 걸 알게 되어 적잖이 기뻤고, 그동안 겪은 모든 고통이 곧 끝날 것이라 예측했다.

우리는 또한 적을 괴롭히기 위한 계획을 세우기 시작했다. 우리의 머릿속에는 먼저 14~16문의 함포를 장착한 적선 한 척을 나포한 다음, 에식스호 승무원들을 파견하여 영국의 상업 행위에 맞서 운항시킨다는 계획이 들어 있었다. 사실, 우리는 그들에게 피해를 입힌 다음 막대한 부를 챙겨서 고국으로 돌아간다는 상상을 이미 했다. 남서쪽에서 계속 불어오는 강풍이 매시간 우리의 전망을 밝게 하고 신선한 기운을 주는 것처럼 느껴졌다.

1813년 2월 28일

2월의 마지막 날, 남위 50°에서 바람은 온화해졌고 북쪽으로 바뀌었다. 바다는 평온해졌고, 온화하고 쾌적한 날씨가 예상되었다. 그리하여 나는 함포 위치를 바꾸고 경갑판(spar-deck) 위에 원재[13]들을 내놓기로 했다. 그러나 우리가 이 일을 하기 전에 바람은 강풍으로 바뀌어서 정오까지 강풍용 버팀줄 돛을 달고 중앙 가운데 돛을 완전히 축범했다.

바람은 오후에 서쪽으로 바뀌어 우리가 경험했던 그 어떤 바람보다 맹렬

---

13) 원재(圓材, spar)는 배에 쓰이는 돛대 또는 활대 등의 튼튼한 재목이다.

한 기세로 불었고, 매 순간 우리를 위협할 정도로 거대한 파도가 들이닥쳤다. 악천후가 계속됨에 따라서 돛과 삭구[14]가 너무 많이 손상되어 안전하지 않았다. 우리는 할 수 있는 한도 내에서 최선의 방법을 택했는데, 그것은 연안에 표류하는 것을 막기 위해 배가 견딜 수 있는 만큼 돛을 최대한 조절하는 것이었다.

새, 해초 그리고 고래의 출현과 안데스산맥의 높은 산에 둘러싸인 구름은 우리가 파타고니아(Patagonia, 남미 대륙의 남단 지방)에 가까이 접근했다는 확실한 증거였다. 바람이 지나치게 맹렬하게 불어왔기 때문에 금방 그칠 거라는 간절한 희망을 품었다. 이 해안가로 불어가는 강풍 때문에 피로와 걱정으로 지친 우리는 매우 두려웠으며, 돛대와 활대를 순식간에 잃을지도 모를 상황에서 거의 절망적이었다. 설상가상으로 배의 난폭한 롤링[15]으로 자갈 밸러스트[16]가 물을 퍼내는 펌프를 막아버렸다. 배에 엄청난 양의 물이 들어왔고, 바다는 매 순간 우리를 삼켜버릴 정도로 높이 치솟았다. 바다 전체가 계속해서 부서지는 파도의 물거품이 되었고, 내가 경험한 가장 심한 돌풍도 약한 강도의 이 허리케인만큼 맹렬하지 않았다.

우리는 성난 폭풍우로부터 배를 지키기 위해 전력을 다했고, 그런 다음 펌프에 주의를 돌렸다. 우리는 막힌 곳을 뚫을 수 있었고, 배가 해안으로 표류하는 것을 막기 위해 가장 유리한 항로를 택했다. 맹렬한 바람과 파도 때문에 배를 바람 불어가는 쪽으로 한 번밖에 돌릴 수 없었다. 배가 손

---

14) 삭구(rigging)는 배에서 쓰는 로프, 밧줄, 쇠사슬 따위를 통틀어 이르는 말이다.

15) 롤링(rolling)은 배가 좌우로 요동하는 것이고, 피칭(pitching)은 배가 전후로 요동하는 것이다.

16) 밸러스트(ballast)는 배에 무게를 주고 중심을 잡기 위해 바닥에 놓는 무거운 물건으로, 자갈·돌·모래·납 등이 있다.

상되거나 목숨 잃을 각오를 하지 않고서는 이런 시도를 할 수 없었기 때문이었다.

1813년 3월 1일~3월 2일

3월 1일과 2일 내내 날씨가 바뀌기를 간절히 바랐지만 허사였다. 지속된 피로는 엄청났다. 많은 사람이 배의 격렬한 흔들림에 나둥그러지면서 심한 타박상을 입거나 승강구(hatchways) 아래로 떨어졌다. 나도 세 번이나 심한 낙상을 당해 결국 갑판으로 갈 수 없게 되었다.

강풍이 꺾이지 않고 사흘 동안이나 불어왔다. 놀랍게도 배는 큰 피해를 보지 않은 채 강풍을 견뎌 냈다. 우리는 배 자체의 부력과 우수성으로 강풍을 견뎌 내기를 바랐다. 다른 배였다면 거의 파괴될 정도로 심한 파도를 뒤집어썼지만, 엄청난 양의 물이 밀려 들어와 배 전체에 물이 차 갑판 사이로 모든 것이 떠다녀 잠시 걱정한 것 외에 다른 불편은 없었다.

1813년 3월 3일

3일 새벽 3시경, 갑판 위에 견시병만 있었는데 거대한 파도가 배를 덮쳐 순식간에 모든 희망이 사라졌다. 이 엄청난 충격 직후 함포 갑판의 포문[17]이 완전히 침수되었고, 선미 측 두 척의 보트는 모두 구멍이 났다. 사슬로 묶어 두었던 원재와 헤드 레일이 파도에 휩쓸려 나갔고, 해먹 기둥은 부서졌다. 배는 완전히 물에 잠겨 항행이 불가능할 정도였다. 그러나 강풍이 잠잠해진

---

17) 함포 갑판의 포문(gun-deck port)은 함포를 탑재한 갑판의 포문(砲門)이다.

아침에 우리는 축범한 앞 돛을 펼 수 있었다.

　강풍이 한창일 때, 오랫동안 폐병으로 병상에 있던 해병 루이스 프라이스(Lewis Price)가 세상을 떠나 오늘 아침 바다에 던져졌다. 그러나 바다의 맹렬함은 승무원들이 갑판에서 그의 수장식에 참석하는 것을 허락하지 않았다. 그들의 무게가 배에 부담을 줘 안전을 위협했을 것이기 때문이다.

　마지막 파도가 선상에 부딪혀 왔을 때, 포로 중 한 명인 녹턴호의 갑판장이 뱃전의 부서진 곳으로 물이 들어와 배가 침몰하고 있다고 소리쳤다. 승강구 아래로 돌진해 오는 엄청난 파도 때문에 배 아래쪽에 있는 사람들이 그의 외침에 두려워했다. 원재에서 경갑판으로, 그리고 해먹으로부터 떠내려간 많은 사람은 배의 피해 정도를 알지 못해서 아주 당황스러웠다. 그러나 타륜(wheel)을 잡고 있는 사람들, 또는 뭔가를 꽉 붙잡고 있어서 그 자리를 지킨 몇몇 사람들은 충격 후에도 침착하고 적극적인 모습을 보여서 매우 인상적이었다. 나는 나포선에 보내졌거나 세인트캐서린섬에 남겨진 승무원들의 빈자리를 대신할 이들을 한 계급씩 승진시켰고, 이와 동시에 소심한 자들은 꾸짖었다.

　이제 우리는 좀 안정된 날씨를 기대했다. 하늘이 고요해졌고, 항해할 수 있었다. 바람이 남서쪽으로 바뀌었고, 포클랜드제도(Falkland Islands, 남미대륙 아르헨티나 남동쪽에 있는 제도)를 지나온 이후로 우리가 경험한 유일한 쾌적한 날씨였다. 하지만 우리는 또다시 속았다. 밤이 되기 전에 차가운 비를 동반한 돌풍이 시작됐기 때문이다. 즉시 앞 가운데 돛을 완전히 축범했고, 중앙 가운데 돛을 약간 축범했다. 그러나 바람이 적당했기 때문에 음산하고 황량한 케이프 혼으로부터 멀어져 가고 있다는 즐거운 생각에 매 순간 스스로를 위로할 수 있었다.

1813년 3월 5일

5월 5일,[18] 칠레 해안을 나란히 따라가면서 남쪽에서 불어오는 상쾌한 바람과 쾌적하고 온화한 날씨를 즐겼기 때문에 우리의 고통이 끝이 난 것처럼 보였다. 항해 중 처음으로 현창[19]과 총열 갑판의 포문을 열 수 있었다. 우리가 입은 피해는 밤이 될 때까지 속속히 수리되었고, 배는 마모를 제외하고는 모든 면에서 세인트캐서린섬을 떠나던 날처럼 민첩하게 운항할 준비가 되었다. 정오의 위도는 남위 39°20'. 안데스산맥의 일부를 멀리 바라볼 수 있었는데, 눈으로 덮여 있었다.

앨버트로스는 평소처럼 배 주변을 맴돌았고, 승무원들이 '태양 물고기(sun-fish)'라고 명명한 물고기 몇 마리가 목격되었다. 하얗고, 겉보기엔 젤라틴 같은 물질을 자주 지나쳤지만 그것을 조사할 기회는 없었다.

칠레 해안의 어느 항구라도 짧은 시간에 도착할 가능성이 있었다. 암초가 많은 해저로부터 철제 케이블을 보호하기 위해 모든 수단을 동원해서 둥글게 사려놓도록 지시했다.

케이프 혼을 지날 때 필요한 조언

에식스호 항해 이야기를 계속하기 전에 내 뒤를 이어 케이프 혼을 돌아 항해하려는 사람들에게 이 기회를 빌려 몇 가지 조언하고자 한다. 이곳을 항해한 그 어떤 사람들보다 우리가 짧은 시간 안에 큰 어려움을 극복해서 피해를 줄이며 항행했기 때문에 나는 조언할 자격이 있다고 생각한다.[20] 또한

---

18) 1823년판에는 5월 5일로 적혀 있으나 이는 3월 5일의 오기이다.
19) 현창(舷窓, dead-light)은 선창(船窓)의 뚜껑 또는 채광창이다.
20) 포터와 에식스호는 르매르해협을 통과한 지 13일 만에 태평양에 도달했다.

변하지 않고 이어지는 고집스럽고 맹렬한 바람에 맞서 1년 중 불리한 계절에 항해한 점에서도 그렇다. 경험에서 얻은 어떤 정보라도 주는 것이 아주 중요하기 때문에 더더욱 이런 조언을 남기고 싶다. 이러한 정보는 인류가 대서양에서 태평양으로 항해하려는 모든 시도를 저지하기 위해 자연이 만들어 놓은 장애물을 극복할 수 있게 해준다. 케이프 혼 항해에 대해 다양한 의견이 제시되었지만, 나의 조언은 여러 가지 점에서 사람들과 다를 수 있다. 그리고 나의 조처가 결국 성공적인 것으로 판명되었다. 단순한 추측과 가설에 근거하지 않았기 때문에 내 조언은 항해를 계획하는 선원들을 위한 것이고, 그들의 관심을 끌 만하다고 생각한다.

우선 라페루즈[21]의 의견을 잘못 이해하여 케이프 혼 주변의 항해가 다른 고위도에서 만나게 될 어려움과 다르지 않다고 믿게 될 지휘관들의 판단에 대해 경고해야겠다. 이러한 판단은 배에 치명적인 결과를 가져올 것이고, 지휘관들은 배의 안전과 배에 탄 사람들의 생명을 지키는 예방 조치를 무시하게 될 것이다.

남위 40°에 도착하면 케이프 혼의 사나운 날씨에 대비하라고 충고하고 싶다. 보조용 돛대 밧줄(preventer-shrouds)로 돛대를 단단히 고정하고, 모든 가벼운 원재나 보조 돛의 아래 활대(studding-sail booms) 등을 갑판 아래로 내려보내고, 작은 삭구를 도르래에서 빼내고, 약한 바람용 가벼운 돛(light sail)은 내려 가능한 한 무게를 줄여서 돛이 강한 바람을 견딜 수 있게 해야 한다.

---

21) 라페루즈(La Pérouse, 1741~1788?)는 프랑스의 해군이자 탐험가로서 1787년 러시아 본토와 사할린 사이의 해협, 그리고 조선의 동해안을 탐사한 후 본국으로 귀환 중 실종되었다.

태평양에서 같은 위도에 도달할 때까지 가벼운 돛을 사용하려는 생각을 버려야 한다. 실제로 배에 맞는 작은 가운데 돛과 활대 세트를 준비하는 것이 바람직하다. 왜냐하면 배가 중간 돛대에 매단 가운데 돛 전부를 올리는 일은 드물고, 항해 내내 더욱 그러할 것이기 때문이다. 강풍용 삼각돛은 자주 감아서 묶어야 하고, 함포가 있다면 배를 안정되게 유지하기 위해 필요 이상으로 갑판 위에 두지 말아야 한다.

대서양의 남위 40°에서 르매르해협까지 바람은 북서쪽에서 남동쪽으로, 서쪽으로 다양하게 변한다. 따라서 바뀌는 바람을 이용하기 위해서는 측심한 곳의 가장자리를 따라 가장 유리한 코스로 바람을 타고 나아가는 것이 좋다. 이것은 배가 바람이 없는 곳으로 가는 것을 막아주고, 풍향의 변화가 확실해지면 곧 똑바른 침로로 들어설 수 있게 한다.

1813년 3월 6일, 모카섬 도착

6일 아침, 20마일(37㎞) 정도 떨어져 있는 모카섬[22]은 나침반의 북서쪽에 있었고, 우리는 칠레 해안에서 멀리 떨어져 있는 것으로 보였다. 그때 수심은 60패덤(109.8m), 바닥은 검은색과 회색의 고운 모래였다.

가벼운 바람은 수그러들고 있었고, 약한 조류가 북쪽으로 흐르고 있었

---

22) 모카(Mocha)섬은 칠레의 섬으로, 태평양에 있다. 1839년 미국 탐험가이자 작가인 레이놀즈(Jeremiah N. Reynolds)가 월간지 《니커보커》(*The Knickerbocker*)에 게재한 〈모카딕: 또는 태평양의 흰색 고래〉("Mocha Dick: Or The White Whale of the Pacific: A Leaf from a Manuscript Journal")에 따르면 섬의 앞바다에는 향유고래인 모카딕이 살고 있었다. 이 모카딕은 멜빌(Herman Melville)에게 『모비 딕』(*Moby-Dick*, 1851)에 대한 영감을 주었다.

리마

페루

리마
Lima

라파스
La Paz

볼리비아

브라질

아크레

혼도니아 주

마토 그로수

토칸칭스

피아우이

바이아

브라질리아
Brasília

고이아니아
Goiânia

미나스제
라이스

이스피
리투산투

하우지
자네이두

파라과이

아순시온
Asunción

파라나

쿠리티바
Curitiba

상파울루 주

산타
카타리나

칠레

발파라이소

산티아고
Santiago
de Chile

산티아고

콘셉시온

모카섬

부에노스
아이레스
Buenos Aires

우루과이

아르헨티나

몬테비데오
Montevideo

하무크란
지두술

포클랜드제도

케이프 혼

모카섬

출처: 구글 지도

다. 수심을 계속 재면서 섬을 향해 나아갔다. 수심은 섬의 동남쪽으로부터 2.5마일(4.6㎞) 지점까지 규칙적으로 얕아졌는데, 이곳 수심은 10패덤(18.3m)이었고 푸르스름한 고운 모래를 확인하였다. 섬의 이 부분은 모래 포인트로, 오래된 나무 한 그루가 서 있고, 근처에 백파가 1/4마일(0.5㎞) 정도 일고 있었다. 여기에서 1리그(5.6㎞) 되는 곳의 수심을 재어보니 10패덤(18.3m)이었다. 곧 수심은 15패덤(27.5m)으로 증가했다. 섬들 사이에서 눈에 띄게 깊어지는 쪽으로 배를 돌리고는 12패덤(22m)의 검은 모랫바닥에 닻을 내렸다. 섬의 남동 포인트는 동남동을, 북쪽 포인트는 북북동을 나침반이 가리켰다. 이때 우리는 해안에서 2마일(3.7㎞) 떨어져 있었다.

2부

갈라파고스

1장
모카섬
발파라이소 도착과 출발

1813년 3월 6일, 모카섬

　모카섬은 높아서 멀리서도 볼 수 있다. 북쪽 땅은 점차 길고 낮은 지점을 향해 좁아지는데, 이 지점에서 1/4마일(0.5㎞) 거리에 몇 개의 바위가 있다. 서쪽은 길고 좁으며 섬이 높지 않지만, 위험한 암초가 3리그(16.7㎞)에 걸쳐 펼쳐져 있어 심한 너울이 이는 동안 파도는 대단히 맹렬하게 부서진다. 정박지에 있는 배는 서풍과 남풍으로부터 보호받지만, 북쪽과 동쪽에서 불어오는 바람에는 노출된다. 하지만 이 바람이 해안에서는 맹렬하게 불지 않는다.

　남위 38°21'37" 서경 74°38'26"에 위치한 이 섬은 둘레가 약 20마일(37㎞)이고, 초목이 우거져 아름다운 모습을 지녔다. 언덕은 꼭대기까지 큰 나무들로 덮여 있고, 숲이 물가에 있어서 목재를 쉽게 구할 수 있다. 또한 배들은 서쪽으로 흘러가는 몇 개의 아름다운 개울로부터 양질의 식수를 공급받을 수 있다. 그러나 해수면이 높을 때는 파도가 매우 심하게 치기 때문에 물통을 가져가기에 유리한 때를 기다려야 한다.

이곳은 18세기 초에 스페인 사람들이 정착했다가 해적질을 당해 떠난 듯하다. 현재는 밀수와 포경업과 물개잡이에 종사하는 배들이 자주 이용하는데, 수많은 물개를 바위와 작은 모래톱에서 언제나 볼 수 있다. 가마우지, 펭귄 그리고 다른 물새들도 아주 많이 발견된다. 숲은 다양한 종류의 새로 가득 차 있고, 사과나무와 쇠비름은 섬 여러 지역에서 자란다. 우리가 이곳에 머문 시간이 짧았기 때문에 이 흥미로운 장소를 내가 바랐던 것만큼 철저하게 조사할 수 없었다. 하지만 나는 이곳이 케이프 혼을 지나온 후 배들이 들를 수 있는 가장 바람직한 장소라는 것을 충분히 확신하였다.

1813년 3월 7일

나는 이제 우리가 콘셉시온(Concepcion, 칠레 중부의 항구)과 발파라이소(Valparaiso, 콘셉시온보다 북쪽에 위치한 칠레의 항구) 사이를 오가는 배들을 만날 수 있는 좋은 위치에 있다고 생각했다. 승무원의 건강, 식량 상황, 배의 피로도 등 어느 면으로든 배의 입항이 꼭 필요하지 않았기에 나는 적선을 만나기를 바라며 바다에 좀 더 오래 머물기로 결심했다. 왜냐하면 그럴 경우 모카섬을 떠날 때까지 해안에 우리의 존재를 알릴 필요 없이 필요한 물자를 적선에서 얻을 수 있기 때문이다. 그런데 불행하게도 안개가 우리를 계속 에워싸 배에서 1마일(1.85㎞) 이상 멀리 볼 수 없었고, 내가 원하는 대로 해안 가까이 항해하는 것도 위험해졌다. 왜냐하면 해안선 따라 육지가 매우 높아 맑은 날씨에는 먼 거리에서 볼 수 있지만, 대기 상태가 이런지라 해안선 따라 위치한 암초 가운데 파란의 흰 포말이 뚜렷했다.

우리는 많은 고래에 둘러싸여 있었다. 고래들은 보통 해안을 따라 얕은

발파라이소의 엔젤 포인트와 콰란밀라 포인트 출처: 구글 지도

바다로 떼 지어 다니고, 포경선들이 남북으로 계속 고래의 길을 쫓아다니기 때문에 배를 곧 만날 수 있으리라는 강한 희망을 품었다. 우리는 또한 모카 섬 근처에 있던 때를 제외하고 항해하는 동안에 그 어느 때보다 많은 물개와 새를 보았다.

1813년 3월 12일, 모카섬에서 발파라이소로 북상

12일 오후, 남서쪽에서 가벼운 바람이 일어나 날씨가 서서히 개기 시작했다. 안개가 바람이 불어가는 쪽으로 걷히면서 모두가 배를 찾는 데 몰두했다. 그러나 바다 외에는 아무것도 보이지 않았고, 동쪽으로는 황량하고 메마른 바위투성이의 칠레 해안이 펼쳐졌다. 그 뒤쪽에는 만년설로 뒤덮인 안데스산맥의 산들이 고개를 치켜들고 있었고, 내가 경험했던 모든 것을 훨씬 뛰어넘는 우울한 고독의 광경을 온전히 우리에게 보여 주었다.

이제 바람이 불어와 북쪽으로 항해할 수 있게 되었다. 날씨가 맑았으므로 나는 해안가에 가까이 붙어 항해하기로 결심했다. 그렇게 하면 우리와 해안 사이를 지나가는 어떤 배라도 우리가 포착할 수 있을 것으로 생각했다. 그런데 이곳을 항해하면서 그다음 날까지 우리는 해안에서 어떤 종류의 배나 인간 존재의 흔적도 발견할 수 없었다. 다만 저녁에 작은 만에서 불이 피워졌는데, 아마도 원주민이나 밀수에 관련된 사람들이 우리를 육지에 초대하려는 의도에서였을 것이다.

1813년 3월 13일

13일 아침, 중앙 가운데 돛의 활대(main-topsail-yard)가 심하게 휘어진 것을 발견했고 그것을 내려서 다른 것으로 교체해야만 했는데, 다행히 교체할 활대가 배에 있었다.

13일 오후, 스페인 사람들이 '콰란밀라(Quaranmilla)'라고 부르는 발파라이소만 남서쪽 3~4리그(16.7~22.2km) 지점으로 향했다.

해가 뜨자, 범선 한 척도 발견하지 못한 나는 만 안쪽을 살펴보기로 결심하고 이 지역에서 우리에게 어떤 수확이 있을지 알아보기로 했다. 그래서 1/2리그(2.8km) 거리를 두고 모든 돛을 올려 콰란밀라(Quaranmilla) 포인트를 향해 방향을 틀었다. 이 지점을 지나자 해안에서 약간 떨어진 곳에 흩어져 있는 바위들을 발견했고, 얼마 지나지 않아 가는 모래가 깔린 해변이 있는 멋진 만이 보이기 시작했다. 그곳에서 고기를 잡고 있는 어선 몇 척이 보였다. 그들과 소통하고 싶어서 나는 영국기와 삼각기를 내걸었고, 수로 안내인을 요청하는 깃발도 선수에 내걸었다. 하지만 이들 중 누구도 가까이 다가올 의향이 없는 것처럼 보였다.

만 하부에는 작은 울타리가 있는 오두막이 있었고, 다음 돌출부 꼭대기에는 기와로 마감한 작은 건물이 있었다. 주변 언덕의 경사면에는 몇 마리의 소가 풀을 뜯고 있었다. 이것이 우리가 해안에서 만난 문명의 유일한 표시였고, 칠레에서 가장 중요한 도시 가까이에 있다는 것을 보여 주는 어떤 것도 없었다. 메마른 바위 근처에서 풀을 뜯는 소 몇 마리와 앞서 언급한 두 오두막, 그리고 비참해 보이는 어부들을 제외하고 이곳 해안은 우리가 보았던 다른 곳들과 똑같이 황량한 모습이었다. 모카섬을 떠난 이후로 계속해서 살펴보았지만, 이 지역에서 만나기를 기대했던 멋진 마을, 잘 경작된 언덕 그리고 비옥한 계곡을 찾는 일은 모두 헛수고였다.

해안은 온통 검고 음침한 바위로 뒤덮여 있고, 파도가 맹렬하게 부딪치는 면은 수직을 이루고 있다. 이 바위 뒤편에 있는 지역은 말로 표현할 수 없을 정도로 음산해 보였다. 노랗고 메마른 언덕에는 폭우로 깊은 골짜기가 패었고, 관목들이 여기저기 조금씩 흩어져 있을 뿐 이 해안 전체에는 어느 정도 큰 나무가 보이지 않았다.

날씨가 맑을 때는 항상 안데스산맥이 보였다. 그런데 안데스산맥은 눈이 걷히는 법이 전혀 없었기 때문에 우리에게 내륙의 풍경이 멋질 것이라는 인상을 주지는 못했다.

다음에 나타난 포인트는 앞서 언급한 정상에 기와로 덮인 집이 있는 엔젤(Angels) 포인트였는데, 발파라이소만의 서쪽 지점이라고 한다. 나는 거기에 있는 바위들을 인지하여 남쪽에서 불어오는 강풍을 타고 1/2마일(0.9km) 거리를 유지한 채 바위를 돌면서 측연[1]을 계속 바다 밑으로 내렸다. 수심은 60패덤(110m) 이상이었다.

이 지점을 도는 동안 망원경으로 발파라이소나 발파라이소 가까이에 왔다는 증거를 찾아보았다. 처음에는 긴 모래사장이 반대편에서 내 시야에 들어왔다. 다음에는 지그재그로 산길을 내려오는 짐 실은 노새 떼, 마을 전체, 깃발이 펄럭이는 배들, 그리고 요새가 갑자기 바위 뒤에 있던 것처럼 드러났다. 우리를 향해 발사할 준비가 된 포대의 대포 아래 멈춰 섰다. 우리에게 나타난 장면은 갑작스럽고, 예상한 것보다 활기차고 쾌활했다. 만약 우리가 영국기를 올리지 않았더라면, 만 안에 닻을 내리고 싶은 유혹을 받았을 것이다. 잠시 숙고해 본 결과, 현재 상황으로는 그렇게 하는 것이 현명하지 않다고 생각했다. 돛을 잡아매고 바다로 나갈 준비를 하는 대형 스페인 선박 몇 척이 항구에 있었기 때문이다. 그 배들이 의심의 여지 없이 북쪽으로 향할 것이고 리마(Lima, 페루의 수도)까지 갈 가능성이 높기 때문에 그들이 출항할 시간을 주고. 이 지역에 미국 프리깃[2]이 있다는 정보가 스페인 배에 의해 적에게 주어지지 않도록 먼바다에 며칠 더 있기로 결론 내렸다.

항구에는 짐을 잔뜩 적재하고 18문의 대포를 장착할 포문을 뚫은 미국 브릭 한 척도 해안 가까이에 있었다. 배의 활대와 중간 돛대는 내리고, 승선 방지 그물은 달아매어 방어 준비가 된 것처럼 보였다. 크고 투박한 모습의 영국 브릭 한 척도 돛을 모두 내린 채로 있었는데, 선원들은 삭구에 타르 칠을 하고 있었다.

---

1) 측연(測鉛, lead)은 수심을 재는 데 쓰는 기구로, 줄 끝에 납덩이나 돌을 매단다.
2) 프리깃(frigate)은 1750~1850년경에 사용된 함포(艦砲)를 탑재한 쾌속 범선의 군함이다. 여기서 '미국 프리깃'은 포터의 에식스호를 가리킨다.

1813년 3월 15일, 발파라이소항 도착

내가 닻을 내리기 전에 항구의 지휘관이 장교를 대동하여 시장의 바지선(barge)을 타고 와서는 발파라이소에서 제공할 수 있는 모든 도움과 편의를 약속했다. 나는 그들이 스페인에 대한 충성을 떨쳐 버렸고, 칠레의 항구들이 모든 나라에 열려 있으며, 미국을 우러러보고 미국의 보호도 기대하여 우리의 도착을 가장 즐거운 일로 여긴다는 놀라운 소식을 들었다. 페루의 총독이 해적들을 보내 칠레로 향하는 미국 배들을 나포하여 재판했고, 그래서 칠레의 무역이 많은 지장을 받아 왔기 때문이었다. 내가 도착하기 불과 며칠 전에 다섯 척의 페루 배가 몇 척의 미국 포경선을 나포하여 리마로 보내고는 항구 앞에서 사라졌다고 말했다. 이 예상치 못한 정세는 (현재 우리의 부족한 물품을 고려해 볼 때) 당연히 발파라이소에서의 신속한 출발을 보장했기 때문에 나에게 큰 기쁨을 주었다.

미국 부영사보는 우리의 발파라이소항 도착을 미국 총영사 포인셋(Poinsett)에게 알리기 위해 칠레의 수도 산티아고(Santiago)로 전령을 급파했다. 그런 다음 우리에게 필요한 목재와 식수, 그리고 식료품을 선상에 실을 준비에 착수했다. 식료품은 미국의 어떤 항구보다 더 우수한 품질과 저렴한 가격으로 더 많은 양을 조달할 수 있었다. 나는 또한 승무원에게 매일 신선한 소고기와 채소·과일·빵을 공급하도록 지시했으며, 이러한 준비를 마쳤을 때 나의 방문에 대하여 시장이 답방하겠다는 전갈을 받았다. 따라서 그를 맞이하기 위해 나는 먼저 승선했고, 그가 도착하자 여러 장교와 함께 열한 발의 예포로 경의를 표했다.

그들 모두는 칠레 태생이며, 대부분이 프리깃을 본 적이 없었다. 그들이 아는 바로 에식스호는 발파라이소에 입항한 최초의 프리깃이었다. 4개월 전에 영국 전열함[3] 스탠더드(Standard)호가 리마로 가는 도중에 휴식을 위해 그곳에 기항한 적이 있었다. 그러나 원주민들과 스탠더드호 장교들 사이에 약간의 오해가 있었으며, 그들 사이에 교류는 거의 없었다.

약 두 시간 동안 배에 머물면서 그들은 배의 이곳저곳을 둘러보았다. 비록 배가 아주 오랫동안 바다를 항해했고 케이프 혼 근처의 황천 항해에서 큰 피해를 보았지만, 그들은 여전히 우리를 '영국계 미국인(Anglo-Americans)'이라고 불렀고, 우리가 아주 큰 배를 만들고 장비를 갖추어 운항할 수 있다는 사실에 매우 흐뭇해하며 놀라워했다. 시장은 하선하기 전에 이튿날 저녁에 열리게 될 파티에 나와 장교들을 초대했고, 우리가 더 일찍 도착하지 못한 것에 대해 큰 유감을 표했다. 우리가 도착하기 전날 저녁에 칠레 군대가 페루 군대에 승리를 거두는 큰 경사가 있었기 때문인데, 작고 썩 중요하지 않은 페루 요새가 칠레에 함락된 모양이었다.

우리가 처음 도착했을 때 과일 실은 보트가 몇 척 다가왔는데, 세인트캐서린섬에서와 같이 아주 사소한 물건에 과도한 금액을 요구했다. 그러나 보트 수가 계속 늘어나 바가지는 곧 사라질 것이라고 예상했다. 그들에게 선상 판매를 허락하자, 해변에서와 마찬가지로 불과 몇 시간 만에 많은 양의 물건을 저렴한 가격으로 구할 수 있었다. 사과, 배, 복숭아, 천도복숭아, 멜론, 양파, 감자 등 온갖 종류의 과일과 채소는 품질과 물량 면에서 최상이었다. 감자도 다른 어떤 나라 것보다 크기와 품질 면에서 뛰어났는데, 이곳이 원산지였다. 승무원들은 앞서 언급한 물건을 대량으로 구매해 저장품으로 비축했고, 돼지와 가금류도 함께 대량으로 샀는데 품질이 최상급이었다. 가금류는 크기

3) 전열함(戰列艦, ship of the line)은 17~19세기에 걸쳐 유럽 국가에서 사용된 군함의 종류다. 한 줄로 늘어선 전열(line of battle)을 만들어 포격전을 주된 목적으로 제작되었기 때문에 이 이름이 붙었다.

가 아주 크고, 중국 닭이라고 불리는 종류는 열두 마리에 2.5달러씩 싼 가격에 샀다. 만약 내가 제한을 가하지 않으면 선상에 실린 물건으로 인해 배에 지장이 생길 것 같았다. 그래서 나는 출항 전, 식량으로 쓸 것을 제외하고 승무원들 소유의 모든 돼지를 없애라는 지시를 내렸다. 이 지시에 따라 장교들이 소유한 돼지를 포함해 100여 마리만을 선상에 남겨 두었다.

세상 어느 곳도 우리가 필요로 하는 모든 종류의 식량을 여기보다 더 많이 공급해 줄 수는 없을 것이다. 밀가루와 빵은 품질이 매우 우수하고, 얼마든지 어려움 없이 구할 수 있었다. 그러나 말린 소고기를 제외하고 소금에 절인 식품을 구할 때는 상당한 기일이 소요되었다. 이 식품은 대량 공급 방식으로, 가죽끈으로 된 그물망에 100웨이트(45kg)[4]씩 포장되어 별도의 수출용으로 처리되었다. 건식품은 모두 가죽 포대에 들어 있었다. 곡물 가루는 통에 담는 것보다 더 빽빽이 담을 수 있었다. 그래서 훨씬 무겁기는 하지만 관리하기는 더 수월했다.

원주민이 가죽을 가공해서 사용하는 방식은 놀랍다. 노새와 말의 마구, 가옥 그리고 해안의 일부 지역에서는 보트나 발사[5]도 이런 가죽으로 만들어졌다. 가죽은 통째로 혹은 조각이나 긴 띠로 잘라 생각할 수 있는 모든 용도에 사용된다. 발사에 사용할 때는 두 장의 가죽을 각각 카누 모양으로 재단해서 서로 붙인 자리가 위로 향하게 하여 그 속에는 갈대를 이용해 부풀리고는 구멍을 막았다. 그런 다음 널빤지 한 장을 걸쳐서 그 위에 사람이 앉는다. 그들

---

4) 웨이트(weight)는 무게 단위로, 미국에서는 1웨이트가 1파운드(약 0.453kg)이다. 100웨이트(hundredweight) 또는 센텀 웨이트(centum weight; cwt)는 영국과 미국에서 사용하던 무게 단위로, 그 값은 조금씩 차이가 있다. 1835년 이후로 영국에서는 100웨이트가 112파운드(50.8kg)로 정해졌으나 미국과 캐나다에서는 100파운드(45.3kg)에 상응한다.
5) 발사나무(balsa wood)는 남미에 자생하며, 뗏목 또는 카누의 재료로 사용된다.

은 이 취약한 기구를 타고 바다 멀리까지 위험을 무릅쓰고 간다.

칠레 사람들이 사용하는 것으로 아주 유명한 라께⁶⁾는 올가미가 달린 매우 긴 가죽끈으로 만들어져 있다. 전속력으로 달리는 동물을 잡을 때 라께를 사용하는 그들의 민첩성은 놀랍다. 짐 나르는 말의 모든 마부와 수탕나귀 몰이꾼은 이것을 항상 갖고 다닌다. 라께를 사용할 때나 민첩한 행동을 보여 줄 때 그들은 아주 즐거워한다. 또한 짐을 싣고 내리거나 다른 목적이 있을 때는 거리를 두고 신중하게 라께를 감아쥔 다음 잡고자 하는 동물의 목에 던지는데, 절대 실패하는 법이 없다.

1813년 3월 17일, 무도회

시장의 초청을 기꺼이 수락한 우리는 파티에 참석했는데, 여성들은 내가 기대한 것보다 수가 훨씬 많고 화려했다. 여성들은 옷차림이 독특했고, 제법 멋을 부렸다. 그리고 많은 여성이 치아를 제외하고는 몸매와 얼굴이 아주 아름다웠다. 그들의 혈색은 상당히 좋았고, 태도는 겸손하고 매력적이었다. 이것이 우리가 홀에 들어가서 200명 정도의 낯선 여성들을 본 첫인상이었다.

미뉴에트⁷⁾가 연주되고 컨트리댄스⁸⁾가 이어졌다. 여성들은 우리 장교들

---

6) 라께(laque)는 한쪽 끝을 손으로 잡아당기면 반대쪽 끝에 있는 올가미(running noose)가 죄어지는 도구로, 주로 말이나 소를 잡을 때 사용한다.
7) 미뉴에트(minuet)는 17~18세기경 프랑스와 영국에서 유행하던 3/4 또는 3/8 박자의 우아하고 빠른 춤 또는 그 춤곡이다.
8) 컨트리댄스(country-dance)는 스코틀랜드 지방에서 농사를 마치고 축제일이 되면 해변이나 언덕에 모여 둥글게 손을 잡고 추던 춤으로, 17~18세기에 주로 유행하였다.

과 칠레에서는 본 적이 없는 춤인 코티용[9]을 추면서 정중했고, 참을성을 보여 주었다. 이 지역의 춤은 너무 복잡해 우리가 따라 하기 힘들었다. 여성들은 그 춤을 출 줄 아는 장교들을 보고 매우 기뻐하며 춤추었다. 여성들의 우아함·몸매와 얼굴의 아름다움 그리고 상냥함으로 인해 우리는 즐거워했고, 마치 우리나라의 아름다운 여성들 사이에 있다고 상상할 정도였다. 그러나 한순간에 환상이 사라졌는데, 이른바 '대지의 춤'[10]이 시작되었기 때문이다. 춤은 매우 볼썽사납고 동시에 몸과 팔다리를 지치게 만드는 것으로, 가장 상스럽고 음탕한 동작으로 되어 있었으며, 점차 열기와 격렬함이 커져서 결국 한 아름다운 여성은 열정에 압도당해 피로에 지쳐 자리에 주저앉았다.

여성들은 화장으로 스스로를 흉하게 망가뜨렸다. 그러나 이목구비는 호감을 주며, 크고 검은 눈은 놀랍도록 빛나고 인상적이다. 만약 매티[11]를 너무 많이 음용한 탓에 흉해진 치아만 아니었더라면 칠레 사람 특유의 피부색에도 불구하고 우리처럼 어떤 여성도 본 지 오래된 사람들에게는 그들 모두 미인으로 보였을 것이다. 매티는 파라과이에서 자라는 허브를 달인 것으로, 설탕을 첨가한 음료를 데워 긴 은빨대를 사용해서 마신다. 칠레 사람들은 매티에 중독된 노예들이다. 매티는 맛이 좋지만 치아를 엉망으로 만든다.

우리는 무도회에서 새로운 경험을 하고 즐거운 마음으로 배에 돌아왔다. 모두가 보여 준 배려에 크게 만족해했다.

칠레 사람들은 집에 방문해 달라는 초대장을 보내왔다. 하지만 우리는 촉

---

9) 코티용(cotillion)은 네 사람 또는 여덟 사람이 한 조가 되어 추는 프랑스 궁정 무용으로, 보통 2/4 박자 음악에 맞추어 추는데 18세기에 프랑스를 중심으로 유럽에서 유행하였다.
10) 대지의 춤(ballas de tierra)은 오늘날 칠레의 전통무인 '대지의 춤(Bailes de tierra en Chile 또는 Earth dances)'인 듯하다.
11) 매티(matti)는 마테나무(matte tree)의 잎을 우려서 만든 남미 원주민의 전통 음료다.

박한 일정상 노는 데에만 시간을 허비할 수 없었다. 20일까지 식량을 선적하기로 되어 있어서 모두가 바빴다. 그날 정오에 식수를 모두 실었고, 몇 가지 작은 물품을 제외하고는 미국을 출항했던 날처럼 충분한 식량을 채웠다. 선적한 물건에 대해 정산할 것들이 줄지어 있었다.

이튿날은 일요일이라 그동안의 노고에 약간의 휴식이 필요해서 나는 오락거리를 준비했는데, 발파라이소의 신사 숙녀들을 초대해 함께 배에서 오후를 보내는 것이었다. 이전에 미국 부영사 블랑코의 집에서 열린 저녁 무도회 참석 때 약속했었기 때문이다. 스페인 사람들, 특히 가톨릭 신자들은 개신교 국가의 사람들처럼 안식일을 참회와 기도를 하면서 보내지 않고 축제와 춤으로 보낸다. 독실한 가톨릭 신자라면 고백성사를 하지 않거나 사순절 동안에 고기를 맛보면 자신이 신앙심을 잃었다고 생각하겠지만, 일요일을 즐기며 더 재미있게 보낼 수 있는데도 전능한 신을 숭배하느라 매주 하루를 온전히 바치는 저속한 개신교 신자의 편견보다는 한 수 위에 있다.

뜻밖의 배 출현으로 인한 소동

산티아고에서 온 총영사는 대통령의 동생인 돈 루이스 카레라(Don Lewis Carrera), 영사 헤이웰(Heywell), 그리고 다른 미국인 한 명과 함께 도착했다. 그들 모두가 토요일에 배에서 식사했고, 우리는 열한 발의 예포를 발사했다.

일요일 세 시쯤에 나와 장교들은 여성들을 승선시키기 위해 보트를 타고 해변으로 나갔다. 배는 여성들과의 오락을 위해 이미 준비를 마친 상태였다. 이제 우리는 국적과 종교를 초월하여 모든 편견을 내려놓고 하루 동안 즐겁게 노는 데 전념하기로 했다.

여성들을 보트에 태우고 떠나려는 순간, 에식스호에서 급히 온 장교가 대형 프리깃 한 척이 앞바다에 출현한 사실을 보고했다. 프리깃은 우리가 항구에 정박 중인 것을 이미 알고 있었다. 우리는 지체 없이 칠레 여성들을 하선시킨 다음 작별 인사도 못 한 채 보트로 뛰어올랐고, 즉시 모선과 합류했다. 에식스호는 닻을 끌어올릴 준비가 되어 있었다. 곧 낯선 배가 32문의 포를 탑재한 프리깃임을 알아차리고 나는 케이블을 자르라는 명령을 내렸으며, 에식스호는 순식간에 돛을 활짝 펼쳤다. 그러나 방금까지 불던 바람이 사라져서 항구를 벗어나기 위해 모든 보트를 뱃머리 쪽에 두고 배를 예인시켰다. 한 시간 동안 낯선 배와 현측을 마주하고 전투 태세를 취하고 있었다. 수상한 배는 포르투갈 배로, 리우데자네이루 정부의 밀가루를 싣고 도착항인 리스본으로 가는 길에 기항하던 중이었다.

무력 충돌이 예상되었기 때문에 총영사, 미국과 스페인 사람 몇 명과 돈 루이스 카레라가 위험한 전투지만 힘을 보태기 위해 우리 배로 올라왔다. 혈기 넘치는 약 22세 청년 돈 루이스 카레라는 큰 전투 경험이 없었기 때문에 전투에 참여하려는 열망이 넘쳤다. 그는 나에게 수상한 배에 올라타서 싸우자고 계속 요청했지만, 포르투갈 국기를 보고 크게 실망했다.

언덕 위에는 남자·여자 그리고 아이들로 붐비고 있었고, 돈 루이스보다 그들이 전투를 더 보고 싶어 한다는 것을 알 수 있었다. 후에 알게 된 사실인데, 우리가 초대한 여성 손님들을 포함한 구경꾼들은 실망을 감추지 않았고, 솔직히 해상전투 장면이 선상에서 제공하려던 그 어떤 오락보다 더 흥미로웠을 거라고 했다.

만찬과 무도회

바람은 계속 경쾌하게 불고 날은 이미 어두워졌다. 나는 그날 밤 항구로 돌아갈 생각을 포기하고 바람을 정면으로 받으면서 바다에 머물고 있었다. 돈 루이스와 그의 하인들은 멀미를 심하게 했다. 그는 처음 승선했을 때는 호전적이었지만 지금은 어린아이처럼 무력했다.

보트로 배를 예인해 가던 우리는 이튿날 아침 일찍 닻이 빠져 있는 바다까지 오는 데 성공했으며, 정말 운이 좋게도 닻줄과 연결된 부표를 찾을 수 있었다. 배를 제대로 묘박해 놓고 나머지 보급품을 실었다.

시장이 저녁 식사에 우리를 초대했다. 관사 앞에 있는 포진지 주변에 걸린 깃발들로 보아 그가 대규모 환영 파티를 준비한 것 같았다. 우리에게 베푸는 환대는 칠레 정부 고위급 인사의 명령에 의한 것이며, 소요 경비까지 마련되었다고 했다. 참석자들은 만국기로 멋지고 화려하게 장식된 넓은 텐트에 앉게 되었고, 바닥에는 값비싼 카펫이 깔려 있었다. 음식은 은식기에 담겨 나왔으며, 나이프의 칼날을 제외하고는 식탁 위의 어떤 것도 금속 재질이 아니었다. 만찬은 최소 스무 가지 이상의 요리로 구성되었다. 세 번째 코스가 끝났을 때쯤에는 첫 번째 코스의 풍성한 요리에 이어 나올 맛있는 음식에 대비해 식욕을 아껴 두지 못한 것을 후회했다. 포르투갈 배의 장교들과 몇몇 영국 무역상들도 식탁에 같이 있었다. 포도주가 차례로 돌고, 칠레 장교들의 열렬한 건배사에서 애국심이 표출되었을 즈음 이들 스스로가 물러나는 것이 좋겠다고 생각하는 것 같았다.

만찬 후에도 무도회가 텐트 안에서 계속 이어지는 가운데 우리는 시장과 함께 요새를 둘러보았다. 요새는 웬만큼 볼 만했다. 텐트로 돌아오니 잘 차려입은 숙녀들이 평소와 달리 볼썽사납게 화장을 한 채 무리 지어 서 있었다. 밤은 아주 유쾌하게 흘러갔고, 새벽 한 시가 되어 배로 복귀했다. 이제 더 이상 지체할 이유가 없기 때문에 일찍 출항하려고 마음먹었지만, 숙녀들은 배를 기어코 타고 싶어 했다. 보트에 숙녀들을 가득 태우고 온 시장과 그의 부인은 9시경에 승선하여 12시까지 머물렀다.

발파라이소를 떠나는 소감과 향후 계획

발파라이소에서 머문 일주일 동안 직무를 수행하느라 아주 바빴고, 상황이 급속히 진행되어 이곳의 지형과 주민들의 풍속과 관습, 또는 칠레의 정치 상황을 자세히 관찰할 기회는 거의 없었다. 일로 보나 놀이로 보나, 아마도 내 인생에서 이번처럼 정신없이 움직였던 일주일은 없었을 것이다. 무엇보다 나라를 위해 최대한 봉사하겠다는 열망이 있었기 때문에 발파라이소를 떠나는 것에 후회는 없었다.

우리가 체류하는 동안 리마를 향하여 출발한 스페인 배 두 척이 우리에 관한 정보를 적에게 제공할 것이라는 확신이 들어서 우리는 신속하게 출항해야 했다. 또 다른 이유는 어떤 장소로 가기 전에 그 주변 해안을 먼저 조사하는 방침을 항상 갖고 있었기 때문이다.[12] 이런저런 말을 들어보면, 페루 해안과 거기에서 갈라파고스(Galapagos)[13]까지는 영국 포경선들이 좋아하는 어장이었다. 나는 페루 해안을 거쳐서 갈라파고스로 항해할 계획이었다. 즉 내가 이 해역에 도착한다는 정보를 리마에 있는 영국 정보원들이 적에게 알려 주기 전에 영국 배들이 자주 모이는 장소인 앨버말(Albemarle)섬에 도착해야 했다. 내 의도가 발파라이소를 방문하는 단순한 즐거움 때문에 케이프 혼을 지나간 것이 아님을 영국인들이 분명히 추측했을 것이다.

---

12) 배를 단 한 척만 지휘하는 포터 함장으로서는 다음 항로가 리마 방향이기 때문에, 만약에 발생할지도 모를 적국 선박과의 해상전투(sea engagement)를 피하고 싶었을 것이다.
13) 포터 함장은 항해기에서 모두 '갈리파고스(Gallipagos)'로 적고 있으나 이 책에서는 '갈라파고스(Galapagos)'로 옮긴다.

항해자들을 위한 조언

발파라이소의 시내는 만 기슭에 안정되게 자리 잡고 있으며, 중요한 상업 지역이다. 정박지는 만 정면을 향하고 있으며, 해안으로부터 2~5케이블(438~1,095m)[14] 떨어져 있다. 북풍이 불 때를 제외하면 그곳은 안전하다. 북풍은 만 안으로 바로 들이치며 큰 파도를 일으킨다. 북풍과 큰 파도 때문에 배들이 해변으로 떠밀려 와 선원이 모두 사망하거나 실종된 경우가 있었다.

마을 동쪽 끝자락은 알만드랄(Almandral) 마을로 향하는 방향이고, 근처에 바위 몇 개가 흩어져 있다. 여기에는 좌초한 스페인 선박과 선원 모두를 잃은 것을 애도하는 십자가가 세워져 있다.

만이 위험으로부터 아주 안전하기는 하지만, 입항하는 데 필요한 유일한 조언은 입항할 때 마을 정중앙을 바라보면서 배를 몰고 들어와서 25~27패덤(45.8~49.4m) 깊이의 투묘지를 찾으라는 것이다. 바닥은 어느 곳에도 장애물이 없어 투묘지로 적당하다. 이 항구는 밴쿠버[15]와 다른 항해자들이 매우 정확하고 자세하게 묘사했기 때문에 더 이상의 설명은 필요 없을 것이다.

발파라이소의 특이한 식사 예절

이곳 주민들의 풍습은 우리와 (그리고 아마도 다른 민족의 풍습과는) 현저

---

14) 케이블(cable)은 해상 거리를 나타내는 단위로서 1케이블은 미국 해군에서는 약 219미터이다.

15) 밴쿠버(George Vancouver, 1757~1798)는 영국 해군으로, 북미 서해안 등을 탐사했다. 1790~1795의 세계 일주 항해기가 1798년과 1801년에 각각 출간되었다. (김낙현 외 역, 『밴쿠버와 브로튼의 북태평양 항해기 1791~1795』, 경문사, 2021 참조)

히 다르기 때문에 특별히 몇 가지를 주목하지 않을 수 없다.

저녁 식사를 대접하는 동안 주빈을 상석에 앉게 하고 주인은 손님의 한쪽 편에, 여주인은 다른 편에 앉는다. 그리고 주인의 주된 의무는 손님이 가능한 한 많이 먹게 하는 것이다. 만약 손님이 나처럼 이방인이라서 다음에 무엇이 차려질지 잘 모르거나 다음 요리의 모양과 맛이 더 좋은 경우, 주인은 이것을 설명하면서 그의 의무를 가장 효과적으로 수행한다.

주민들이 마련한 무도회나 저녁 파티에서 또 다른 경험을 했는데, 처음에는 약간 당혹스러웠다. 하녀가 아주 커다란 은쟁반에 달콤한 젤리를 가득 담아 은접시와 포크를 함께 가져왔다. 쟁반에 가득 담긴 요리가 나 혼자만을 위한 것이 아니라고 생각해서 은접시만 받으려고 했으나 하녀는 거부했다. 그래서 쟁반을 받으려고 했는데, 이것도 하녀가 거부했다. 어떤 식으로든 내가 먹어야 한다고 생각하고 가장 자연스럽고 편리한 방식으로 먹기로 작정했다. 그래서 나는 하녀에게서 은접시와 포크를 받아서 원하는 만큼 양껏 먹었다. 그러나 참석자 모두가 나를 쳐다봐서 뭔가 실수를 했다는 것을 곧 알아차렸다. 이어서 하녀가 다른 접시와 포크 한 개를 가져왔고, 설탕에 절인 과일이 놓인 접시가 참석자들에게 건네졌다. 각자는 접시 위의 같은 포크를 사용하여 한입 가득 떠서 바닥에 흘리지 않도록 조심스럽고도 적절하게 쟁반으로 턱을 받친 채 먹었다. 그런 다음 포크와 함께 접시가 옆 사람에게 건네졌다.

매티는 맛이나 청결 상태를 거의 신경 쓰지 않고 먹는다. 매티가 담긴 컵이 들어오면 참석자 가운데 한 명이 은제 빨대로 매티를 불어 거품이 높게 일도록 만든다. 그렇게 하면 제대로 준비가 된 것이며, 이 매티와 은제 빨대를 방에 있는 사람들에게 돌리는데, 각자는 차례대로 아주 즐거워하면서 맛있게 한 모금씩 빨아들인다. 마찬가지로 물 한 잔, 숟가락 한 개 또는 여송연

한 개비만을 제공하여 모든 참석자가 공유하는 것이 풍습이었다.

칠레 여자는 남자와 팔짱 끼고 걷는 모습을 보이는 게 아주 무례하다고 생각하는 것 같다. 그들은 아주 고상해서 어떤 식으로든 남자의 손을 잡는 것을 예의가 없다고 생각하지만, 춤출 때는 예외여서 예의 같은 것은 내팽개쳐 버린다. 그러나 이방인에게는 매우 호의적이면서 친절했다. 만약 우리에게 이상하게 보이는 그들만의 독특한 풍습이 있다면 분명 우리도 마찬가지로 그들의 비난을 살 만한 우리만의 풍습이 있을 것이다.

칠레의 정치 상황

현재 칠레 왕국의 모든 권력과 영향력은 무정부 상태를 이용해서 집권한 한 가문에 집중되어 있다. 이 가문은 카레라 가문이다.[16] 첫째 아들은 스스로 창설한 보병대 사령관이 되었다. 둘째는 혁명 평의회 의장 겸 기병대 사령관이고, 셋째 돈 루이스는 포병대 사령관이다. 그들은 총 병력 1만 5천 명을 전투에 동원할 수 있지만, 6천 명분 이상의 무기는 갖고 있지 않았다. 그들은 아르헨티나와 동맹을 맺고 있어서 무장 병력 500명을 파병해 아르헨티나가 우루과이와 맞서서 싸우는 데 도움을 주고 있었다. 페루와의 국경에 있는 소수 병력을 제외한 나머지 칠레 병력은 별로 할 일이 없었다. 그래서 실제로 그들 모두는 쾌락을 좇고 식욕을 만족시키는 데 몰두한 나머지 다른 주요 군사 활동을 하지 못하는 것으로 보인다.

현재의 카레라 체제에 반대하고 스페인 국왕 페르디난드 7세의 대의명분

---

16) 카레라 가문(Carreras)은 식민지 시대에 정치적으로 영향력이 있었고, 1818년 칠레 독립에 중요한 역할을 했다.

에 우호적인 강력한 비밀 단체가 있다. 그들은 사라센(Saracens)당으로, 권력을 가진 쪽은 '애국지사당(Patriots)'으로 불린다. 사라센 당원들은 은밀한 방식의 저항 활동으로 인해 위험하고, 상당한 두려움을 불러일으킨다. 그들의 밀사 몇 명은 현 정부 장교에 대한 암살 시도로 이미 유죄 판결을 받았다. 일부는 교수형을 선고받았고, 다른 일부는 후안 페르난데스(Juan Fernandez, 칠레 중부 앞바다에 있는 화산섬)로 추방당했다. 애국지사당의 남성 당원들은 모자에 파란색·노란색그리고 흰색의 삼색 모표를 붙이고, 여성 당원들은 단정하게 머리카락을 얼굴의 왼쪽 위로 빗어 넘긴 것으로 알 수 있다. 애국지사 당원들은 혁명 정신에 사로잡힌 것처럼 보였는데 이유가 없지는 않은 것이, 당원 대부분이 젊고 씩씩한 칠레 태생의 백인이지만 반대 당원 대부분은 거칠고 나이 많은 전형적인 스페인 사람들(Castilians)이다. 애국지사 당원 스스로가 아직 공개적으로 독립을 선언하지 않았으며, 칠레와 페루 양국 사이에 아직 전쟁은 일어나지 않았다.[17] 그런데도 칠레는 독립국과 거의 같은 정도의 일을 해냈다. 그들은 스스로 헌법을 만들었는데, 칠레에 거주하는 사람들 가운데 누구라도 국외의 어떤 정권에게 기밀을 알려 주거나 국외 정권의 명령을 따르거나 하는 경우 사형에 처한다는 조항이 들어 있다.

나는 이제 발파라이소를 떠나 적선을 찾아 항해를 계속할 것이다.

---

17) 페루는 스페인 부왕령(副王領, Viceroyalty)으로, 스페인의 세력이 더 강한 곳이었다.

2장
칠레와 페루 해안 항해
갈라파고스제도 도착

1813년 3월 25일, 페루 사략선 네레이다호 나포

25일 아침 8시, 북쪽에서 항해 중인 범선 한 척을 보자마자 추격하기 시작했다. 정오 무렵, 이 범선이 선미 갑판에 고래잡이용 보트를 실은 포경선으로 위장한 군함이라는 것을 확실하게 알아볼 만큼 가까워졌다. 우리가 영국기를 올리고 바람이 불어가는 방향으로 함포 한 발을 쏘자 스페인기를 게양한 그 배는 곧 대응 포격을 하면서 우리를 향해 달려왔다. 스페인 사람들이 1마일(1.85㎞) 거리에서 쏜 한 발이 우리 배의 선수 위로 지나갔다. 수집한 정보를 근거로 범선의 외관과 크기를 파악한 결과, 곧 오랫동안 우리의 통상을 괴롭혀 온 해적선들 가운데 한 척인 것을 알았고, 우리에게 함포 한 발을 쏜 것에 너무 화가 나서 하마터면 일제 포격을 할 뻔했다. 그러나 해적선이 미국 국기를 보고 도발한 것이 아니고, 우리가 영국기를 게양한 점을 참작하여 배 위로 몇 발을 쏘아 우리 화력을 보여 주는 것으로 만족하였다.

잠시 후, 범선에서 내려진 보트 한 척이 에식스호로 다가왔다. 그러나 보트의 선원들이 무장한 것을 감지한 나는 보트를 즉시 우리 배와 떨어져 바람 불어가는 쪽으로 돌아오게끔 지시하고, 범선의 지휘관에게는 서류를 가지고 배로 와서 우리에게 발포한 것을 사과하라고 했다.

범선은 함포 15문을 탑재한 페루의 사략선[1] 네레이다(Nereyda)호로 확인되었다. 중위의 보고에 따르면 네레이다호는 미국 배들을 찾아 항해 중이었고, 코킴보항(Coquimbo, 칠레 북부의 항구)에서 미국 선적의 바클레이(Barclay)호와 워커(Walker)호를 나포했는데, 페리(Perry) 선장의 영국 배 님로드(Nimrod)호가 워커호에서 선원들을 쫓아내고 배를 차지해 버렸다. 네레이다호는 자신의 전리품을 되찾기 위해 님로드호를 찾던 중에 찰스호[2]와 같이 있는 우리를 보자 그들이 찾고 있던 배들이라고 착각해버린 나머지 우리에게 함포를 쏘았다고 했다. 네레이다호의 부지휘관은 페루가 영국의 동맹국이고 항상 영국기를 존중하며, 그의 유일한 목적은 미국 배를 나포하는 것이라고 주장했다. 네레이다호는 4개월 동안 바다를 돌아다니다가 앞서 언급한 바클레이호와 워커호를 만난 것이다. 그리하여 바클레이호의 선원들과 워커호의 선장 및 선원 일부는 포로가 되어 지금 네레이다호에 붙잡혀 있었다.

나는 네레이다호의 지휘관에게 워커호의 선장과 바클레이호의 포로 중

---

1) 사략선(私掠船)의 승무원은 민간인이지만 교전국의 정부로부터 적선을 공격하고 나포할 권리를 인정받은 무장한 사유(私有)의 선박으로, '사나포선(私拿捕船)'이라고도 한다. 16~17세기에 유럽에서 성행하였으나 1907년에 제2차 헤이그평화회의 결과 금지되었다.
2) 찰스(Charles)호는 미국 낸터킷 선적의 포경선으로, 선장은 가드너. 페루 해적선에 의해 나포당한 전력이 있는 찰스호는 바클레이호와 워커호와 함께 님로드호의 추격을 당하다가 도망쳤고, 에식스호를 만나 동행 중이었다.

한 명을 보고 싶다는 것과 만약에 부지휘관이 소속된 네레이다호의 지휘관이 몸이 좋지 않아 우리 배에 승선할 수 없는 경우에는 일등 중위가 대신 와서 사과할 것을 요구했다. 이에 부지휘관이 보트를 네레이다호로 되돌려보냈고, 네레이다호의 일등 중위가 워커호의 선장 웨스트(West)와 바클레이호의 선원 한 명을 데리고 왔다. 웨스트 선장을 함장실로 데리고 가서 사실은 이 배가 미국 프리깃이라고 안심을 시키자, 그는 자신을 포함해서 나머지 미국인 23명 모두가 네레이다호에 붙잡힌 다음 모든 것을 강탈당했다고 말했다. 페루의 스페인 사람들이 이 배들을 나포한 이유는 그들이 미국인이라는 것 외에는 아무것도 없었다. 워커호와 바클레이호는 모두 고래잡이에만 사용되었고, 그 밖의 어떤 경제적 이익 추구와도 무관했다. 두 척 모두 고래기름을 가득 실어 미국으로 돌아갈 예정으로 휴식차 코킴보항에 기항했다. 그들은 나포되고 나서야 전쟁에 관한 정보를 처음 접했다.

네레이다호가 지금 우리 함포의 사정권 내에 있는 상황에서 나는 미국 국기를 게양하도록 지시한 다음 네레이다호 위로 함포 두 발을 발사했다. 그러자 네레이다호에서 깃발을 내렸다. 배를 점령하기 위해 다운즈 중위에게 모든 스페인 사람을 에식스호에 태우라고 명령했다.

님로드호와 다른 배들이 우리 배 주변 어딘가에 있음 직했기에 텅(Tongue)만과 코킴보항을 볼 수 있는 해상 가까이에 머물렀다. 한편 맥나이트(M'Knight) 중위를 보내 네레이다호를 밤새 지키라고 명령했다.

다음 날 아침, 네레이다호의 모든 가벼운 돛을 비롯하여 함포와 탄약 그리고 소형 무기를 배 밖으로 던져 버렸다. 이 배의 탄환이 둥글든 길쭉하든 별 모양이든 간에 모두 구리 재질이라서 놀랐다. 그래서 구리가 페루와 칠레에서는 아주 풍부하고 값이 싸서 별 가치가 없는 것으로 여겨졌으며, 구리와 철의 가치를 비교할 수 없다는 것을 알게 되었다. 발파라이소에 기항 중일 때 쇠못이 좀 필요했는데, 쇠못은 1파운드(약 0.453kg)당 1달러 이하로는 살 수 없었다. 구리가 풍부하고, 황동 재질의 함포가 철제 함포보다 훨씬 선호됨에도 불구하고 아직도 이 네레이다호의 모든 함포는 한 문을 제외하고 모두 철로 주조되어 있었는데, 이런 점에서는 다른 지역의 방식과는 달랐다.

리마의 항구인 카야오(Callao)로 돌아갈 수 있도록 네레이다호의 중간 돛과 큰 가로돛만 남겨 두고 주요 장비 등을 완전히 없앴다. 나는 네레이다호에 타고 있던 모든 미국인을 풀어주고 나서 스페인 사람 모두를 돌려보냈다. 그런 다음, 네레이다호 지휘관에게 총독에게 보내는 항의서를 지참하여 리마로 되돌아갈 것을 명령했다.

1813년 3월 28일~4월 3일

28일 6시, 카야오로 향하는 배들의 항로를 가로지를 생각에 뱃머리를 북서쪽으로 향했을 때 우리 배는 상갈란(Sangallan)섬 또는 세인트갈란(St. Gallan)섬과 나란히 하고 있었다.

29일 아침, 세 척의 범선이 항구 방향으로 이동 중인 것을 발견하고 모두가 기뻐했다. 두 척은 바람을 안고 항해 중이고, 나머지 한 척은 바람을 등지고 항해 중이었다. 그래서 세 척을 가로막기 위해 돛을 모두 펼친 다음 항구로 향했고, 가장 가까운 배에 접근했다. 그 배는 내가 바클레이호에 대해 들은 바와 같아 보였다. 세인트로렌조(St. Lorenzo)섬 가까이 다가갔을 때 그 배가 섬 모퉁이를 돌자마자 멈출 것이라고 예상했고, 실제로 그랬다. 그 순간 우리 배는 2.5마일(4.6km) 떨어져 있었다. 바람 덕분에 거리가 100야드(91m) 이내로 좁혀졌다. 상대를 향해 함포를 발사한 후 보트들을 내려서 예

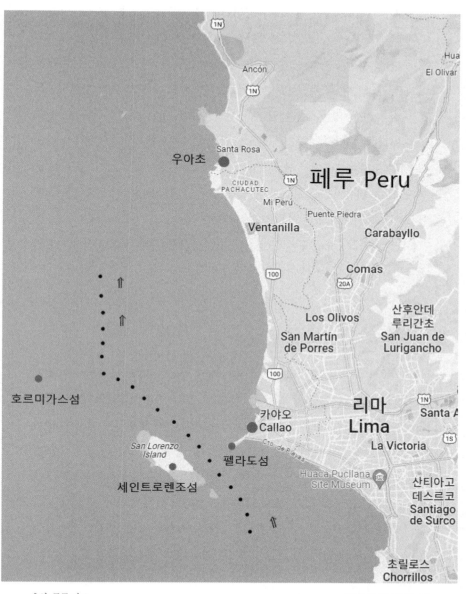

카야오와 주변 섬

우아초

페루 Peru

Santa Rosa

CIUDAD
PACHACUTEC

Mi Perú

Puente Piedra

Ventanilla

Carabayllo

Comas

Los Olivos

산후안데
루리간초
San Juan de
Lurigancho

San Martín
de Porres

호르미가스섬

San Lorenzo
Island

세인트로렌조섬

펠라도섬

카야오
Callao

리마
Lima

Santa A

La Victoria

Huaca Pucllana
Site Museum

산티아고
데스르코
Santiago
de Surco

초릴로스
Chorrillos

Ancón

Hua

El Olivar

인했다. 이러한 일들은 항으로 유입되는 해류 때문에 상당한 시간을 걸렸다.

우리가 항구의 선착장과 가까워졌을 때, 발파라이소에서 출발한 스페인 배 두 척이 아직 도착하지 않았다는 것을 알았다. 나는 에식스호 선상에 영국기를 게양하게 한 후, 나포한 배('바클레이호'로 밝혀졌다.)의 항해사에게도 미국기 대신 영국기를 게양하라고 지시했다. 장교 후보생 코완(Cowan)과 여덟 명의 수병을 바클레이호에 남겨 두었는데, 만약 헤어질 경우는 파이타항[3]과 갈라파고스에서 만나기로 약속하고 적절한 신호 깃발을 준비해 주었다. 또한 지나가면서 가능한 한 넓은 범위의 바다를 살펴볼 수 있도록 배들을 산개해서 항로를 택하도록 지시했다.

나는 카야오에서 약 30마일(55.6㎞) 떨어져 있는 펠라도(Pelado) 바위섬과 호르미가스(Hormigas)섬 사이를 지나기 위해 서북서로 방향을 잡았다.

카야오

카야오는 리마의 항구도시로서 리마에서 약 3리그(16.7㎞) 떨어져 있다. 카야오는 앞이 툭 트인 정박지로, 바람은 항상 남쪽에서 불어오지만 조금도 거세지 않다. 세인트로렌조섬과 돌출된 곳들에 의해 보호받기 때문에 이 바다에서 정박지로서는 이곳이 가장 안전한 항구 가운데 하나라고 생각한다. 페루의 모든 무역이 이곳에서 이루어지며, 해안의 포대로 강화되어 있을 뿐만 아니라 함포를 탑재한 강력한 함대가 보호하고 있다고 한다. 만 안은 고요하기 때문에 이러한 수비책은 매우 효과적인 것 같다. 이런 면에서 적국의 배들이 세인트로렌조섬 너머로 모험을 감행하는 것은 매우 위험할 것이다.

---

3) 파이타(Payta)항은 페루 북서부에 있는 파이타(Paita)항구인 것 같다.

가재 관찰

우리가 여기서 정박하는 동안 나는 조그마한 붉은 점들이 바다 위에 가득 떠다니는 것을 보았다. 처음에는 돼지 몇 마리를 선상에서 죽였고, 그 피의 일부가 바다 위에서 뒤엉켜 떠 있다고 생각했다. 그러나 자세히 살펴보니 그 점들이 가끔씩은 매우 빠르게 움직여 다녔다. 한 두레박 퍼 올리라고 해서 보니, 주로 1/10~1인치(0.25~2.5cm)까지 다양한 크기의 어린 가재(crawfish)였다.

바다는 가재로 가득 차 있는 것처럼 보였다. 나는 이 부근을 지키고 있는 엄청난 수의 새를 보면서 가재 중 적지 않은 수가 매일 잡아먹힌다고 생각하게 되었다. 가재들은 마음대로 움직이면서 각자의 길을 가는데, 어떤 보편 법칙에도 지배받지 않는 것처럼 보였다. 어느 것도 같은 방향으로 가지 않았다. 가재는 알에서 깨어나자마자 각자 생존을 모색하는 것 같다. 그중 두 마리를 잡아 빵 부스러기와 바닷물이 들어 있는 병에 넣었더니 그들은 빵을 움켜쥐고서 매우 게걸스럽게 먹었다.

화물 관리인[4]은 상당한 정보를 가진 사람처럼 보였다. 영국 배는 보호하고 미국 배는 괴롭힐 만한 가장 적당한 장소가 어디인지 물어보니, 그는 바람이 불어가는 쪽으로 가라고 조언해 주었다. 갈라파고스제도가 영국 포경선들이 자주 이용하는 곳이며, 갈라파고스제도와 로보스(Lobos)제도[5]의 위도 사이에 미국 배들이 많이 지나다니므로 그 주변에서 미국 배를 만날 것이라고 하였다.

---

4) 화물 관리인(supercargo)은 상선을 타고 적재된 화물을 관리하는 사람이다.
5) 페루 북서쪽에서 약 19킬로미터 떨어져 있는 태평양의 소군도(小群島)이다. 특히 조분석(鳥糞石, guano)이 많은 섬으로 유명하다.

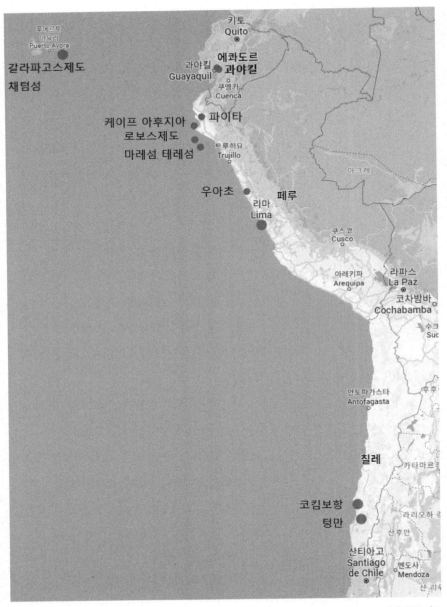

로보스제도

1813년 4월 7일~4월 10일, 로보스제도

날이 밝자 바클레이호를 북쪽으로 출발시킨 후 우리는 서쪽으로 배를 몰았다. 바클레이호에서 보내는 신호를 즉시 알아볼 수 있는 거리를 유지한 채 항해하다가 밤이 되어서 서로 만났다. 이와 같은 항행은 10일 아침 케이프 아후지아(Cape Ajugia) 근처에 도착할 때까지 계속 유지되었다.

로보스 데 라 마레(Lobos de la Mare)섬과 로보스 데 라 테레(Lobos de la Terre)섬 근처를 지나갔다.[6] 두 개의 작은 섬은 5리그(27.8km) 간격을 두고 있으며, 대륙에서 약간 떨어져 있다. 두 섬은 선상에서 볼 때 각각 북북서와 남남동에 위치하고 있다. 초목이 전혀 자라지 않는 것 같고, 언덕을 뒤덮고 있는 수많은 새의 서식지 역할을 하고 있다. 섬에서 물개를 많이 잡을 수 있을 것 같았는데, 섬을 지나가는 도중에 물개가 우리를 에워쌌고, 작살로 한 마리를 잡았다. 또한 작은 물고기 떼를 잡아먹는 펠리컨과 다양한 종류의 바닷새가 엄청 많이 보였다. 작은 물고기는 물개·선홍치 그리고 참돌고래 떼에 계속 쫓겼고, 그들의 탐욕스러운 주둥이를 피하여 물 밖으로 튀어 오르는 순간 그 위에서 맴돌고 있던 수많은 새 떼에게 덥석 물렸다.

케이프 아후지아 부근에 도착해서 비슷한 광경을 한 번 더 목격할 수 있었다. 바다는 너무나 잠잠했고, 바람이 약하게 불고 있어서 좀 더 자세히 관찰할 수 있었다. 바닷물이 여러 군데에서 심하게 부글거렸는데, 어느 곳 할 것 없이 많은 물개·큰 물고기 그리고 새들이 작은 물고기 떼를 뒤쫓고 있었다. 그중 한 곳에 접근했을 때는 바닷물이 수중 암초에 부딪혀 격렬한 소용돌이가 치는 것처럼 보여서 나는 약간의 불안감을 느낀 나머지 이를 피하고자 키

---

6) 두 섬을 합쳐서 '로보스제도'라고 한다.

를 돌리라고 지시했다. 그러나 다음 장소도 마찬가지로 물고기 떼가 똑같이 있었다. 그래서 더 가까이 접근했고, 잠시 후에는 (냄비에 물이 부글거리는 모습으로) 요동치는 물고기 떼의 한복판에서 작은 물고기가 서로 뒤엉켜 있는 것을 보았다. 수많은 작은 물고기가 격렬한 소용돌이 속에서 벗어나는 것은 불가능해 보였고, 이 소용돌이가 너무 강력해서 배의 조타에 영향을 미쳤다. 물이 끓는 것처럼 보였던 이유가 중심에 있는 작은 물고기 떼를 향해 엄청난 수의 물개와 큰 물고기들이 달려들었기 때문이라고 단언하기는 어렵다. 그러나 수면 위로 모습을 드러내지는 않았지만 고래나 이와 비슷한 크기의 어떤 물고기가 물고기 떼를 뒤쫓고 있었고, 이 때문에 우리를 놀라게 한 동요를 일으켰을 수도 있다. 왜냐하면 물개와 선홍치가 아무리 많았더라도 이것들이 격렬한 소용돌이를 일으켰다고는 생각할 수 없기 때문이다.

1813년 4월 11일, 원주민의 뗏목

산들바람이 불어 항구를 살펴볼 요량으로 파이타항으로 향했다. 일출 때는 안개가 끼어 있어서 한동안 파이타항의 산등성이를 볼 수 없었다. 이 산은 파이타의 남쪽에 있는데, 가장 높은 부분이 말안장과 비슷해서 한 번 보면 모를 수가 없고, 북쪽으로 뻗어 있는 낮은 끝자락이 파이타항을 형성하고 있다.

해안으로 다가가다가 작은 범선 두 척이 나오는 것을 발견했는데, 어떤 배인지 궁금했다. 바람으로 움직이는 뗏목 또는 카타마란으로, 각각 여섯 명씩 타고 있다는 걸 알게 되었다. 처음에는 파이타항을 출발한 고기잡이 뗏목들이라고 생각했다. 그들에게 말을 걸었을 때 우리가 육지에서 7리그(38.9㎞) 정도 떨어진 곳에 있었기 때문에 그들이 육지에서 이토록 먼 거리까지 나왔다는 것에 놀랐다. 육지에서 먼 거리를 나온 데다 그들의 생소한 모습을 보니 이들을 가까이 보고 싶었다. 뗏목들 옆을 따라가던 나는 그들이 과야킬(Guayaquil, 남미 대륙 북서부 에콰도르의 항구)에서 카카오를 싣고 출항한 후 리마 근처의 우아초(Huacho, 남미 대륙 중서부 페루의 항구)로 가는 도중이며, 출항한 지 30일이 지난 것을 알고서는 더 놀랐다. 그들은 물이 부족했고 썩은 플랜테인말고는 아무런 식량이 없었다. 그러나 뗏목 위의 수많은 생선 뼈와 생선 조각을 보고서야 그들이 물고기를 잡아먹으면서 생존했다는 생각이 들었다. 통나무에 달라붙은 작은 따개비와 해초류를 따먹으려는 물고기가 그들의 식량이 된 것은 당연했다.

이 뗏목의 구조보다 더 형편없는 것은 없을 것이다. 껍질을 거의 벗기지 않은 25~30피트(7.6~9.1m) 길이의 통나무 여덟 개 가운데 세 개는 일종의 풀로 만든 밧줄을 가로질러 꼬아서 바닥으로 사용했다. 양옆은 두 개의 통나무로 되어 있는데 한 통나무가 다른 통나무 위에 놓여 있고, 갑판은 거친 통나무를 가로로 깔았는데 양옆으로 4~6피트(1.2~1.8m)씩 튀어나왔고 모두 (아주 불안정하게나마) 묶여 있었다. 선수와 선미에 3~4피트(0.9~1.2m) 길이의 판자 조각 몇 개가 깔려 있는데, 이것들은 바닥을 이루는 통나무 아래에서 용골[7] 역할을 했다. 판자가 없는 틈새에 돛대를 끼워 넣었고, 파트너[8] 대신 주위에 밧줄로 묶어 사방으로 흔들리는 돛대를 고정하고 있었다. 바람을 받는 쪽으로 항상 움직이는 지삭과 돛대 줄[9]의 추가적인 안정성을

---

7) 용골(keel)은 배 바닥의 중앙을 받치는 길고 큰 재목으로, 선수에서 선미까지 선체를 받치는 기능을 한다.

8) 파트너(partners)는 갑판을 뚫고 지나는 마스트나 펌프 등 구멍 주위의 보강용 재료다.

9) 지삭(支索, stay)은 돛대를 고정하는 밧줄이고, 돛대 줄(shroud)은 돛대 꼭대기에서 양쪽 뱃전으로 뻗치는 줄이다.

유지했고, 여기에 면 재질의 큰 러그세일[10]을 올렸다. 정박용구(ground tackle)는 나무껍질을 밧줄처럼 서로 꼬아 놓은 것을 닻줄로 사용하며, 큰 돌에 약 18인치(46㎝) 길이의 막대기를 닻장(stock)으로 붙여 닻으로 사용한다. 뗏목은 노로 조종하고, 통나무 갑판 위에 화물을 싣는다. 또한 조리실 대용으로 측면의 앞으로 튀어나온 통나무 위에 약간의 흙을 얹어놓았다.

선원들은 그들이 모는 뗏목만큼이나 비참해 보였다. 하지만 이 뗏목들이 과야킬에서 리마까지 약 600마일(1,111㎞)을 끊임없는 맞바람과 빠른 해류에 맞서 항해하는 일이 아주 흔하다는 것을 알고 적잖이 놀랐다. 이 항로가 그들에게는 두 달이 걸린다. 이런 약하게 만들어진 뗏목들이지만 실종되는 일이 드물다는 것은 이 지역의 바다가 태평양[11]이라는 이름에 어울리게 잔잔하다는 강력한 증거다.

1813년 4월 17일

이제 갈라파고스제도로 항로를 정하고 바클레이호는 서북서로 향하도록 지시했다. 갈라파고스제도 동쪽 위도로 가면서 바클레이호 지휘관에게는 때때로 내가 항로를 바꾸어 우리의 진로에 놓인 가능한 한 많은 해역을 살펴보겠다고 알렸다. 이 방식은 우리가 갈라파고스제도의 채텀(Chatham)섬에 도착한 17일 아침까지 계속되었다.

---

10) 러그세일(lugsail)은 네모꼴 돛의 일종으로, 종범(縱帆)이다.
11) '태평양'은 포르투갈 탐험가 마젤란(Ferdinand Magellan, 1480?~1521)이 대서양에서 남미의 남단을 지나서 만난 바다를 '평화로운 바다(Mar Pacifico)'의 의미로 명명했다.

3장

갈라파고스제도

나포선

1813년 4월 17일, 찰스섬의 우체통

찰스섬 맞은편에 도착했을 때 우리는 그 어떤 배도 찾을 수 없었다. 바다 거북과 육지거북을 잡아먹으면서 휴식을 취하고, 땔감도 보충하러 이곳을 들르는 배들이 선착장 근처(장소는 만의 중간쯤에 바위로 보호되는 작은 해변) 상자에 편지를 넣어두는 관행이 있다는 걸 알고 있었다. 그래서 다운즈 중위를 보내 최근에 배가 왔었는지 확인하고, 우리에게 유리한 편지나 그 밖에 뭔가가 있다면 가져오라고 지시했다.

중위는 '해서웨이 우체통(Hathaway's Post-office)'이라고 적힌 검은색 팻말이 있는 기둥에 부착된 상자를 찾아서 속에 든 편지 몇 통을 들고 약 세 시간 만에 돌아왔다. 최근 날짜가 적힌 편지는 한 통도 없었지만, 편지들이 우리가 이미 갖고 있던 정보—배들이 그곳을 들르거나 고래를 잡기 위해 다른 섬 사이로 다닌다는—를 확인해 주었기 때문에 만족스러웠다.

니카라과
가이아나
수리남
콜롬비아
에콰도르
페루
브라질
볼리비아
파라과이
칠레
우루과이
아르헨티나

(케이프 챌머스)
애빙턴섬

(뱅크만)
(나보로 포인트)
(거북 코)
(베이슨)
(엘리자베스만)
나보로섬

알바니섬
제임스섬
(코완만)
산티아고 섬
Isla Santiago

페르난디나 섬
Isla Fernandina

자비스섬
Santa Cruz

Seymour
(북서쪽 상륙지)
(북동쪽 상륙지)
포터섬

푸에르토
아요라
Puerto Ayora

푸에르토
바케리소
소 모레노
Puerto
Baquerizo
Moreno

앨버말섬
던컨섬

이사벨라 섬
Isla Isabela

노퍽섬
(남서쪽 상륙지)

채텀섬

(크리스토퍼 포인트)
크로스맨섬
배링턴섬

푸에르토
비야밀
Puerto Villamil

(케이프 버클리)

(안전한 뱃길)

Puerto
Velazco Ibarra

(악마의 바위)
(팻 선착장)
찰스섬
(우체통)
(블랙 비치)
(에식스만)

로저스섬
후드섬
(로저스만)

갈라파고스제도

출처: 구글 지도

나는 이 편지들을 통해 다음의 영국 포경선들이 앨버말섬으로 가는 도중인 6월 말에 이곳 찰스섬에서 머물렀다는 것을 알았다. 그들은 찰스섬에서 잠시 머문 다음 대개 1년 동안, 또는 심지어 더 오랫동안 돌아다닌다. 더 자세한 내용은 아래와 같다.

선 명	선 장	향유고래기름
거버너 다즈웰(Governor Dodswell)호	B. 가드너(Gardner)	170톤[1]
찰턴(Charlton)호	할러란(Haleran)	120배럴(14,400L)
님로드(Nimrod)호	파레이(Parray)	250배럴(30,000L)
헥터(Hector)호	리처즈(Richards)	220배럴(26,400L)
애틀랜틱(Atlantic)호	와이어(Wyer)	1,000배럴(120,000L)
사이러스(Cyrus)호	웨스트(West)	600배럴(72,000L)

메이시 선장의 독특한 편지

편지에는 페르세베란다(Perseveranda)호의 패덕(Paddock) 선장과 수키(Sukey)호의 메이시(MACY) 선장이 모는 미국 배들도 거기에 도착했었다는 정보를 선장들이 전하는 내용도 포함되었다. 그리고 페르세베란다호는 200배럴(24,000L), 수키호는 150배럴(18,000L)의 향유고래기름을 싣고서 기항했었다는 정보도 들어 있었다. 메이시(Macey)[2] 선장의 편지 철자가 아주 독특한 점을 감안하여 원문을 제시하는 것을 양해하기 바란다.

---

1) 170톤은 170배럴(barrel)의 오기인 것 같다. 미국에서는 1배럴이 약 120L이다. 즉 170배럴은 약 20,400L이다.
2) 앞의 '메이시'와 동일 인물이다.

1812년 6월 14일[3]

수키호 존 메이시 출항 후 7½개월 150배럴(18,000L) 리마 떠난 지 75일 기름 무. 스페인 사람들 아주 야만적 브라지엘 어장에서 벤저민 워스 선장 견습생 존 실린 잃음 강풍으로 앞 돛대 활대에서 떨어짐. 14일 전에 패덕 선장의 다이애나호와 헤어짐 250배럴(30,000L) 모음 나는 거부기 250마리와 보트 8척에 나무 싣고 오늘 이 항구를 떠남 어제 팻츠 가서 동쪽 하선. 우현 1½마일(2.8㎞) 떨어진 육지에서 20로드 흩어져 있는 거부기 100마리 보았음 길 아주 나빴음

영워난 당신의 벗

존 메이시

찰스섬 소개

찰스섬에는 좋은 항구는 없지만 후드(Hood)섬처럼 배들이 들를 만한 요인이 있다. 항구는 북서쪽에 있는데 돌출된 포인트 근처에 형성되어 있다. 근처의 바위는 눈에 띄게 높으며 검고 울퉁불퉁했는데, 그 생김새를 보고 나

---

3) 포경선 수키호 선장 존 메이시가 쓴 편지의 원문은 아래와 같다.

June 14th, 1812.

Ship Sukey John Macey 7½ Months out 150 Barrels 75 days from Lima No oil Since Leaving that Port. Spaniards Very Savage Lost on the Braziel Bank John Sealin Apprentice to Capt Benjamin Worth Fell from the fore top sail Yard In A Gale of Wind. Left Diana Capt paddock 14 day Since 250 Barrels I leave this port this Day With 250 Turpen 8 Boat Lord Wood Yesterday went Up Patts Landing East Side, to the Starboard hand of the Landing 1½ miles Saw 100 Turpen 20 Rods A part Road Very Bad

Yours Forevir

JOHN MACY.

는 '록 디즈멀(Rock Dismal)'[4]이라고 부르고 싶었다. 묘박지는 작은 암초를 지나 수심 12패덤(23m)에 위치하는데, 이곳은 배를 보호할 수 있는 곳이다. 모랫바닥이지만 군데군데 흩어져 있는 암초들 때문에 다른 배의 닻줄이 끊어진 흔적이 보였다.

이곳은 아주 좋은 상륙 지점이다. 다운즈 중위가 해안에 상륙했을 때, 근처에서 몇 피트 깊이의 엄청난 물줄기가 해변 가까이에 쏟아져 내렸다. 그가 뭍에 있는 동안 구름이 산을 완전히 덮었고, 비가 계속 내려 깊은 계곡의 둑이 사라졌으며, 물이 순식간에 10피트(3m)로 깊어진 것으로 보아 이 급류는 일시적인 비로 만들어진 것임이 분명했다. 예전에 여기에 와 본 에식스 호의 승무원들뿐 아니라, 미래의 조난자를 위해 물 한 통을 포함해 몇 가지 물건을 섬 우체통 근처에 관대하게 남겨 둔 사람이 있었다는 것으로도 이 의견은 확인되었다.

찰스섬의 가뭄

갈라파고스제도 전체가 그렇듯이 찰스섬은 산이 많고 상당히 일정한 간격으로 흩어져 있는 15~20피트(4.6~6.1m) 크기의 비슷한 모양의 나무로 덮여 있는데, 섬 언덕들은 화산 폭발에서 생겨난 것이 분명하다. 놀랍게도 섬의 모든 나무, 적어도 해안에서 승무원들이 보트를 타고 접근할 수 있는 모든 나무, 그리고 우리가 조망하는 범위 내의 모든 나무가 죽었거나 시든 것처럼 보였다. 그 이유는 극심한 가뭄으로 필요한 수분이 완전히 고갈된 것이 분명하다. 모든 섬이 같은 원인으로 크고 작은 영향을 받았음에도 불

---

4) 디즈멀(dismal)은 '재수 없다'는 의미다.

구하고 이 섬은 높지 않기 때문에 크고 높은 섬들보다 피해가 아마도 더 심각했을 것이다. 그리고 내가 지금까지 보았던 섬들의 모든 나무는 가장 우거진 상태의 나무들도 예외 없이 거의 같은 크기여서 가뭄이 최근에 있었을 뿐만 아니라 동시에 전체 수목에 영향을 미쳤을 것으로 보인다. 갈라파고스 제도에 큰 나무가 없기 때문에 극심한 건기에는 초목 생장이 억제된다고 보는 것이 타당할 것 같다. 이렇게 되는 이유는 나무에 필요한 물줄기가 말라버렸기 때문일 것이다.

해안에는 비가 아주 가끔 내리고 바다에는 전혀 내리지 않지만, 산꼭대기는 거의 항상 두꺼운 구름으로 덮여 있다. 섬의 대기를 더 응축시킬 수 있는 나무가 충분하고 그 뿌리가 서로 얽혀 물이 땅 밑으로 소실되는 것을 막아준다면, 구름의 충분한 수분이 햇빛에 증발해 버리거나 푸석하고 건조한 토양 속으로 흡수되지 않고 비가 되어 바다로 흘러가는 물줄기로 유입될 것이다.

이 섬들은 화산 작용으로 생겨난 것이 분명하다. 모든 산과 언덕은 소멸된 화산 분화구이다. 분화구 측면에 터져 나온 수천 개의 작은 균열은 상상할 수 없을 정도로 음산하고, 적막하고, 황량한 모습이다. 한 섬만 묘사해도 내가 본 모든 것에 대한 답이 될 것이다. 화산섬은 사람이 거주하기에는 부적합하고, 거북처럼 음식 없이 살거나 바다에서 모든 것을 자급자족하며 사는 게 아니라면 동물도 살 수 없다.

1813년 4월, 사냥

바위로 올라간 다운즈 중위는 만이 여러 겹의 바위로 둘러싸여 있는 것을 보았다. 그곳에서 여러 마리의 물개와 펠리컨을 발견한 그는 일부를 식용으로 잡았다. 해안을 조사해보니 섬의 다른 지역에서 많이 본 육지거북을 이곳에서는 찾아볼 수 없었다. 비둘기가 많이 보였고, 쉽게 다가갈 수 있어서 몇 마리는 돌로 맞혀서 잡았다. 우리 보트가 해안가에 있는 동안 랜달(Randall) 선장은 그의 보트를 같은 만 안에 있는 작은 해변으로 보냈는데, 얼마 지나지 않아 멋진 육지거북을 싣고 돌아와 두 마리를 우리에게 건네주었다.

패트릭 왓킨스 이야기

섬 동쪽에 선착장이 있는데, 선장은 이곳을 '팻 선착장(Pat's Landing)'이라고 불렀다. 이곳은 아마도 '패트릭 왓킨스(Patrick Watkins)'라는 아일랜드 사람을 기억할 장소가 될 것이다.

수년 전에 영국 배에서 내린 그는 이 섬에 거처를 정한 다음, 선착장에서 약 1마일(1.85km) 떨어진 곳에 초라한 오두막을 지었다. 계곡 안에 있는 약 2에이커(8,094㎡)의 밭은 섬에서 농작물을 가꿀 정도로 충분한 습기가 있는 유일한 장소다. 여기서 그는 상당량의 감자와 호박을 기르는 데 성공했으며, 보통은 럼주로 교환하거나 현금을 받고 팔았다. 내가 들은 바로 그는 알몸을 간신히 가리는 누더기를 걸쳤고, 이가 버글거리는 등 상상을 초월하는 무시무시한 남자였다. 그의 붉은 머리카락과 수염은 헝클어져 있고, 피부는 태양에 지속적으로 노출되어 심하게 그을렸으며, 태도와 외모는 너무 거칠고 야만적이어서 모든 사람에게 공포감을 주었다. 몇 년 동안 이 황량한 곳에서 자신을 취하게 할 정도로 럼주를 충분히 공급받는 것 외에는 더 뚜렷한 욕망도 없이 혼자서 비참하게 살고 있었다. 술에 취했을 때는 오두막을 며칠씩 비웠고, 완전히 인사불성이 되어 산의 바위틈에서 뒹굴고 있는 모습이 발견되고는 했다. 그는 인간 본성이 가질 수 있는 최저 등급으로 타락했고, 술에 취하는 것 외에는 섬의 거북과 다른 동물들을 넘어서려는 욕망이 없는 것 같았다. 그러나 이 사람은 비참하고 불쌍하게 보였을지 몰라도 야망이 있었고, 다른 사람의 마음을 소름 끼치게 할 능력이 있었다. 또한 다른 사람들을 자극해서 그의 대담함을 지지하게 하는 능력도 있었다.

어떻게 구했는지 그는 낡은 머스킷과 약간의 화약과 총탄을 가지고 있었다. 아마 무기를 소지했기에 그의 야망이 자극받았을 것이다. 그는 섬의 지배자로서 자신이 강하다고 느꼈고, 그의 손아귀에 떨어진 첫 번째 인간에게 힘을 과시하고 싶었다. 그 일은 식량을 구하러 온 미국 배에 딸린 보트를 타고 상륙한 흑인에게서 일어났다. 항상 지니고 있던 머스킷을 들고 보트가 있는 해변으로 내려온 패트릭은 위협적인 태도로 흑인에게 따라오라고 지시했다. 패트릭이 반항하는 흑인을 향해 두 번이나 머스킷을 발사했지만, 다행히 두 번 모두 불발되었다. 흑인은 겁을 먹고 그를 따라갔다. 패트릭은 머스킷을 어깨에 멘 채 앞장서서 걸었고, 산으로 올라가는 길에 의기양양해져서 흑인에게 말했다. 이제부터 자기를 위해 일해야 하며, 노예가 되었고, 좋은 대우를 받을지 아닐지는 앞으로의 행동에 달렸다고 말했다. 좁은 골짜기에 이르자 흑인은 패트릭이 방심한 틈을 타 순간적으로 그의 팔을 잡아 바닥에 밀쳤고, 양손을 뒤로 묶은 다음 패트릭을 어깨에 짊어지고 그의 보트로 갔다. 선원들이 돌아와서는 패트릭을 배로 데리고 갔다. 그때 만에서 정박 중이던 영국 밀수선 선장은 패트릭에게 두 척의 배 선상에서 심하게 채찍질 당하는 벌을 내렸다.[5]

그 후 패트릭은 영국인에 의해 수갑이 채워진 채 해안으로 끌려갔다. 그는 감자와 호박을 팔아서 모은 약간의 돈을 숨겨둔 곳을 어쩔 수 없이 알려주었고, 영국인들은 그 돈을 빼앗았다. 그러나 그들이 오두막과 밭을 망가

---

5) 흑인은 먼저 도착한 미국 배를 타고 왔고, 이후 영국 밀수선이 도착한 상황이다.

뜨느라 정신없을 때 비열한 인간 패트릭은 도망쳤고, 섬 안쪽 바위 사이에 몸을 숨겼다. 배가 떠나자 그는 은신처에서 나와 낡은 줄(file)을 나무에 박아 손을 결박한 끈을 문질러서 잘랐다.

그는 이제 강력한 복수를 고민했다. 하지만 자신의 의도는 숨겼다. 배들은 여전히 거기에 들렀고, 패트릭은 평소와 같이 채소를 제공했다. 그는 때때로 선원 몇 명에게 아끼는 술을 먹여 인사불성으로 만든 다음 배가 떠날 때까지 그들을 숨겨 놓는 데 성공했다. 이후 남겨진 선원들은 전적으로 그에게 의존해야 한다는 걸 깨달았고, 그의 깃발 아래 자원하여 노예가 되었다. 결국 그는 절대적인 폭군이 되었다. 이 방법으로 그는 자신을 포함하여 인원을 다섯 명으로 늘렸고, 모든 수단을 동원하여 그들을 위해 무기를 확보하려고 했지만 효과는 없었다. 그의 목적은 아마도 어떤 배를 공격해서 선원들을 학살한 후 배를 타고 섬을 떠나는 것으로 추측된다.

패트릭이 복수할 계획을 세우고 있는 동안 미국 배와 영국 배가 그곳에 닿아 패트릭에게 채소를 요청했다. 패트릭은 많은 양의 채소를 약속했지만 자기 부하들이 너무 게을러져서 채소를 옮길 수 없기 때문에 두 척의 배에서 보트들을 선착장에 보내 배의 선원들이 직접 채소를 밭에서 가져올 수 있다고 했다. 그래서 각 배에서 보트 두 척씩을 내려 해안으로 보내도록 합의가 되었다. 선원들은 오두막으로 갔지만, 패트릭도 그의 부하도 보이지 않았다. 인내심이 다할 때까지 기다렸다가 해변으로 돌아오니 산산이 망가진 보트 세 척의 잔해만 발견되었고, 네 번째 보트가 없어진 것을 알았다. 그들은 숱한 고생 끝에 배가 보이는 곳까지 걸어오는 데 성공했고, 배에서는 구조를 위해 다른 보트를 보내 주었다.

다른 속임수가 있을까 염려했던 배의 선장들은 섬에서 벗어나는 것 외에는 다른 방법이 없었기 때문에 패트릭과 그의 부하가 보트 한 척을 가져간 것을 조용히 내버려 두었다. 그렇지만 출항하기 전에 선장들은 사건 내용을 담은 편지를 나무통에 넣어 만에 띄워두었고, 랜달 선장이 채소를 구할 목적으로 보트를 패트릭의 선착장으로 보냈을 때 편지가 발견되었다. 그래서 쉽게 짐작할 수 있듯이 보트가 돌아와서 오두막에서 발견된 패트릭의 편지를 가져왔을 때 그가 느꼈던 적지 않은 불안이 해소되었는데, 편지 내용은 다음과 같았다.

귀하,

나는 배의 선장들에게 보트 한 척을 팔거나 나를 이곳에서 벗어나게 해달라고 여러 번 요청했지만 매번 거절당했소. 보트를 내 것으로 소유할 수 있는 기회가 저절로 주어지자, 나는 그 기회를 받아들였소. 나 자신을 편안하게 만들기 위해 재산을 모으며, 오랜 시간 동안 열심히 일하고 고통을 겪으며 노력하고 있었소. 그러나 때때로 강도와 학대를 당했고, 최근의 사례에서 패덕 선장이 나를 처벌하고 약 500달러의 현금과 물품을 강탈한 행위는 그가 천명하는 원칙에 맞지도 않거니와 그의 멋진 선장 옷을 보고 사람들이 그에게서 기대하는 바와도 맞지 않소.

1809년 5월 29일, 나는 '마법의 섬(enchanted island)'[6]에서 블랙 프린스호[7]를 타고 마르케사스(Marquesas)제도를 향하여 항해하오. 늙은 암탉은 죽이지 마시오. 암탉은 지금 알을 품고 있고, 곧 병아리들이 나올 것이니.

(서명) 애비 없는 오벌루스(OBERLUS).

---

6) '마법의 섬'은 갈라파고스제도의 스페인어 이름인 '엔칸타다스(Encantadas)'에서 나왔다.
7) 블랙 프린스(Black Prince)호는 패트릭이 훔친 보트의 이름이다. 잉글랜드 왕 에드워드 3세의 장남인 에드워드(1330~1376)의 갑옷이 검은 빛깔이었기 때문에 '흑태자(Black Prince)'로 불렸다.

패트릭은 보트를 타고 과야킬에 홀로 도착했는데, 동행한 사람들은 물이 부족해서 죽었거나 패트릭이 죽였을 것이다. 거기서부터 파이타항으로 간 그는 황갈색 피부의 처녀와 사랑에 빠져 '마법의 섬'으로 함께 가는 데 동의를 얻었다. 그가 마법의 섬을 아름답게 묘사했다는 것은 의심의 여지가 없다.

패트릭은 야만적인 모습 때문에 경찰에게 의심받았고, 출항 준비를 끝낸 다른 작은 배 밑바닥에 숨어 있다가 발각되었을 때 부적절한 의도가 의심되어 1810년에 파이타 감옥에 갇히게 되었다. 만약 패트릭이 감옥에서 풀려나 그의 연인과 함께 이 찰스섬에 도착한다면, 아마도 (그도, 갈라파고스도 기억에서 사라졌을 때쯤) 미래의 어떤 항해자가 그 섬과 이상한 사람들을 발견하고, 그들에 관한 기록으로 세상을 놀라게 할지도 모른다. 그 섬사람들의 유래를 살펴보면 태평양 모든 섬의 원주민에게 공통된 특질, 즉 타인의 재산을 자기 것으로 전유해 버리는 성향은 어쩌면 당연할 것이다.

동물 사냥

찰스섬에서 배를 찾지 못해 다시 실망하리라고는 거의 예상하지 못했다. 이제 곧 앨버말섬에 도착하니, 배가 통상적으로 모이는 뱅크(Bank)만[8]에서 우리가 놓친 시간, 노고와 실망에 대해 충분하게 보상받을 것이라고 위안을 삼았다.

동쪽에서 가벼운 바람이 불어오자 모든 돛을 펼친 채 앨버말섬 남쪽 곶으로 가기 위해 찰스섬에서 서쪽을 향해 배를 몰았다. 곶은 약 45마일(83.3

---

8) 만 안에 모래톱이 있어서 붙인 이름이다.

㎞) 떨어져 있었는데, 아침에는 곳 가까이 도착했다. 나는 보트로 갈아타고 에식스(Essex) 포인트로 갔는데, 배에서 떠난 후 약 두 시간 만에 도착했다.

포인트가 끝나는 몇몇 바위 뒤의 작은 만에 아주 좋은 선착장이 있었다. 이곳에 상륙한 후 덤불 사이로 걸어가자마자 엄청난 크기와 상상 불가의 아주 끔찍한 모습을 한 무수한 이구아나를 보고 매우 놀랐고, 적잖이 경계했다. 작은 만을 형성하는 바위들도 이구아나 떼로 덮여 있었고, 이구아나가 그곳에서부터 물속으로 쉽게 들어가는 걸로 보아 서인도제도의 모래톱에서 발견되는 종과는 별개의 종이라는 생각을 했다. 어떤 곳에서는 1/2에이커 (2,023㎡)의 땅이 더 이상 단 한 마리도 더 들어갈 수 없을 정도로 완전히 이구아나로 덮여 있었다. 이구아나들이 일제히 우리에게 계속해서 눈을 고정하고 있어서 처음에는 우리를 공격할 준비가 되어 있다고 생각했다. 그러나 곧 이구아나가 소심한 동물이라는 사실을 알았고, 우리는 삽시간에 몽둥이로 수백 마리를 잡았다. 그중 상당수를 배로 싣고 와서 먹어보니 맛있었다. 많은 사람이 거북보다 더 좋아했다.

해변에서 물개 몇 마리와 크고 멋진 바다거북 한 마리를 발견했다. 그러나 상대적으로 보트가 작고 노를 젓기에는 아주 먼 거리였다. 보트가 무게를 감당하지 못할 것으로 판단한 나는 거북을 포기했다.

물개 몇 마리를 선원들이 죽였는데, 모피로 사용하지 않는 종이었다. 아마도 모래 위에서는 이들보다 더 게으르거나 더 느린 동물은 없을 것이다. 물개는 잡고자 하는 사람들에게서 벗어나려는 어떤 노력도 하지 않는 것처럼 보였고, 생명을 앗아가는 인간의 몽둥이질을 조용히 기다린다. 코에 내리치는 작은 타격으로 그들은 순식간에 죽는다. 그러나 물속에 있거나 심지어 바위 위에 있을 때는 죽이기가 쉽지 않은데, 이때는 전혀 다른 동물처럼 보인다. 먹이를 잡거나 포식자로부터 도망칠 때는 조심성이 많고, 노련하면서 빈틈이 없다. 그때는 아주 잡기 어렵다.

우리가 접근했을 때 조금도 놀라지 않는 '가마우지'라고 불리는 새도 많이 발견했고, 그중 많은 수를 몽둥이로 잡아서 배에 실었다. 몇몇 다른 물새, 머리가 빨갛고 큰 도마뱀, 그리고 게를 제외하면 앞서 언급한 것들이 우리가 이곳에서 찾은 유일한 동물이었다. 바위가 있는 곳이면 어디에나 물개, 펭귄, 이구아나 그리고 펠리컨으로 덮여 있었다. 우리가 보트에 실으려고 맘만 먹었다면 바다에는 얼마든지 쉽게 잡을 수 있는 바다거북들로 가득했다. 거북을 향해 똑바로 노를 저어 가도 거북은 우리를 피하려고 하지 않았기 때문이다.

거대한 상어 떼가 우리 주위를 헤엄치고 있었고, 때로는 난폭하게 보트로 다가와서 노를 씹어 먹어버려 적잖은 불안감이 있었다. 보트는 매우 얇은 판자로 만들어진 아주 가벼운 구조물이었기에, 상어 한 마리라도 덤벼들면 보트의 판자를 부러뜨릴 것이기 때문이었다. 하지만 우리는 위험에 대비해서 최대한 방어했고, 상어가 다가오면 승선 공격용 창(boarding-pikes)으로 찌르면서 버텼다.

해안의 지형과 지질

상륙한 해안은 적당히 낮았고, 토양은 비옥하면서 습기가 있어 보였으며, 초목은 무성했다. 높이가 30피트(9.1m)인 나무가 많고, 키 큰 나무 아래 관목과 남자 허리 높이의 풀이 매우 무성하게 자라고 있었다. 산꼭대기에는 비가 엄청 내렸다. 하지만 시내라고 할 만한 것은 없었다.

선착장에서 크리스토퍼(Christopher) 포인트까지의 해안은 수백 피트 높이의 절벽으로 경계가 지어져 있는데, 암석과 흙의 지층이 규칙적으로 형성되어 마치 숙련된 석공이 쌓아 놓은 것 같았다. 암석과 흙의 지층은 각각의 두께가 약 2피트(0.6m)이며, 절벽 바닥에서 꼭대기까지 곧고 나란하게 놀라울 정도로 규칙적으로 쌓여 있었다.

적선을 찾아 뱅크만으로

바람이 불기 시작해서 서둘러 보트를 탔다. 이 황량한 곳의 바위 해안을 조사하거나 이구아나와 물개를 잡는 것보다 더 중요한 일이 있었기 때문이다. 보트에서 배에 오르자마자 모든 돛을 활짝 펼치게 한 다음 나보로(Narborough)섬으로 항해했다.

크리스토퍼 포인트에서 나보로섬이 보이기 시작했다. 겉보기에 나보로섬은 거북 등을 약간 닮았다. 나는 이 바람이 날이 밝기 전에 섬의 북쪽 포인트에서 우리를 멀어지게 해주길 바랐는데, 다음 날 나보로섬과 앨버말섬 남쪽의 케이프 버클리(Cape Berkley) 사이에 있는 뱅크만에서 배를 나포하기 위해서였다.

앨버말섬은 초승달 모습이며, 약간 볼록한 면이 서쪽에 있다. 나보로섬은 거의 원형이지만 구부려져 있는 가장자리의 북쪽에는 뱅크만이, 남쪽에는 엘리자베스(Elizabeth)만이 있는데, 이들 두 만 사이에 안전한 뱃길이 있다. 어부들은 매년 3월과 7월 사이에 뱅크만에 모여서 빠른 해류로 만들어지는 소용돌이로 빨려드는 오징어나 갑오징어를 따라가는 수많은 고래를 잡는다. 빠른 해류로 인한 소용돌이와 무풍지대가 존재함에도 불구하고 배들이 이 만 안에서 정박지를 확보하고, 나보로섬의 '거북 코(Turtle's Nose)'라고 불리는 곳과 노스헤드(North Head) 사이에서 수개월 동안 머무는 일도 빈번하다.

우리는 갈라파고스제도에서 적선으로부터 풍성하게 노획할 것으로 예상했다. 우리 대화의 일관된 주제이자 갈망이었기에, 만에 있는 10~12척 이상일 것으로 예상되는 적선을 모두 나포할 수 있도록 전략을 세웠다. 실제로 우리가 배치할 수 있는 인원수보다 더 많은 적선을 획득할 것으로 계산했고, 모든 시간 손실·노력 그리고 걱정에 대해 보상받기를 바랐다. 나는 우리가 성공할지 아니면 실망을 하게 될지 가능한 한 빨리 알고 싶은 조바심에 다운즈 중위에게 나보로(Narborough) 포인트 주변과 만을 보트로 정찰하게 했다. 하지만 상황은 우리의 예상과 달랐다. 포경선들이 밤사이 해류에 휩쓸려 엘리자베스만으로 떠내려가기도 했고, 바람이 너무 약해서 우리 배가 거의 전진하지 못했기 때문이다.

오전 1시, 이따금 비춘 플래시 불빛 덕분에 다운즈 중위는 우리 배를 찾아 돌아왔다. 그는 거의 해 질 녘이 되어서야 나보로섬 북쪽 포인트인 거북 코에 도착했고, 만에서는 어떤 배도 보지 못했다고 보고했다. 안개가 낀 날씨였고, 만의 너비가 35마일(64.8km)가량에 길이도 그 정도여서 배를 보지 못했을 수도 있다고 했다. 우리는 만에 배가 없다는 사실을 믿고 싶지 않았다. 그리고 적선을 만날 희망의 여지가 있는 동안은 만 안에서 또는 '베이슨(Basin)'이라고 불리는 곳에서 정박 중인 적선을 찾으리라는 기대로 사기를 유지했다. 베이슨은 엘리자베스만과 뱅크만 사이의 앨버말섬 쪽 수로에 있어서 포경선들이 배를 수리하고, 나무를 구하고, 거북을 잡기 위해 자주 가는 곳이다. 여기서 소량의 담수를 때때로 구할 수 있기는 하지만 하루에 60갤런(227L) 이상은 거의 불가능하고, 비가 많이 온 다음이 아니면 이 정도의 많은 양을 구할 수가 없다. 다운즈 중위는 커다란 거북 몇 마리를 가져왔는데, 바다거북·대모거북·붉은바다거북·장수거북과는 모습이 달랐다. 바다거북과 아주 비슷하게 생겼지만 검고 흉한 모습에다 냄새까지 났다.

1813년 4월 23일

나보로 포인트를 통과할 때 활대가 수병과 장교로 다 채워졌는데, 적선을 찾으려는 열망으로 다들 활대 위로 올라갔기 때문이다. 모두가 만의 구석구석을 샅샅이 살펴보았지만 아무 배도 찾지 못했다.

마침내 "세일 호!"[9]라는 소리와 뒤따라 이어진 또 다른 외침이 갑판에 있던 모두를 흥분하게 만든 듯했다. 이제 우리의 희망과 기대가 이루어질 것 같았다. 하지만 몇 분이 지나자 그런 환상적인 전망은 사라졌고, 실망에서 급작스러운 낙담이 뒤따랐다. 돛이라 추정했던 것이 하얀 해변으로 밝혀졌기 때문이었다. 그래도 우리는 아직 절망하지는 않았다. 아직 수색하지 않은 내만에 배가 있을지도 모르기 때문이다.

우리는 내만에서 겨우 5마일(9.3㎞) 거리에 있었으므로 다운즈 중위가 정찰하고, 배를 수리하고, 나무를 보충하고 그리고 얼마가 되든 간에 물을 구할 만한 적당한 곳이 있는지를 알아보기 위해 파견되었다. 중위는 해가 질 때까지 돌아오지 않았고, 새벽 1시에야 배로 돌아와 우리의 실망을 굳히듯 아무런 배도 보지 못했다고 보고했다.

마음속의 모든 의심을 털어내기 위해 내가 직접 가봐야겠다고 결정했다. 달이 뜨고 있었으므로 보트를 준비하라 이르고는 배를 떠나 일출 무렵에 내만에 도착했는데, 그곳은 아무리 큰 배도 완벽하게 안전을 보장해 줄 수 있을 정도로 내가 바란 모든 것을 갖추고 있었다. 인간의 솜씨로는 이보다 더

---

9) 세일 호(Sail ho!)는 '배다!'라는 관용적 표현이다.

아름다운 내만을 만들어 낼 수는 없을 터였다.

내만의 입구는 3케이블(657m) 정도인데, 5케이블(1,095m) 길이로 점차 넓어지다가 둥그스름한 후미로 끝이 났다. 전체가 후미를 제외하면 높은 절벽으로 둘러싸여 있었다. 후미가 유일하게 보트를 댈 수 있는 곳으로, 작은 골짜기의 바위 옆을 따라 3패덤(5.5m) 깊이의 물이 가운데로 갈수록 점차 깊어져서 12패덤(22m)이 되었고, 바위나 다른 위험으로부터 안전한 투명하고 검은 모랫바닥을 형성했다. 배들은 선수와 선미 모두를 닻으로 정박해야 할 것이며, 수로의 중간을 유지하고, 해안으로부터의 거리와 물의 깊이에 유의해야 한다. 하지만 높은 언덕 때문에 속기 쉬우므로 보트를 보내어 배가 닻을 내려야 하는 지점에 부표를 설치하는 것을 권장한다.

여기서 많은 물고기와 바다거북을 보았고, 상륙해서는 바다와 육지이구아나·도마뱀·작은 회색 뱀과 다양한 새를 보았다. 또한 상당한 크기의 나무가 있었는데, 배에 필요한 목재를 제공해 줄 수 있을 것이고, 나무 중에는 수지를 분비하는 수종이 아주 다량으로 있어서 나무의 몸통과 가지에서 수지가 떨어지고 있었다. 이 나무는 거의 체리만 한 큰 열매가 달렸는데 아직 초록색이었고, 아주 향기로운 냄새와 맛을 지녔다.

되돌아오는 길에 편평한 바위 하나가 약간의 습기를 머금은 것을 알아챘는데, 내만 어귀에서 약 1/2마일(0.9km) 지점이었다. 많은 어려움을 겪고 나서 바위에 상륙하는 데 성공했다. 우리가 찾고 있던 물을 구할 수 있는 곳이었다. 이 바위에서 네 개의 구멍을 찾아냈는데, 각각 14제곱인치(35.6㎠)에 6~7인치(15.2~17.8cm) 깊이였고, 누군가 곡괭이로 위의 바위에서 떨어지는 물을 받기 위해 파낸 것으로 보였다.

섬 전체가 가볍고 메마른 토양으로, 모두 화산석으로 이루어졌으며, 아마 섬의 기원이 그다지 멀지 않은 시기였던 것으로 보였다. 화산재와 표면의 모든 부분에 드리운 다른 모습들, 셀 수 없이 많은 분화구와 재와 용암으로 형성된 언덕이 모두 새로 생겨난 모양이고, 대부분 지역은 아직 초목이 없어서 대양의 내부로부터 섬이 내던져진 지 얼마 되지 않았음을 잘 보여 주고 있었다. 이 메마른 산들은 지나가는 구름으로부터 스펀지처럼 수분을 흡수하며, 수분은 산비탈에 듬성듬성 흩어져 있는 식물의 생명을 유지해 준다. 하지만 어떤 물도 샘이나 시냇물로 흘러 들어가 산이 동물의 생명을 지탱할 수 있게 해 주지는 않는다.

이 샘터에 있는 바위 옆면에서 우리는 영국과 미국 배의 이름이 몇 개 새겨진 것을 발견했는데, 그 선원들이 이곳에 왔을 터였다. 여기서 가까운 거리에 오두막 하나가 있었는데, 돌로 헐겁게 지어졌고 지붕은 없었다. 그 주변에는 상당한 양의 육지거북과 바다거북 뼈와 껍질이 흩어져 있었다. 나중에야 나는 이것이 어떤 비참한 영국인 선원의 작품이란 것을 알게 되었다.

그는 선장에게 모독적인 언사를 내뱉었기 때문에 아무것도 없이 이곳에 고립되었다. 그는 이곳에서 거의 1년을 육지거북과 이구아나를 먹으며 연명했고, 바위에서 위태롭게 떨어지는 물이 유일한 식수였다. 마침내 그 선원은 아무도 그를 데리러 오지 않을 것을 알고는 물이 없어 죽을까 봐 겁이 나 위험을 무릅쓰고라도 포경선들이 오는 뱅크만으로 가야겠다고 결심했다. 이런 목적으로 그는 두 장의 물개 가죽을 준비하고, 가죽을 부풀려서 일종의 뗏목을 만들었다. 그는 배를 수시로 공격하는 상어를 노로 사용하던 작대기로 막아내며 죽을 위험을 견딘 끝에 마침내 아침 일찍 미국 배 가까이에 접근하는 데 성공했다. 그의 갑작스러운 도착은 선원들을 놀라게 했을 뿐만 아니라 오싹하게 만들었다. 그의 모습은 인간이라 할 수 없었다. 물개 가죽옷을 두른 그의 얼굴은 핼쑥하고 야위었으며, 수염과 머리카락이 길게 엉켜 있었기 때문에 선원들은 그를 다른 세상에서 온 존재로 여겼다. 배의 선장은 그의 고난에 크게 동정심을 느꼈고, 동료 인간의 생명을 이렇게 잔인하게 위험에 노출해 인간성의 모든 원칙을 위반한 악당에게 처벌을 가하겠다고 잠시 결심했다. 하지만 어떤 이유에서인지 선장은 칭찬받을 만한 의도를 실행에 옮기지 않았고, 지금까지 그 불쌍한 선원에게 아직 정의는 실현되지 못했다.

1813년 4월 29일, 배 세 척 나포

29일 아침 해가 뜰 무렵, 나는 배 전체에 울려 퍼지는 "세일 호!, 세일 호!"라는 외침에 걱정으로 불면의 밤을 보낸 침대에서 일어났다. 잠시 후 모두가 갑판에 나왔다. 그 낯선 배는 큰 범선으로, 서쪽으로 향하고 있었고 우리는 이를 추격했다. 이후 한 시간 내에 다른 두 척을 발견했는데, 남서쪽으로 가고 있었고 역시 큰 배였다. 그 배들이 영국 포경선이라는 것은 의심할 여지가 없었다. 한낮쯤이면 평소와 마찬가지로 바람이 잦아들 것이 확실했으므로 우리가 배를 모두 나포하는 데 성공할 것으로 확신했다.

처음 발견했던 배를 계속 쫓아갔고, 9시에 영국기를 달고 배에 접근해서 말을 걸었다. 그 배는 영국 포경선 몬테주마(Montezuma)호로, 선장은 백스터(Baxter)였으며 1천400배럴(168,000L)의 향유고래기름을 싣고 있었다. 나는 선장을 배에 초대했다. 그가 내 선실에 머물면서 갈라파고스제도에 있는 다른 포경선들에 관해서 알고 있는 정보를 말하는 동안 몬테주마호의 선원들을 에식스호로 데려오게 했다. 장교 한 명과 승무원을 몬테주마호에 배정한 후 다른 배들을 추격하자, 배들은 전력을 다해 우리로부터 도망갔다.

오전 11시, 내 기대에 들어맞게 바람이 잦아들었다. 이때 우리는 다른 두 척의 배와는 8마일(14.8km) 거리에 있었다. 얻어낸 정보에 따르면, 그 배들은 영국 선적으로 6문의 18파운드 포로 무장한 포경선 조지아나(Georgiana)호와 10문의 6파운드 포로 무장한 폴리시(Policy)호로 보였는데, 전자는 35명, 후자는 26명의 선원이 타고 있었다. 영국 선박이라는 것은 의심할 여지가 없었으므로 우리는 위험을 무릅쓰고라도 이 배들을 나포하기로 결심했다. 여기는 짙은 안개가 빈번한 곳으로, 곧 안개가 끼고 바람이 불 경우 쾌속 범선으로 잘 알려진 이 배들이 도망갈까 봐 걱정이었다. 그래서 보트로 따라가는 것이 좋겠다고 생각하고 보트를 준비하도록 했다.

몇 분 내로 사람들이 두 방향으로 출발했다. 고래 추격용 보트에 탄 다운즈 중위가 첫 번째 팀을 지휘했고, 3번 커터[10]의 맥나이트 중위와 졸리보트[11]의 항해장 카우웰, 2번 커터의 장교 후보생 아이잭스가 첫 번째 팀에 속했다. 피니스[12]에 탄 윌머 중위가 두 번째 팀의 리더였고, 1번 커터의 윌슨 중위와 기그[13]에 탄 해병대의 갬블 중위가 배치되었다. 적과 마주치려는 극도의 기대감으로 대원 중 일부가 신중하지 못하게 먼저 나아갈 수 있다고 생각했기 때문에 보트들이 함께 행동해야 하며, 어떤 장교도 자기가 탄 보트가 빠르다고 해서 다른 배보다 앞서 나가면 안 된다고 아주 명확하게 명령을 내렸다. 거기에 더하여 노를 젓는 무거운 보트 때문에 전체적으로 상당히 지

---

10) 커터(cutter)는 모선에 딸린 외돛대의 소형 배로, 육지까지 오가는 데 사용된다.

11) 졸리보트(jollyboat)는 모선에 딸린 가장 작은 종류의 배로, 노를 저어 움직인다. 선미에 매달아 대빗(davit)으로 물에 띄우거나 끌어올리며, 사람과 물자를 해안으로 운반하거나 배를 검사하거나 하는 용도로 쓰였다.

12) 피니스(pinnace)는 모선에 딸린 쌍돛대의 소형 배로, 보통은 노로 움직이나 바람이 있으면 돛으로 움직인다.

13) 기그(gig)는 롱보트(longboat)·바지(barge) 또는 피니스(pinnace)보다 가늘고 가볍게 만들어진 보트로, 4~5명이 탄다.

연되었다.

2시에 보트들이 영국 배로부터 1마일(1.85㎞)가량 거리를 두었을 때, (영국 배들은 서로 1/4마일(0.5㎞) 정도 떨어져 있었다.) 배들은 영국 깃발을 올리고 대포를 쏘았다. 보트들은 이제 한 팀으로 대열을 만들고, 더 큰 배를 향해 나아갔다. 보트들이 접근하자 배의 대포는 보트를 겨냥했다. 배에 오르라는 신호가 내려졌다. 다운즈 중위가 배의 현문[14]에서 몇 야드 이내로 다가가서 항복하라고 명령을 내리자 깃발이 내려졌다. 대원들은 장교 한 명과 선원 몇 명을 배 위에 두고 다른 배로 갔는데, 배에 소리를 치자마자 적은 깃발을 내리면서 첫 번째 배의 선례를 따랐다.

산들바람이 일어나고 얼마 후에 나포선들이 우리를 향해 바람을 등지고 다가왔다. 진심 어린 세 번의 환호로 우리는 대원들의 무사 귀환을 환영했다. 나포된 배들은 내가 예상했던 것처럼 피츠(Pitts) 선장이 지휘하는 280톤의 조지아나호와 275톤의 폴리시호였다. 그리고 별다른 어려움 없이 나포한 세 척의 배는 영국에서 50만 달러 이상의 가치가 있을 것으로 추정되었다.

배의 나포가 가져다준 큰 만족감 외에도 마찬가지로 중요한 또 다른 이익이 있었는데, 물이 부족하다는 것 한 가지를 제외하고 부족했던 물품들을 모두 보충했다. 세 척의 배에서 우리 배에 필요한 많은 양의 밧줄, 범포, 페인트, 타르 등의 물품을 얻을 수 있었다. 미국에서 가져왔던 빈약한 재고가 이제 낡아서 쓸모없게 되었기 때문에 우리 배에 긴히 필요한 물품들이었다. 선용품 외에도 우리는 재고 식량을 얻게 되었는데, 영국을 떠날 당시 그 배들은 3년 치 이상의 식량과 선용품을 준비했고, 아직 재고의 반도 채 소

---

14) 현문(舷門, gangway)은 배를 오르내리기 위한 좁은 통로나 계단이다.

비하지 않았다. 그 배들이 제임스섬[15])에 머물면서 잡은 갈라파고스 거북도 풍부하게 얻었다. 이 거북은 '코끼리거북'이라는 이름이 잘 어울릴 만큼 엄청나게 컸다.

갈라파고스 거북

이들 거북의 다수는 300웨이트(135kg) 이상이 나가는 크기다. 외모로 볼 때 이 거북보다 더 못생기거나 볼썽사나운 것은 아마도 없으리라. 이 거북의 움직임은 코끼리와 아주 닮았다. 걸음은 느리고 규칙적이고 둔중하다. 몸통을 땅에서 1피트(0.3m) 정도 높이로 들고 다니며, 다리와 발은 내가 닮았다고 한 코끼리와 유사한 점이 전혀 없었다. 거북의 목은 길이가 18인치(45.7cm)에서 2피트(61cm)이고, 아주 가늘었다. 머리는 목에 비례하며, 뱀의 머리와 아주 닮았다. 그렇지만 이 동물의 가장 특이한 점은 먹이를 먹지 않고 버틸 수 있는 시간이 길다는 것이다. 거북들은 배 선창의 통에 던져지고 나서 18개월을 갇혀 있지만, 요리했을 때 기름기나 맛이 조금도 떨어지지 않았다는 것을 나는 확인할 수 있었다. 거북은 목 아래쪽에 물주머니가 있는데, 약 2갤런(7.6L)의 물이 들어 있다. 배에서 잡은 거북을 맛보니, 그 물이 아주 신선하고 달콤했다.

거북은 태양의 빛과 열에 노출되면 흥분하지만, 어둠 속에서는 움직이지 않고 1년 동안이라도 가만히 있다. 낮에 거북은 시력이 예민하고 겁이 많아 어떤 물체가 조금만 움직여도 머리를 껍질 속에 집어 넣어버린다. 하지만

---

15) 제임스(James)섬은 갈라파고스제도에서 네 번째로 큰 섬으로, 영국 왕 제임스 2세의 이름을 따서 붙여졌으나 산티아고섬으로 더 많이 알려진 화산섬이다.

청력은 전혀 없어서 아주 큰 소음, 심지어 대포 소리에도 놀라지 않는다. 밤이나 어둠 속에서는 완전히 장님인 듯하다.

1813년 5월 8일, 조지아나호의 무장

조지아나호를 살펴보니 훌륭한 배일뿐만 아니라 순양함으로도 아주 적합한 배였다. 그래서 배를 완전무장하기로 하고, 폴리시호의 함포 10문을 장착하여 전체 함포의 수를 16문으로 만들었다. 여기에 두 대의 선회포[16]를 추가했고, 그 위에 다수의 무거운 나팔총[17]을 장착했다. 다른 배의 갑판에서 찾아낸 머스킷, 피스톨, 커틀러스 단도, 기타 군용 장비도 실었다. 이렇게 하여 조지아나호는 무기 면에서는 이 해역에 있다고 내가 들었던 그 어떤 영국의 사략선 못지않게 가공할 수준이 되었다.

완전히 무장한 이 배의 지휘권을 다운즈 중위에게 주었고, 우리 승무원 36명과 나포선에서 차출한 다섯 명으로 모두 41명의 승무원을 갖추었다. 이제 우리는 이 배를 '전함 조지아나호'라 부르고, 전력을 증강했다. 동시에 다른 관점에서 볼 때, 조지아나호는 우리의 안전에 매우 중요했다. 우리가 썩 익숙하지 않은 바다를 순항하는 도중 에식스호가 언제든 발생할 수 있는 사고를 당할 경우 조지아나호로부터 구조를 기대할 수 있기 때문이다.

8일, 조지아나호는 미국기와 삼각기를 게양하고 17발의 예포로 에식스호에 경의를 표했고, 우리 승무원들은 세 번의 환호로 응답했다.

---

16) 선회포(旋回砲, swivel)는 포신(砲身)을 360도 돌 수 있게 포탑에 설치한 포이다.

17) 나팔총(blunderbuss)은 총부리가 바깥으로 갈수록 넓어지는 총으로, 현대식 산탄총(shotgun)의 전신이다.

4장
갈라파고스제도
어장

1813년 5월 9일

5월 9일, 달을 관측한 바로 우리는 서경 89°12'에 있었다. 같은 날 정오에 관측했을 때는 북위 1°18′27″였다. 북서 조류가 강한 탓에 속도가 매일 느려지고 있다는 것을 알았고, 가장 느린 범선인 몬테주마호를 견인해서라도 좀 더 속도를 내야겠다고 생각했다. 하지만 배에 밧줄을 단단히 묶고 보니 가장 빠른 범선이 돛을 모두 펼친 상태에서도 우리 배와 보조를 맞출 수 없다는 것을 알게 되었다. 따라서 우리는 배들이 따라올 수 있도록 자주 축범해야만 했다.

1813년 5월 12일, 의문의 섬

12일 오후 4시, 정말 예기치 않게 앞쪽에서 육지를 발견했는데 바람 불어 오는 쪽 선수에서였다. 바람은 밤새 가볍고 일정치 않게 불어와서 우리는 남쪽으로 계속 바람을 안고 항해했는데, 강한 조류가 항해에 큰 도움이 되었다.

아침에 섬 하나와 4리그(22.2km)가량 거리를 두게 되었다. 섬 가운데는 제법 높으면서 사방으로 길고 낮은 포인트 쪽으로 점점 경사가 져서 눈에 보이는 모든 지역이 아름답고 긴 모래 해변이었다. 섬은 초목으로 덮여 있으며, 아주 아름답고 사람의 마음을 끄는 곳이었다. 처음에는 제임스섬을 알고 있는 배의 포로들이 모두 그렇다고 해서 제임스섬이라고 생각했다. 하지만 다른 포로들은 제임스섬과 유사한 점이 있기는 하지만 움푹 들어간 모래 해변과 멋진 만은 기억나지 않는다고 단언했다.

이 섬과 눈앞에 보이는 다른 섬들의 위치가 갈라파고스제도를 그린 유일한 해도인 콜넷 선장[1]의 해도와 상응하지 않았기 때문에 이 섬이 제임스섬일 것이라는 나의 믿음은 많이 흔들렸다. 하지만 유사점이 없는 것이 해도의 전반적인 부정확함에 기인한다는 가능성이 있었다. 왜냐하면 해도는 오류투성이여서 어느 섬도 실제 위치와 일치하지 않았고, 어떤 섬의 해변도 제대로 그려져 있지 않았기 때문이다. 콜넷의 해도에 기재되지 않은 섬도 많았다. 하지만 콜넷 선장이 갈라파고스제도의 정확한 해도를 그리지 않았다고 해서 이상하지 않은 것이, 그는 단순히 제도 주변을 항해했을 뿐 섬 사이를 가로지르지는 않았기 때문이다. 우리가 그랬듯이, 콜넷이 제도 사이를 두 번 통과했다고 하더라도 강한 조류와 안개 낀 날씨가 그의 판단에 큰 오류를 가져왔고,

---

1) 제임스 콜넷(James Colnett, 1753~1806)은 영국의 해군 장교로, 제임스 쿡 함장의 2차 항해(1772~1775)에 동행했으며, 이후에는 아메리카 북서부에서 물개 가죽을 수집하여 중국과 동인도회사에 판매하는 모피 무역을 하면서 두 차례에 걸친 북태평양 항해(1786 ~1788, 1789~1791)를 추진했다. 그의 북미에서의 모피 수집 활동은 스페인과 영국 간에 누트카 위기를 초래하였으며, 1791년 그가 한국의 동해에서 발견했다고 주장한 의문의 섬은 독도 또는 울릉도로 오인되기도 했다. 콜넷은 상선 래틀러(Rattler)호의 선장이던 1793년에 갈라파고스제도를 측량하고 해도를 만들었다.

거리에 관한 모든 계측을 방해했을 것이다.

　이제 찰스섬으로 방향을 잡았고, 오후 4시에 수심 8패덤(14.6m)에 닻을 내렸다. 닻을 내린 지점은 동북동 방향에 있는 '악마의 바위(Devil's Rock)' 혹은 '록 디즈멀'이라는 암초 안쪽의 긴 모래 해변과는 1.5마일(2.8㎞) 떨어져 있고, 섬의 서쪽 포인트는 남서미남 방향에 있는 곳이다. 하지만 해저가 바위투성이로 보였고, 만을 자세히 조사해 보니 해안 더 가까이에 훨씬 더 좋은 피난처와 바닥이 있는 더 깊은 물에 정박했어야 했다는 걸 알게 되었다. 나포선들과 바클레이호가 우리를 따라 들어와서 에식스호와 해안 사이에 닻을 내렸다.

1813년 5월 15일, 찰스섬에서 조지아나호 만남

　우리가 도착하고 사흘째 되는 날, 아침 일찍 범선 한 척이 서쪽에서 섬으로 다가오는 것이 발견되었다. 미풍이 불었기 때문에 배를 향해 보트를 보내려고 즉시 준비를 시켰다. 하지만 배가 더 가까이 다가오면서 비밀 신호를 보내와서 그 배가 조지아나호임을 알았다. 예기치 않았던 조지아나호의 도착으로 나는 아주 기뻤다.

　다운즈 중위가 에식스호에 올라와서 우리가 제임스섬이라고 추측한 섬의 남서쪽으로 접근했을 때 몇 개의 작은 섬들을 발견했고, 빠른 조류를 만나 배의 안전에 위협받았다고 보고했다. 그의 배가 섬 남서쪽과 다른 더 작은 섬 사이에 형성된 2마일(3.7㎞) 정도 폭의 수로에 위치한 높은 암초 가까이에 떠밀렸다고 했다. 다운즈 역시 섬에 대해서는 나와 마찬가지로 당황스러워했는데, 이런 미지의 항해를 하게 된 상황에서 암초와 백파의 위험에서 빠져나오는 데 적지 않은 어려움을 겪었기 때문이다. 그는 암초를 벗어난 뒤 찰스섬 근처에 있다는 것을 알게 되자 앨버말섬으로 가기 전에 나포선을 찾아볼 요량으로 만으로 들어가 보기로 했는데, 우리 배가 정박하고 있을 것이라고는 거의 기대하지 않았다고 한다.

잠시 다운즈 중위와 함께 시간을 보낸 후 나는 그를 앨버말섬으로 파견했다. 우리보다 먼저 섬에 도착한 배가 있는지 알아보기 위해서였다. 그런 다음에 가능하면 빨리 찰스섬에 들르라고 했고, 그곳에서 나를 찾지 못한다면 지시 사항을 담은 병을 묻어 놓을 것이니, 편지함이 붙어 있는 말뚝을 찾아보라고 말했다.

섬의 식생

이 섬에는 목화가 자생하고 있었고, 앨버말섬에서 발견되며 많은 양의 수지를 산출한다고 이전에 언급한 나무가 한 그루 있었는데 향과 풍미를 지녔다. 애덤스(Adams)는 이 나무가 폐병 치료제로 아주 유명한 코르크나무[2]라고 단언하며, 콜넷 선장이 '알가루아(algarrooa)'라고 부른 나무라고 했다.

섬의 동물

섬에서 찾아볼 수 있는 유일한 네발짐승은 거북, 도마뱀 그리고 약간의 바다이구아나였다. 육지이구아나는 찾아볼 수 없었다. 이 섬에만 있는 작은 크기에 아름다운 깃털을 가진 비둘기가 아주 많았는데, 나뭇가지나 돌

---

[2] 코르크참나무(alcornoque)는 참나무속에 속하는 상록수로서 코르크 마개의 주원료다.

로 잡을 수 있어서 젊은 선원들에게 큰 즐거움을 주었다. 영국 흉내지빠귀[3]
도 다수 발견되었고, 아주 짧고 튼튼한 부리에 날카로운 소리를 내는 작은
찌르레기[4]도 있었다. 물새를 제외하면 여기서 볼 수 있는 유일한 새였다.
후자, 즉 물새류는 많지 않았는데, 만 동쪽 지역에 있는 석호에 자주 나타
나는 쇠오리[5]와 이 해역의 모든 섬에 흔한 펠리컨, 부비새[6] 정도였다. 바다
거북과 물개는 드물었고, 겁이 많았다.

의문의 섬을 '포터섬'으로 명명

이 섬에서 제임스섬, 앨버말섬, 노퍽(Norfolk)섬, 배링턴(Barrington)섬, 크
로스맨(Crossman)섬, 찰스섬과 다른 섬들이 보여야 했다. 하지만 콜넷 선장
이 '던컨(Duncan)섬'과 '자비스(Jarvis)섬'이라 불렀던 섬들과 위치나 모양이
조금이라도 닮은 섬을 볼 수 없었다. 이제 이 섬은 이름이 없는 데다 이전에
누가 방문한 흔적도 찾을 수 없었기 때문에 다운즈는 '포터(Porte)섬'이라는
이름을 부여하여 나에게 크게 경의를 표했다.

이 섬의
남서쪽 상륙 지점은 남위 0°42'14", 서경 90°27'9",
북서쪽 상륙 지점은 남위 0°32'40", 서경 90°23'54",
북동쪽 상륙 지점은 남위 0°31'12", 서경 90°12'45"이다.

---

3) 흉내지빠귀(mockingbird)는 다른 새의 울음소리를 흉내낸다.
4) 찌르레기(blackbird)의 수놈은 까만색에 부리만 노랗고, 암놈은 몸과 부리가 갈색이다.
5) 쇠오리(teal)는 작은 오리의 일종으로, '상오리'라고도 한다.
6) 부비새(booby)는 바닷가에 사는 큰 열대새의 일종으로, '가마우지'라고도 한다.

1813년 5월 28일, 범선 발견과 추격

28일 오후 바클레이호는 우리 배의 우현에, 폴리시호는 좌현에 두고 몬테주마호를 견인한 채 북쪽으로 항해하는 도중 에식스호 돛대 꼭대기에 있던 승무원들이 바로 앞에 있는 범선 한 척을 발견했다. 즉각 몬테주마호를 견인하던 밧줄을 풀고 모든 돛을 펼친 채 추격했다. 일몰에 갑판에서 범선을 뚜렷이 볼 수 있었는데, 모든 돛을 올린 채로 배가 우리로부터 멀어지고 있었기 때문에 밤사이에 배를 따라잡으리라는 기대는 하지 않기로 했다.

나는 가장 빠른 노가 달린 보트 세 척에 탈 수 있는 최대한의 무장 병력을 태운 뒤 윌머(Wilmer) 중위 지휘하에 몬테주마호로 가라고 지시했다. 그런 다음, 몬테주마호의 보트 세 척도 가지고 가 밤이 되기 전에 낯선 배의 선미에 위치시켜 배를 지켜볼 수 있도록 했다. 중위가 탄 보트 뒤에 다른 보트들이 줄을 서게 해서 맨 앞의 보트로부터 몬테주마호로, 거기서 에식스호까지 신호로 연락이 가능하도록 지시했다. 이렇게 준비해서 나는 적을 추적할 때 불빛 신호의 안내를 받아 적이 도망갈 가능성을 차단하기를 기대했다.

윌머 중위에게는 바람이 완전히 잠잠해지면 소리를 죽여 노를 저어 배에 기습적으로 오르라고 지시했다. 나는 보트의 병사들에게 피스톨, 커틀라스,[7] 배에 오르는 용도의 도끼만을 지참하게 해 다른 방식으로는 공격하지 않도록 했다.

---

7) 커틀라스(cutlass)는 옛날 뱃사람이 쓰던 단검으로, 칼 몸이 넓고 위로 휘어져 있다.

애틀랜틱호와 그리니치호 나포

우리 배와 낯선 배가 나란히 있게 되었을 때, 나는 영국기를 올린 다음 지휘관에게 에식스호에 승선하라고 지시했다. 지휘관이 이 지시에 따르고 있을 때, 또 다른 낯선 배를 우리 배의 돛대 꼭대기에서 목격했다. 몇 명이 나포된 배에서 끌려 나왔고, 배는 포경선이자 18파운드 포 6문이 장착된 영국의 사략선 애틀랜틱호로 밝혀졌는데, 오바디아 위어(Obadiah Wier)가 지휘하고 있었다. 몬테주마호가 다가오자마자 맥나이트 중위와 함께 몇 명을 애틀랜틱호에 태워 북서 방향으로 다른 낯선 배를 추격하도록 보냈다. 그러는 동안 나는 좀 더 북쪽으로 배를 몰았다. 애틀랜틱호는 그 해역에서 가장 빠른 범선으로 유명했기 때문에 이런 방법을 써야만 확실하게 배를 나포할 수 있다고 단정했다. 항해 속도가 빠르다는 애틀랜틱호의 명성은 자격이 있음을 곧 확인했다. 추격 도중에 애틀랜틱호는 보조 돛을 하나도 펴지 않았지만, 우리는 달 수 있는 모든 돛을 다 펴고 나아갔다. 그렇게 해도 애틀랜틱호보다 별로 빠르지 않았다.

밤이 빠르게 다가오고 있었다. 포로들이 또 다른 영국의 사략선이라고 알려 준 새로운 추격 대상이 시야에 들어올 만큼 우리가 가까이 있는지는 의문이었다. 날이 어두워지면서 한 번 시야에서 배를 놓쳤다. 하지만 곧 야간용 망원경(night-glasses)으로 배를 다시 찾아냈고, 우리를 따돌리기 위해 그 배가 급히 방향을 바꾸었을 때, 우리가 배를 향해 함포 한 방을 쏘자 배가 멈추었다. 그 배의 지휘관에게 우리 배에 승선하도록 지시했으나 그는 우리가 누구인지 파악할 때까지 지시에 따르기를 거부했다. 배의 불빛을 보니 전투를 준비하는 움직임이 포착되어 겁을 주려고 그 배의 돛대 사이로 발포하고, 즉시 우리 배로 승선하지 않으면 일제 포격을 하겠다고 위협했다. 이것이

효력을 발휘했고, 그는 우리를 적으로 인식하고 즉시 승선했다. 이 배는 10문의 대포를 장착한 최고급 범선이며, 포경업에 종사하는 영국 사략선 그리니치(Greenwich)호로 밝혀졌다. 배의 선장은 용감했고, 행동으로 보아 돛대 사이로 포격해서 겁을 주지 않았더라면 우리를 향해 발포할 의도가 있었다는 것을 의심할 바 없었다.

애틀랜틱호의 미국인 선장

여기서 말해 두어야 할 것은 애틀랜틱호의 선장(낸터킷 출신의 미국인으로, 고향에 아내와 가족이 있었다.)이 에식스호에 처음 올라왔을 때, 이 해역에서 영국 프리깃을 발견한 것(그는 우리를 영국 해군으로 추정했다.)에 대해 큰 기쁨을 표시했다는 것이다. 그는 영국에서부터 프리깃 자바(Java)호의 호위를 받으며 항해했는데, 미국 프리깃 에식스호가 프라야항을 출항한 지 며칠 후에 그곳에 들어왔다. 이후 자바호는 즉시 에식스호를 쫓아 출항했는데, 에식스호가 희망봉을 돌아 항해했다고 다들 생각했다는 것이다. 그는 적도를 지난 후에 자바호와 헤어졌고, 콘셉시온에 도착했을 때 자바호가 미국 프리깃 컨스티튜션호[8]에 의해 바이아(Bahia, 대서양에 면한 브라질의 주(州) 이름) 근처에서 침몰되었다는 소식을 들었다고 한다. 남태평양에 있는 미국 선박에 관해 물어보자 그는 콘셉시온 근처가 미국 배들을 찾아 나서기에 가장 좋은 곳이라고 일러주었다. 그가 그곳을 떠날 때 아홉 척의 미국 배들이 보호받지 못하고 무방비 상태로 손을 놓고 있었으며, 거의 매일 같이 배들이

---

8) 컨스티튜션(Constitution)호는 1797년에 진수되어 '1812년전쟁'에서 맹활약한 미국의 프리깃으로, 당시 많은 영국의 상선을 나포했고, 다섯 척의 영국 군함을 패퇴시켰다. 현재 보스턴에서 박물관선으로 사용되는 미 해군의 산 역사다.

거기에 도착하기 때문에 우리가 그곳으로 가면 대부분의 배를 나포할 수 있다고 했다.

나는 애틀랜틱호 위어 선장에게 두 나라 사이에 전쟁이 일어난 후 영국기를 단 무장한 배를 타고 영국에서 출항한 것을 어떻게 생각하는지 물어보았다. 그는 미국에서 태어났지만, 마음은 영국인이기 때문에 적응하는 데 어려움이 없다고 했다. 이 사람은 세련된 매너의 신사로 보였지만, 타락한 마음을 지녔음이 분명했다. 그리고 다른 모든 반역자와 마찬가지로 자신의 조국에 그의 힘이 닿는 한 모든 해를 끼치기를 바라면서 새로운 친구들에게는 잘 보이고 싶어 했다. 나는 그가 당분간은 착각하도록 내버려 두었다가 마침내 몬테주마호와 조지아나호의 선장들을 소개했다. 선장들이 그에게 우리 배가 영국 군함으로 위장한 것에 대해 진실을 털어놓았다. 나는 이 두 신사에게 동정심을 느꼈고, 전쟁의 악운이 가능하면 그들에게 가볍게 작용하기를 바라면서 선원들을 위해 그들의 개인 상품을 구매했다. 선원용 의복·담배·술 등이었는데, 선장들은 무척 고마워했다. 하지만 애틀랜틱호의 선장에게는 같은 호감을 느낄 수가 없었거니와 그의 행동에 대해 분노를 감출 수도 없었다. 그는 나에게 사정을 교활하게 설명하면서 자기 행동이 가져온 인상을 없애버리려고 애를 썼다. 나는 이 비열한 자를 의기양양하게 대하고 싶지는 않았으므로 그를 편안하게 해주려는 의도로 그의 행위에 대해 정상을 참작할 의도가 있다고 알려 주었다.

그리니치호를 나포한 다음, 나는 지휘관인 존 셔틀워스(John Shuttleworth)와 애틀랜틱호의 오바디아 위어에게 관대하게 행동할 태세가 되어 있음을 알렸다. 하지만 셔틀워스는 술에 너무 취했고, 그의 언사도 아주 모욕적이어서 그를 내 선실에서 내쫓아버리고 싶은 마음을 자제하느라 아주 힘들었다. 위어는 내가 선실에 있는 동안은 조용했지만, 내가 갑판으로 나갈 일이 생기자 몇몇 장교들 앞에서 미국 정부에 대해 신랄하게 욕설을 했다. 셔틀 워스와 위어는 이렇게 감히 본국에서 멀리 나온 우리의 만용을 응징하기 위해 영국 군함이 곧 파견될 것이라는 즐거운 기대로 자신들을 달랬다. 하지만 그들은 마침내 자신들에게 배정된 선실로 안내되어 통제에서 풀려났다고 생각하자 분노를 한껏 터뜨리고, 아주 사나운 언사로 우리 정부와 배, 장교들을 비난했다. 특히 나에게는 가장 상스러운 말을 퍼붓고, 해적이나 다름없다고 욕을 해댔다. 그들은 자신들이 포로로 붙잡혀 내 권한 아래에 있다는 것과 근거 없는 욕설로 나를 자극하기보다는 나의 관대함을 전적으로 신뢰하는 것이 더 유리할 것임을 망각한 것처럼 보였다.

그다음 날, 나는 인도적 원칙이나 교전 규칙을 어기지 않으면서 그들의 행동이 부적절했음을 스스로 인지하도록 만들 결심을 했다. 두 사람에 대한 처분이 전적으로 내 관대함에 달려 있음을 깨닫자, 우리를 겁주었다고 생각했던 오만한 영국인 셔틀워스와 자기 나라를 희생시키려 했던 반역자 위어는 내가 요구하면 내 발의 먼지라도 핥을 것처럼 이제는 아주 비굴해졌다.

승무원과 선용품의 재배치

다음 날 하루 동안은 새로운 나포선에 승무원들을 배치하거나 포로들의 짐을 들어내는 데 시간을 보냈다. 애틀랜틱호가 약 100톤의 물을 싣고 있었던 것이 내게는 적지 않은 기쁨이었는데, 우리에게는 다른 어떤 것보다 더 가치 있는 것이었다. 우리 배에는 코코스섬[9]까지 가는 데 필요한 물도 거의

---

9) 코코스(Cocos)섬은 북태평양에 위치하며, 코스타리카에서 남서쪽으로 약 550킬로미터 떨어져 있다. 19세기까지 포경선이 자주 들르는 곳이었고, 해적과 보물에 관한 이야기가 전해진다.

남아 있지 않았다. 일부 나포선들은 필수품이 아주 부족했고, 나머지 배들도 여유분의 필수품을 갖고 있지 않았다. 최근에 나포한 두 척의 배에서 온갖 종류의 식량을 아주 풍부하게 획득했고, 우리가 필요로 하는 것 이상으로 밧줄·범포·페인트·타르 등등의 선용품을 찾아낸 것도 위안이 되었다. 또한 우리 병력을 위한 상당량의 질 좋은 의복도 있었다. 이 배들이 제임스섬에서 떠나온 지 며칠이 채 되지 않았기 때문에 갑판에서 찾아낸 아주 큰 800마리의 거북은 한 달간의 신선한 식량으로 모든 배에 공급하기에 충분했다.

우리 함대는 이제 조지아나호를 제외하고도 여섯 척의 범선으로 구성되었다. 마지막으로 나포한 배에 함포를 쏠 수 있을 정도의 충분한 인원을 배치했고, 맥나이트 중위에게 애틀랜틱호 지휘를 맡겼다. 그리고 해군 장교가 부족했으므로 해병대의 갬블 중위에게 그리니치호를 맡겼다. 갬블의 분별력에 대해서는 확신이 있었다. 그의 부족한 항해 지식 때문에 두 명의 숙달된 인원을 보조로 같이 배치했는데, 그중 한 명은 뛰어난 항해사다. 나포선에서 자원자들이 계속 나왔고, 그 해역에서 내가 거느린 실전 가능한 병력은 이렇게 구성되었다.

선 명	함포(문)	병력(명)
에식스호	46	245
조지아나호	16	42
애틀랜틱호	6	12
그리니치호	10	14
몬테주마호	2	10
폴리시호	-	10
합 계	80	333

여기에다 바클레이호에 장교 후보생 한 명과 선원 여섯 명이 있었다. 포

로는 80명을 헤아렸다. 이들을 다른 배에 나누어 배치하고 우리에게 협력하는 조건으로 식량을 전량 배급하겠다고 약속하자, 이들은 나포선을 운항하는 데 있어서 우리 승무원만큼이나 쓸모가 있었다. 그래서 포로를 포함해서 우리 병력은 420명을 헤아렸다. 모두 건강했고, 일부 포로만이 경미한 괴혈병에 걸린 상태였다.

탈영을 원치 않는 영국인 포로들

영국 수병들이 상선으로 탈영하려는 성향이 있다는 것이 약간 특이했다. 그 상선이 자기 나라 국기를 달고 있고, 아주 끔찍한 상황에서 항해하는 조건이라 해도 말이다. 거북의 내장 말고는 물을 얻을 가망이 없을 때도 찰스섬에 머무는 동안 영국 수병의 탈영이 아주 흔하다고 들었다. 이것은 영국 전함의 만연한 학대 행위에 그 원인을 돌릴 수밖에 없는데, 이러한 행위는 상선에도 스며들어 선장들이 모방하고 있었다.

이제 차이점을 주목해 보자. 에식스호가 찰스섬에 머무는 동안 승무원의 1/4이 매일 해안으로 갔고, 원하는 포로들도 마찬가지였다. 나는 포로들이 원할 때마다 보트를 빌려주었고, 섬의 다른 쪽으로도 놀이 삼아 가도록 했다. 하지만 아무도 탈영하거나 도망가려는 시도를 하지 않았다. 함포를 쏘면 모두가 해안으로 모여들었고, 신호를 하면 돌아오지 않는 자가 없었다.

1813년 6월 6일, 화산 폭발

6월 6일, 우리 배는 나보로섬과 나란히 있었다. 오후에 섬 중심부로부터 대기의 아주 높은 위치까지 굵은 연기 기둥이 빠르게 올라오는 것을 보았다. 연기는 크고 흰 소용돌이로 흩어지면서 장엄한 광경을 보여 주었다. 곧 많은 화산 중 하나가 폭발했음을 알았다. 하지만 그 위치에 대해서는 많은 의견이 있었다. 어떤 사람들은 나보로섬이라고 생각했고, 다른 사람들은 나보로섬 동쪽에 있는 앨버말섬일 것으로 추측했다. 나는 후자의 의견이었는데, 다음 날 우리가 배의 위치를 바꾸었을 때 확인할 수 있었다. 밤에는 대기 전체가 폭발로 밝아졌다. 그런데도 화염이나 불꽃이 분화구에서 튀어나오는 것은 볼 수 없었다.

1813년 6월 7일, 갈라파고스를 떠나기로 결심하다

7일 밤, 우리는 그 모습을 더 이상 볼 수 없었기에 화산 분출이 짧은 시간 진행됐다고 생각했다. 추측하건대, 화산이 잠잠해지지 않았다면 우리 위치에서 분출을 볼 수 있었을 것이다.

이제 바람이 남동쪽에서 새로 불기 시작했고, 마침내 우리는 잦아든 바람과 조류로 인해 예기치 않게 그렇게 오랫동안 지체했던 섬들로부터 떠날 수 있다는 희망을 품었다. 스페인 사람들은 이 제도를 '마법의 섬'이라 부르는데, 아마 배가 섬에서 벗어나기가 몹시 어렵다는 이유에서일 것이다. 그 이름은 잘 어울렸는데, 섬에 이름이 없다면 나라도 그런 이름을 붙일 것 같았다.

우리는 이 제도에 4월 18일부터 머물렀고, 대부분은 섬에서 벗어나기 위해 할 수 있는 모든 노력을 기울이는 데 시간을 보냈다. 우리가 소비한 시간은 적선을 나포하는 행운으로 보상받기는 했지만, 우리가 페루 해안으로 돌아갈 수 있었다면 거기에서도 똑같은 성공을 거두었으리라고 생각한다.

찰스섬의 식수 정보

찰스섬에서 가장 긴 해변이자 상륙 장소인 에식스(Essex)만의 정박지와는 반대편 양쪽 끝에 깊은 골짜기가 있다. 이 두 곳은 세찬 비가 내리는 동안 산에서 흘러내린 급류에 의해 형성되었고, 다공질 암석 혹은 용암 바닥으로 되어 있다. 우리는 두 골짜기를 1.5~2마일(2.8~3.7㎞) 정도 올라갔다. 0.5배럴(60L) 혹은 그 이상의 물이 있는 작은 웅덩이들을 발견했지만, 6~7배럴(720~840L) 이상의 물이 있는 곳은 없었다.

이전에 여기에 와보지 않은 사람들을 위해 샘으로 가는 길을 자세하게 묘사할 필요가 있을 듯하다. 에식스만에서 6마일(11.1㎞) 정도 거리인 섬 서쪽 편에 검은 모래 해변이 있는데, 포경선원들이 다른 곳과 구분하기 위해 '블랙 비치(Black Beach)'라고 부르는 곳이다. 그 반대편에는 자주 부는 바람과 거기서 일어나는 큰 너울에 많이 노출되기는 하지만 배들의 정박지가 있다. 그 바닥이 몹시 나쁘다고 생각할 이유가 있으니, 그곳을 안전한 정박지로 생각하면 절대 안 된다. 앞서 말한 해변으로부터 사람들이 많이 지나다닌 오솔길이 나 있는데, 바로 샘으로 이어진다. 일단 이 오솔길을 찾으면 샘을 찾는 데는 어려움이 없을 것이다. 해변에서 약 3마일(5.6㎞) 정도의 거리이고, 우리가 갔을 때는 많은 물을 구할 수 있었다. 섬 대부분이 가팔라 걷기 어렵지만 이곳의 길은 최고다.

5장
툼베스 도착
갈라파고스제도 귀환

1813년 6월 8일

6월 8일, 애빙턴(Abington)섬 북쪽을 통과하여 툼베스(Tumbez, 오늘날 페루의 북서쪽이자 에콰도르 남서쪽에 있는 해안 지역)강을 향해 최대한 서둘러 가던 도중에 라플라타섬(La Plata, 에콰도르 가까이 위치한 작은 섬)에 들러 다운즈 중위에게 편지를 남겼다.

1813년 6월 16일

16일 밤, 남미동쪽 전방에 있는 육지를 발견했다. 그 전날 해안을 따라 비팅[1]하면서 계속 항해했기 때문에 아침이면 라플라타섬에 도착할 것으로 기

---

1) 비팅(beating)은 전진하는 배가 앞에서 불어오는 바람을 맞는 가운데 태킹(tacking)을 연속적으로 하면서 항해하는 것이다. 태킹은 전진하는 배가 앞에서 불어오는 바람을 맞는 가운데 한 번의 동작으로 약 90°좌현 또는 약 90°우현으로 방향을 바꾸는 것이다.

코스타리카 · 파나마 · 쿠쿠타 Cúcuta · 메데인 Medellín · 부카라마가 Bucaraman · 코코스섬 · 산티아고 데칼리 Cali · 보고타 Bogotá · 콜롬비아 · 컬페퍼섬 · 위넘섬 · 애빙턴섬 · 키토 Quito · 푸에르토 아요라 Puerto Ayora · 찰스섬 (에익스만) · 라플라타섬 · 에콰도르 · (블랙 비치) · 과야킬 Guayaquil · 쿠엥카 Cuenca · 툼베스

출처: 구글 지도

라플라타섬과 툼베스

대했다.

　이곳에서 드레이크 제독[2]이 닻을 내리고 약탈품을 나누었다고 전해진다. 또한 인적이 드문 곳이고, 돼지와 염소를 공급받는다고 알려졌기 때문에 나는 (섬에 대한 이러한 설명이 맞는다면) 이 섬이 배를 만나기에 적격일 것으로 생각했다. 모든 영국 배, 실제로는 갈라파고스제도에서 툼베스로 향하는 다른 배들과 멕시코·파나마 등지에서 남쪽으로 가는 배들, 그리고 리

---

2) 프랜시스 드레이크 경(Sir Francis Drake, c.1540~1596)은 영국의 탐험가, 사략선 선장, 노예 무역상, 해군 장교, 정치가였다. 1577~1580년 세계 일주, 칼레 앞바다에서 스페인 무적함대를 화선(火船) 공격으로 승리한 영국 함대 사령관으로도 유명하다.

마나 페루의 다른 지역과 칠레 해안에서 북쪽으로 가는 배들도 이 섬의 시계 안으로 통과한다. 이 섬은 아주 높은 것으로 그려져 있으니 수평선 넓은 시야를 제공해 준다고 할 수 있어 내 목적에 더 잘 들어맞는 것으로 생각되었다.

낮 동안 라플라타를 향해 서둘러 가 2마일(3.7㎞) 이내에 도착했다고 생각되었을 때 배를 멈추었다. 작은 범선 한 척이 동쪽에서 발견되었고, 이 배를 추격하기 위해 애틀랜틱호와 그리니치호를 보냈다. 그리고 고래잡이 보트 두 척을 내려서 섬을 조사하러 가면서 에식스호에는 내가 돌아올 때까지 조금 떨어져서 대기하라는 명령을 내렸다. 내가 섬까지의 거리를 잘못 계산한 것을 금방 알았는데, 도착해 보니 배가 거의 보이지 않았기 때문이었다.

동쪽에는 부드럽고 하얀 모래 해변이 보였고, 잔잔한 물이 있어서 좋은 정박지와 은신처로서 모든 조건을 갖추고 있었다. 해변에서, 머스킷 사정거리 내 수면에서 수심을 측정해 보니 22패덤(40.3m) 줄로는 바닥에 닿지 않았다. 보트로 상륙할 수 있는 모든 해안으로 가서 철저하게 다 조사했으나 담수를 찾을 수 없었다. 이 해안에서는 아주 드문 일인데, 세찬 비가 올 때말고는 라플라타섬에는 담수가 없다고 단언한다. 배에 공급할 수 있는 충분한 양의 목재도 없다.

라플라타섬

이 섬에는 진주 채취와 생선을 소금에 절이는 일에 고용된 이들이 자주 드나들었다. 여기에 대해서는 충분한 증거가 있었는데, 커다란 진주조개 껍데기 더미와 상당량의 소금 더미, 생선을 말리기 위해 나무를 베어 내고 고른 땅이 보였다.

툼베스와 갈라파고스제도

이 섬에는 내가 이 해역에서 방문했던 다른 곳들보다 물고기가 더 많았는데, 갈라파고스제도에서 발견되는 것과 비슷한 어종이다. 여기서 찾아볼 수 있는 새는 부비새와 군함새[3]뿐이다. 섬이나 주변에서 물개는 보지 못했고, 해변에서 약간 떨어진 거리에서 거북 두 마리만 보았다. 해변에서는 동물이나 동물의 흔적을 찾을 수 없었다. 섬 전체가 상상할 수 없을 정도로 황량한 모습이다.

섬 둘레는 약 8마일(14.8㎞) 정도로, 항해자들을 이끌 만한 어떤 이점도 보

---

[3] 군함새(man-of-war hawk)는 열대산 조류의 일종으로, 'man-of-war bird' 또는 'frigate bird'라고도 한다.

이지 않았다. 스페인 선단을 감시할 요량으로 이곳에 들렀던 해적(buccanier)[4]들이 좋아하는 장소였다고 묘사되기는 했지만, 정박지가 없어서 그런 목적으로 이 섬을 이용할 수는 없었을 것으로 생각했다.

1813년 6월 19일, 툼베스 도착

19일, 세인트클로스(St. Close) 혹은 사자(死者)의 섬(Deadman's Island)으로 향했다. 섬은 과야킬(Guayaquil)만 어귀에 있고, 두 번째 이름은 서쪽으로 머리를 두고 누워 있는 시체를 닮은 데서 연유한다.

섬 외관은 라플라타섬과 마찬가지로 황량하고, 길이는 약 3마일(5.6km)로 아주 좁다. 그리고 북쪽 편에 정박지가 있다고 한다. 이 만에서 수심을 잴 수 있는 곳은 땅에서 보이지 않는 곳까지 완만하게 뻗어 있는 수심 40~45패덤(73.2~82.4m)의 부드러운 진흙 바닥이다. 우리는 모두 만 남쪽 편에 있는 툼베스강으로 서둘러 들어갔고, 수심 5.5패덤(10.1m)의 부드러운 바닥에 닻을 내렸다.

닻을 내린 직후 랜달 선장은 사령관이 우리에게 어떤 대접을 베풀지 알아보기 위해 내 명령에 따라 멋진 선물과 초청장을 가지고 툼베스로 떠났다.

1813년 6월 22일

22일, 랜달 선장의 보트가 낯선 이들을 태워 강 모래톱을 건너는 것을

---

4) 'buccanier(혹은 buccaneer)'는 17~18세기 아메리카 대륙의 스페인령 연안을 휩쓴 해적을 의미한다.

보았고, 이들 중 한 명은 군복을 입고 있었다. 보트가 우리 배에 나란히 접근하자 툼베스의 사령관이 관세 징수관, 자신을 '사령관의 대부'라 부르는 노신사, 그리고 사령관의 아들을 동반하고 있다는 것을 알게 되었다. 모두의 모습이 상상할 수 없을 만큼 초라했지만, 나는 그들에게 모든 관심을 기울이는 것처럼 예의 바르게 행동했다. 내가 우호적인 의향과 존중심을 갖고 있다는 인상을 주기 위해 이들이 배에 오르자 아홉 발의 예포를 쏘았다. 그들이 그다음 날까지 나와 함께 머무는 동안 내가 할 수 있는 모든 주의를 기울였지만, 승무원들의 잦은 웃음을 자아낸 그들의 행색 때문에 때로는 낯이 뜨거웠다.

1813년 6월 23일, 툼베스 마을 방문

다음 날 그들의 마을을 방문했다. 강어귀에서 6마일(11.1㎞)쯤 떨어져 있었는데, 처음 보이는 솟아오른 땅 왼쪽 둑 위에 있었다. 거기서부터 강어귀까지는 땅이 모두 저지대로 미시시피강 유역과 비슷했고, 골풀5)·갈대·맹그로브6)로 덮여 있었다. 여기저기 고지대에는 원주민이 카카오, 옥수수, 플랜테인, 멜론, 오렌지, 호박, 사탕수수, 고구마 등을 다량으로 경작하면서 살고 있는 오두막들이 보였다. 집은 갈대로 세워졌고, 골풀로 덮인 채 사방으로 뚫려 있었다. 이 지역에 아주 많고, 크기도 엄청난 악어로부터 사람들을 보호하기 위해 집 바닥은 땅에서 4피트(1.2m) 정도 올려놓았다.

많은 수의 야생 칠면조를 보았는데, 농부들에게는 아주 귀찮은 새였다.

---

5) 골풀(rush)로 깔개·멍석·바구니 따위를 만들고, '등심초(燈心草)'라고도 한다.
6) 맹그로브(mangrove)는 열대산 홍수과(紅樹科) 교목·관목의 총칭으로, 습지나 해안에서 많은 뿌리가 지상으로 뻗어 숲을 이루는데 '홍수림(紅樹林)'이라고도 한다.

앵무새, 독수리, 매, 왜가리, 펠리컨 그리고 흰 마도요와 아름다운 깃털을 가진 다양한 작은 새들도 보였다. 강에는 물고기가 많았다. 몇 종류는 아주 컸으며, 이 중에서 톱상어가 많았다. 강줄기는 저지대로 구불구불 흘렀고, 몇 개의 출구가 있어 여분의 물이 바다로 흘러 들어갔다.

물에 가라앉은 몇 그루의 나무 때문에 강을 거슬러 오르거나 내려가는 일은 위험해 보였다. 모기가 많아 성가셨고, 이 강은 크기와 깊이만 제외하면 거의 모든 점에 있어서 미시시피강과 정말 유사했다. 가장 넓은 부분이 75야드(68.6m)가 채 되지 않았으며, 아주 얕은 곳이 많았다.

나는 11시에 툼베스에 도착했다. 보트 타고 온 동료들을 무장시켰고, 필요한 경우 퇴로를 확보할 수 있도록 만반의 준비를 했다. 그들이 우정을 공언하고 있지만, 이 해안에서 수많은 배신행위 사례가 있었기 때문에 그들의 진심을 의심할 이유는 있었다. 나는 사령관의 아내(아름답고 풍채 좋은 젊은 원주민으로, 인디언과 스페인인 부모를 두었다.)가 저녁을 요리하는 동안 이 볼품없는 곳을 천천히 둘러보았다. 약 50채의 가옥으로 이루어졌고, 바구니를 짜듯이 갈대가 더 촘촘하게 얽혀져 있는 것만 빼면 강둑에 있던 집들과 별로 다르지 않은 모양새였다. 사령관과 성직자의 집처럼 계급이 더 높은 이들의 집은 진흙으로 잘 발라져 있었다.

주민들은 나를 아주 호의적으로 맞이했는데, 모든 이가 나를 그들의 오두막으로 초대했다. 돼지, 개, 가금, 수탕나귀, 남녀와 아이들이 한데 모여 있어서 그들에게 셀 수 없이 많은 벼룩이 들러붙어 있었다. 거기서 몇 분만 머물다 보면 밖으로 나가는 것이 기쁠 정도였다. 사령관의 집도 평민의 집과 마찬가지로 이 귀찮은 재앙에서 예외가 아니었는데, 그의 아내와 옷을 벗고 있는 아이들의 목과 몸에 붉고 큰 반점이 셀 수 없이 많았다.

여기 사람들은 스스로 문명인이라 부를 수 있는 사람 중 가장 하층민으로 보였다. 여성들은 훌륭하고 몸매가 좋고 생기 있고 쾌활하고 아름다운 얼굴이지만, 우아함이 없었다. 우리 눈에 여성을 사랑스럽게 만드는 것은 바로 이 우아함을 지니고 있는가 여부다.

원주민들은 내가 그들에게 줄 선물이 있다는 것을 알고는 사령관의 집으로 몰려왔다. 어떤 이는 꽃다발을, 다른 이들은 가금 한 쌍, 계란 반 꾸러미, 오렌지 몇 개, 수박, 염소 등을 가져왔다. 나에게서 귀중한 것을 얻어 내는 데 알맞을 것이라 여기는 것들이었다. 실크 숄 등등 가져온 모든 물건을 다 내주고 더 이상 줄 것이 없어지자, 나는 더 많은 물건을 가지고 돌아올 것이라는 기대를 남기고 그들을 떠나야 했다.

땔감과 물을 구하는 일은 활발하게 진행되었고, 채소 외에 우리에게 부족한 것들이 빠르게 채워지는 듯했다. 우리가 처음 도착하자 원주민의 보트들이 배로 다가왔다. 하지만 사령관은 우리 회계관(purser)이 마을에 있다는 것을 알고는 교역을 독점할 수 있다고 생각했다. 사령관은 사람들이 어떤 것이든 파는 일을 금지했고, 강어귀에 보초를 세워 원주민의 보트가 우리에게 접근하는 것을 막았다.

이삼일 동안 회계관에 대해 아무 소식도 듣지 못한 데다가 보트들이 우리에게서 떨어져 있는 이유를 알지 못한 상태여서 나는 그의 안전에 대해 몹시 걱정했다. 내 포로인 항해사 한 사람이 실종되었기 때문에 이 걱정은 더 커졌다. 다른 사람들을 위해 몇 가지 물건을 사러 해변으로 갔다가 그가 지니고 있던 몇 달러의 돈 때문에 원주민들에게 살해당했을 것이란 가정 외에는 그의 부재를 설명할 방법이 없었다. 그는 일종의 집행유예를 허락받았고, 배에 상당액의 돈과 옷가지 등 물건을 남겨 두었기 때문에 정해진 시간 내에 배로 돌아오지 않은 것은 모두에게 큰 의문을 불러일으켰다.

1813년 6월 24일, 조지아나호의 활약

24일 아침, 횡범장[7]을 한 세 척의 배가 만 안으로 들어서는 것을 발견했다. 배들은 우리에게서 5~6마일(9.3~11.1㎞) 거리까지 계속 다가왔고, 맨 앞의 배가 멈추었다. 배는 더 가까이 오더니 조지아나호의 비밀 신호를 보였고, 곧 다운즈 중위가 우리 에식스호로 올라왔다. 그는 제임스섬 근처에서 세 척의 영국 배를 나포했다고 보고했는데, 정확히 말하자면 다음과 같다.

선 명	함포(문)	병력(명)	톤
헥터(Hector)호	11	25	270
캐더린(Catharine)호	8	29	270
로즈(Rose)호	21	21	220

에식스 주니어호의 탄생

조지아나호와 나포선들이 우리 근처에 정박했다. 이제 우리 함대는 범선 아홉 척이 되었다. 순양함에 필요한 크기, 외관, 속도 등 기타 모든 특징에 있어서 애틀랜틱호가 조지아나호보다 훨씬 더 우수했기 때문에 나는 20문의 대포를 애틀랜틱호에 장착하라고 지시한 다음 다운즈 중위와 승무원들을 배치했다. 애덤스에게는 조지아나호의 지휘를 맡겼다. 애틀랜틱호에는 '에식스 주니어(Essex Junior)호'라는 이름을 붙였다. 나포선으로부터 지원자

---

7) 횡범장(橫帆裝, square rig)은 돛대에 활대를 좌우 대칭이 되게 수평으로 걸어서 사각형 돛을 단 상태다. 종범장(縱帆裝, fore and aft rig)은 배의 용골과 평행하게 돛을 단 범장으로, '세로돛' 또는 '삼각돛'이라고도 한다.

를 받아 승무원의 숫자를 늘렸고, 장교 후보생 대쉬엘(Dashiel)을 에식스 주니어호의 항해장으로 임명했다. 또한 그리니치호의 모든 거추장스러운 물품들을 다른 나포선으로 옮겼다. 그리니치호는 군수 물자 수송선으로 바꾸어 나머지 배들로부터 가져온 모든 식량, 밧줄 등 우리에게 중요한 물건들을 갑판에 실은 다음 20문의 대포를 장착했다.

포로 처리

이제 포로 처리에 대해 생각할 필요가 있었다. 포로들이 엄청나게 소비하는 식량 문제를 떠나 그들이 우리에게 큰 지장이 되기 때문이다.

이곳 해안에 내려달라고 포로들이 여러 번 요청했기 때문에 결국 동의해주었다. 그들에게 세 척의 보트를 내주어 식량과 소지품을 싣고 강어귀에서 툼베스까지 데려다주도록 했다. 수송 목적으로 그들이 빌린 큰 카누와 대형 보트도 있으니 충분했다. 해안에 데려가기 전에 나는(반역자 위어와 셔틀워스 선장까지 포함하여) 각 포로에게 빼앗았던 모든 물건을 돌려주었고, 포로 교환이 정식으로 이루어질 때까지는 미국에 대한 적대 행위에 가담하지 않을 의무를 이행하도록 했다.

1813년 7월 1일

이제 더 이상 툼베스에 머물 이유가 없었기 때문에 30일 오전에 닻을 올리라는 신호를 배들에게 보냈다.

1일, 과야킬만을 벗어난 다음 서쪽으로 항해하기 위해 돛을 펼쳐 동쪽에서 불어오는 무역풍을 받으려고 했지만, 무역풍은 육지에서 100~150리그

(555.6~833.4km) 이상 떨어져야만 받을 수 있었다.

1813년 7월 4일

에식스 주니어호가 순양함으로는 완벽하게 장비를 갖추지 않았기 때문에 나는 함께 항해하면서 내 휘하의 목수와 다른 이들에게 난간을 만들고, 배에 필요한 개조를 하게 했다.

7월 4일, 미국 독립기념일을 맞아 에식스호·에식스 주니어호·그리니치호에서 열일곱 발의 예포를 발사했다. 나포선에서 우리 선원들에게 지급할 충분한 양의 술을 확보할 수 있었기 때문에 이날은 최대한 유쾌한 분위기로 지냈고, 한동안 술 구경 못 한 선원들은 그로그주[8]를 더더욱 즐겼다.

1813년 7월 9일

9일, 에식스 주니어호의 장비 준비를 완료했으므로 나는 더 이상 이 배와 함께할 필요가 없었다. 다운즈 중위에게 나포선인 헥터호, 캐더린호, 폴리시호, 몬테주마호를 미국 배 바클레이호와 함께 발파라이소로 데려가도록 지시했다. 그곳에서 바클레이호만 남겨 두고 나머지 배들은 가장 좋은 가격에 팔라고 명령을 내렸다. 폴리시호를 미국으로 가져가는 것은 그의 재량에 맡겼는데, 배에 잔뜩 싣고 있는 향유고래기름을 남미 해안에서 손해를 보고 팔 수는 없기 때문이었다.

---

8) 그로그(grog)주는 당밀이나 사탕수수로 만든 증류주인 럼주(rum)에 물을 탄 것인데, 일반적으로 독한 술을 뜻한다.

다시 갈라파고스로

이제 남위 7°15', 경도는 갈라파고스제도에 거의 들어서 있었다.[9] 나는 에식스 주니어호와 호송대에 속한 배들과 헤어진 후 동쪽으로 향했고, 이들은 시야에서 멀어졌다. 항로를 갈라파고스제도로 잡았는데, 내가 툼베스에 도착하기 2주 전에 세 척의 영국 무장선이 툼베스를 떠났다는 정보가 있어서 갈라파고스를 다시 방문해야겠다는 생각이 강하게 들었다.

나는 군수 물자 수송선 그리니치호와 조지아나호와 같이 있었는데, 갈라파고스제도에 도착하면 조지아나호를 미국으로 보낼 계획이었다. 배에는 고래기름이 거의 가득 실려 있었고, 배를 보내기에 가장 적당한 계절이 다가오고 있었다. 조지아나호가 한겨울에 미국 해안에 도착하기를 바랐는데, 미국의 북쪽 항구를 봉쇄하는 영국 군함들이 이때는 바다에 머물지 않을 것이기 때문이었다.

1813년 7월 12일, 찰스섬의 우체통 확인

12일, 찰스섬으로 향했고 밤 동안은 배를 멈추었다.

아침에 에식스만 가까이 갔고, 우체통을 확인하기 위해 보트를 해안으로 보냈다. 보트가 돌아왔을 때, 우체통 안에 있던 모든 서류를 누군가가 가져갔다는 보고를 받았다. 지난번에 머물 때, 우리 승무원들이 부주의하게 남겨 두었던 작은 나무통들과 해변에 남겨 두었던 약간의 나무까지 모두 사라져 버렸다. 갓 벗겨진 거북 껍질이 보이는 것으로 보아 아주 최근에 배들이

---

9) 갈라파고스제도의 좌표는 남위 0°40', 서경 90°33'이다.

왔었다고 우리는 확신했다.

세 척의 범선 추격

뱅크만 쪽으로 배를 향했다. 자정에 앨버말섬 남쪽 곶 근처에 도착해서 땅을 자세히 조사해 보려고 그곳에서 배를 멈추었다.

날이 밝자 돛을 모두 펴고 북쪽으로 나아갔다. 오전 11시, 뱅크만 쪽에서 세 척의 범선을 발견했는데 서로 약간의 거리를 두고 바람을 향하고 있었다.

가운데 있는 배를 추격했다. 다른 두 척은 크고 좋은 배로, 우리를 피하려는 의도로 다른 방향으로 태킹하고 있었고, 내가 추격하던 배는 우리에게서 방향을 돌려 도망갔다. 나는 에식스호와 함께 움직이는 나포선들의 안전을 염려했는데, 이 배들은 우리보다 상당한 거리를 두고 후미에 있었다. 세 척 중 해안 쪽에 있던 배가 바람이 불어오는 방향으로 태킹해서 나포선으로 향했다. 그들을 우리 배와 단절시키려는 의도였다. 하지만 조지아나호가 나타나면서 그리니치호가 멈추는 것을 보자 내 걱정은 많이 덜었다. 조지아나호가 낯선 배를 향해 용감히 나아가 선원들을 내보내서 싸울 의도인 것을 확신했기 때문이다.

오래지 않아 우리가 추격하던 배를 나포했고, 그 배의 선장은 영국 선적으로 10문의 대포를 장착한 '찰턴(Charlton)호'라고 나에게 알려 주었다. 현재 바람이 불어오는 쪽에 있는 배는 '세링가파탐(Seringapatam)호'로, 14문의 대포와 40명의 선원이 있으며 윌리엄 스테이버스(William Stavers)가 지휘하고 있었다. 다른 배는 8문의 대포가 있는 '뉴질랜더(New Zealander)호'였다.

화산 폭발

내가 나포한 배들의 위급한 상황을 챙기고 적을 쫓는 장교들의 감정을 살피는 일도 중요했지만, 나보로섬 남쪽 면과 앨버말섬 남쪽 부분에서 벌어진 자연의 활동에 주목하지 않을 수 없었다. 나보로섬은 우리의 지난번 방문 이후 화산의 급격한 분출로 인해 큰 변화를 겪은 것 같았다. 이번에는 섬에서 적어도 네 개의 분화구가 연기를 뿜어내고 있었고, 앨버말섬 남쪽에도 분화구 한 개가 있었다. 찰스섬을 떠난 지 몇 시간 후 화산이 엄청난 힘으로 섬 가운데로부터 폭발했고, 분화구들 간에 바다 밑으로 어떤 연결이 되어 있다는 생각이 자연스럽게 들었다.

뉴질랜더호와 세링가파탐호의 나포

뉴질랜더호가 배를 돌려서 우리를 향해 멈추었음을 인지하고 나는 이들이 경계를 풀었다는 생각에 놀랐다. 하지만 다른 배의 움직임으로 보아 뉴질랜더호가 우리를 적으로 간주하고 있다는 쪽으로 생각이 바뀌었고, 그래서 이 배를 먼저 잡기 위해 가능한 모든 노력을 기울이기로 했다.

그리니치호가 계속 배를 추적하는 동안 조지아나호는 에식스호를 따랐다. 찰턴호로 선원을 보내고 뉴질랜더호를 계속 추격했다. 그리니치호와 세링가파탐호 사이에는 뱃전에서 포격이 몇 번 오갔고, 세링가파탐호가 깃발을 내렸지만 돛과 삭구가 많이 잘린 불능의 상태에서 도주를 시도했다. 그리니치호는 뉴질랜더호의 선미 가까이에서 계속 추격했다. 에식스호는 빠른 속도로 세링가파탐호를 쫓아가고 있었다.

해 질 무렵, 도주 가능성이 없다는 것을 알고 적은 에식스호를 향해 방향을 바꾸고 배를 포기했다. 나는 즉시 배 위의 선장과 장교들을 사로잡았고, 그리니치호가 적선을 지키도록 하고는 뉴질랜더호를 쫓아가 약 한 시간 만에 배를 포획했다.

찰스섬에서 편지와 나무, 통 등을 가져간 배가 세링가파탐호였음이 밝혀졌다. 이 배의 나포는 내 수중에 떨어진 다른 어떤 배보다도 더 큰 즐거움을 안겨 주었다. 이 해역에서 가장 좋은 영국 배일 뿐만 아니라 그 배의 선장이 아주 대담한 성격이었고, 낸터킷 선적의 미국 포경선 에드워드호를 이미 나포한 전적이 있는 데다, 이 해역에서 미국 무역에 큰 해를 끼쳤을 사람이기 때문이었다.

그는 태평양으로 포경 항해를 하러 오기는 했지만, 미국 포경선을 만날 희망이 있는 동안은 원래의 목적에는 별로 관심이 없었다. 내가 그에게 임명장을 달라고 요구하자, 그는 얼굴에 극도의 두려움을 띠고 자신에게는 아무것도 없다고 했다. 선주들이 이번 항해 전에 그를 위해 임명장을 발행하여 리마로 보냈을 것이 확실하므로 거기서 받아볼 수 있을 것으로 기대한다고 주장했다. 그가 해적인 것이 확실했고, 나는 그를 다른 전쟁 포로와 동등하게 대우하는 것은 적절하지 않다고 여겼다. 그래서 그와 모든 선원에게 수갑을 채우도록 명령했다. 그러나 나포선에 붙잡혀 있던 미국인 포로들에게 세링가파탐호의 선원들이 어떻게 대우했는지 물어봤더니, 포로가 된 선원과 항해사 모두가 선장의 행동을 비난하지 않는 것을 알았다. 그 후 선원들을 자유롭게 풀어주었으나 스테이버스 선장에게만 수갑을 계속 채웠다.

1813년 7월 19일, 나포선과 포로 일부를 리우로 보냄

이제 제임스섬으로 방향을 잡았다. 섬에 정박하는 동안 우리가 원하는 닻이며 밧줄 같은 물품을 나포선에서 충분히 챙길 수 있었으므로 어서 그곳에 도착하고 싶었다.

북서쪽으로 밀려드는 맹렬한 조류 때문에 제임스섬에 닿으려는 우리의 시도는 무력했다. 조류를 피하려는 모든 노력에도 불구하고 우리는 북서쪽으로 북위 2°8'까지 밀려갔고, 단시간 내에 되돌릴 희망이 없어 보였다. (찰턴호가 낡은 데다 시원찮은 범선이었기 때문에) 배를 선장에게 넘겨주기로 했고, 대신 우리 포로들을 모두 리우데자네이루(Rio de Janeiro)에 내려준다는 조건을 걸었다. 찰턴호의 선장뿐만 아니라 뉴질랜더호의 선장도 이 계약에 동의했다.

찰턴호에서 우리에게 필요한 케이블과 물품들을 들어내고 대포와 전투 장비들은 세링가파탐호로 보낸 후, 48명의 포로를 실은 찰턴호를 19일에 출발시켰다. 하지만 항해사들과 선원들은 영국 군함에 강제로 징집되는 것을 두려워해서 찰턴호로 리우데자네이루까지 가지 않겠다는 결의를 표명했다. 아무리 힘든 운명이라도 국왕 폐하의 해군에서 개고생하느니 고래잡이용 보트에 운을 맡기도록 해달라고 그들에게 간청했다. 하지만 나는 태평양 한 가운데에 그들을 표류시켰다고 생각할까 봐 여기에 동의하지 않으려 했다. 그러자 그들은 에식스호에 남아 있게 해달라고 요구했다. 이들 때문에 불편해지기를 원치 않았기 때문에 이 제안도 동의할 수 없었다. 그들은 결국 격해졌고, 나는 이들을 진정시키는 데 필요한 권위를 선장들에게 다시 주기 위해서는 강압적인 수단을 써야 하는 건 아닌가 생각했다. 하지만 그들의 부적절한 행동에 대해 조목조목 이야기하자 그들은 좀 진정이 되었고, 남쪽으로 가기 위해 돛을 올렸다.

출발할 때 그들은 우리에게 세 번의 진심 어린 환호를 보냈다. 우리의 임무가 성공하고, 미국으로 무사히 귀환할 수 있도록 (내 생각에는 진지하게) 행운을 빌어 주었다.

세링가파탐호의 중무장

세링가파탐호는 빠른 배로 판명되었고, 모든 면에서 군함 목적으로 만들어졌기 때문에 (사실 세링가파탐호와 똑같은 군함 한 척이 티푸 사이브[10]를 위해 인도에서 건조되었다.) 혹 에식스호에 사고가 발생해도 우리의 항해가 무산되지 않도록 가능한 한 튼튼하게 만들기로 마음먹었다. 이런 생각으로 나는 세링가파탐호에서 작업을 하도록 포수들과 목수들을 보냈다. 그리고 며칠 후 22문의 대포가 장착되면서 이 배는 온전한 모습을 갖추었다.

나는 이 배를 항해장 보조인 테리(Terry)가 맡도록 했고, 우리에게서 떨어지지 않도록 지시했다. 그리고 뉴질랜더호는 회계관 쇼(Shaw)가 책임지도록 했으며, 유사한 지시를 내렸다.

1813년 7월 22일

우리는 동남쪽으로 가기 위해 계속해서 노력을 기울였다. 22일, 남남동 방향에서 위넘(Wenam)섬과 서북서 방향에서 컬페퍼(Culpepper)섬을 발견했다.

갈라파고스와 마찬가지로 위넘섬은 화산 폭발로 만들어진 것이 분명하다. 메마른 관목 숲이 섬 정상에 듬성듬성 흩어져 있었다. 어떤 곳으로도 섬

---

10) 티푸 사이브(Tippoo Saib 또는 Tipu Sahib, 1751~1799)는 인도 남부의 마이소르(Mysore)왕국의 왕(1782~1799)으로, 영국의 식민지화 정책에 최후까지 저항했다. 세링가파탐은 마이소르의 수도다.

에 접근할 수 없어서 정박할 곳이 없다. 둘레는 7~8마일(13~14.8km)이고, 두 개의 작은 섬이 있다. 이 중 하나는 동남쪽으로, 다른 하나는 북서쪽으로 떨어져 있는데, 어느 것도 위넘섬에서 100야드(91.4m) 이상 떨어져 있지는 않다. 그러나 작은 섬 중 어느 쪽으로 접근하든 빠른 해류를 제외하고는 어떤 위험도 없어 보였다. 큰 배가 해안에서 멀지 않은 곳까지 충분히 들어 올 수 있다.

여기서는 거북 몇 마리와 물개 한 마리만을 보았다. 우리가 본 새들은 군함새, 부비새, 갈매기, 검은 바다제비들이었는데 아주 많았다.

북서쪽에서 동굴 입구를 발견했다. 입구는 아주 좁았다. 내 보트로 그 입구 안으로 들어갔는데, 내 생각에는 약 100야드(91.4m) 정도 들어갔다. 그리고 양쪽에서 치는 파도와 위쪽에서 들리는 반향으로 판단하건대, 폭이 40야드(36.6m), 높이가 20야드(18.3m) 정도였다. 그러나 너무 어두워서 되돌아 나오는 길을 찾지 못할 것 같은 두려움 때문에 더 이상 나아가지 못했다. 배가 뜨기에 충분한 깊이의 물이 사방에 있었고, 이 동굴 안과 입구에서 많은 물고기를 잡았다.

1813년 7월 24일~7월 25일

24일, 나는 몇 가지 이유로 조지아나호를 미국으로 보내기로 결심했다. 모든 준비를 마친 후에 조지아나호 선원들은 우리에게 예포 발사와 만세 삼창을 한 후 7월 25일에 떠났다. 이 배를 통해 우리는 친구들에게 편지를 보낼 수 있었고, 우리의 엄청난 승전 소식이 본국에 전해질 것이라는 기대로 즐거웠다.

1813년 8월 2일

2일, 애빙턴섬 가까이에 있었던 나는 섬 서쪽을 조사할 기회가 있었다. 모래 해변 반대쪽 해안에서 3/4마일(1.4km) 떨어진 높고 접근하기 어려운 절벽 아래 수심 22패덤(40.3m)의 부드러운 모랫바닥이 있는 좋은 정박지를 찾았다. 이곳은 콜넷 선장이 명명한 '케이프 챌머스(Cape Chalmers)'의 북서쪽으로, 이곳에서는 자주 부는 바람으로부터 보호 받을 수 있는 곳이다. 그러나 이곳은 정박하고 대피만 할 수 있는 곳으로, 여기서 섬으로 들어가는 것은 불가능하다. 그렇지만 나는 다른 곳에 상륙이 가능한 곳이 있을 것으로 확신했다. 섬 안쪽의 푸른 초목으로 보아 다른 섬처럼 거북도 있을 것으로 짐작되었다. 정박지의 반대편 조그만 해변에서 우리는 거북 한 마리를 발견했고, 보트를 타고 만에서 많은 양의 물고기를 잡았다.

나는 만 남쪽 지점에 있는 낮은 언덕을 오르려고 시도했다. 혹시 있을지 모를 암초나 다른 위험물들을 보기 위해 만을 좀 더 자세히 살펴보려면 그 언덕이 접근할 수 있는 유일한 곳이다. 그러나 내 밑으로 계속해서 흘러내리는 용암과 화산재, 그리고 다른 화산 물질들이 등반을 아주 어렵게 했고, 하산이 위험할 것 같아 곧 단념해야 했다. 이제 거기에서 섬 북쪽으로 갔다. 식물은 전혀 없이 온통 딱딱한 검은 용암으로 이루어져 있었고, 분출된 지 얼마 되지 않아 보였다. 북쪽과 서쪽 전체는 접근할 수 없었고, 음울한 풍경이었다.

6장

제임스섬

랑데부 요새

1813년 8월 4일

4일 아침 6시, 눈에 들어오는 항구까지 가기 위해 속력을 내면서 제임스섬과 앨버말섬 사이의 18마일(33.3㎞) 폭의 수로를 지났다. 그때 멀리 바람이 불어가는 쪽에 있던 뉴질랜더호가 동쪽에 낯선 범선이 있다고 신호를 보냈다. 멈추어 보니 제임스섬의 동쪽 해안에 있는 암초로 확인되었다. 암초 때문에 지체되어 2시 30분이 되어서야 만으로 진입할 수 있었다.

해변 중간 지점에서 1/4마일(0.5㎞) 내에 수심 6패덤(11m)의 부드러운 모랫바닥 위에 닻을 내렸다. 남쪽으로 선수 닻(bower-anchor)을 내렸고, 북쪽에는 스트림 앵커를 내렸다. 알바니(Albany)섬의 남서 부분이 북서미북 방향으로 있고, 앨버말섬의 케이프 마셜(Cape Marshall)은 북서에, 그리고 만 서쪽 지점은 남서미남 방향에 있다.

갈라파고스 거북

우리는 이곳에서 배를 페인트칠하고, 돛과 보트를 수리하고, 삭구를 설치했다. 바다에서는 손쉽게 할 수 없는 다양한 일들을 한 후에 거북을 비축하기 시작했다. 갈라파고스의 거대한 거북을 잡기 위해 모든 배가 갈라파고스 제도에 정박한다. 이 일을 위해 네 척의 보트가 매일 아침 떠나서 각각 평균 60파운드(27.2kg) 정도 되는 거북을 20~30마리씩 싣고 저녁에 돌아왔다. 나흘 만에 우리는 약 14톤 정도나 되는 양을 모았는데, 우리가 손쉽게 배에 실을 수 있는 최대치였다.

햇빛을 차단하기 위해 위에 차양막을 덮어 거북들을 며칠 동안 선미 갑판에 쌓아 두었다. 이렇게 하면 거북은 아주 지치게 되어 위 안의 음식물을 모두 몸 밖으로 배출하게 된다. 그렇게 되면 거북들은 다른 식량과 마찬가지로 배 아래에 비축했다가 필요할 때 사용한다. 항해할 때 갈라파고스 거북만큼 편리한 비축물은 없다. 1년 동안은 먹이도 물도 줄 필요가 없다. 등껍질이 쪼개지지 않게 하는 것 외에 다른 건 신경 쓸 필요가 없다.

제임스섬 거북의 등껍질은 굉장히 얇고 가끔 쉽게 부서진다. 나이를 먹으면 특히 더 잘 부서진다. 산을 오르락내리락하다가 여러 차례 떨어지면서 생긴 상처 때문인지 다른 것에서 생긴 상처 때문인지, 그것도 아니면 자연적 현상인지는 모르지만, 그들의 등껍질은 거칠고 큰 조각으로 벗겨지는데 이 때문에 껍질이 아주 얇아지고 쉽게 부서진다. 제임스섬의 거북은 후드섬이나 찰스섬의 거북과는 완전히 다른 종인 것으로 보인다. 후드섬이나 찰스섬 거북의 등은 아주 두꺼운 스페인식 안장 모양으로 갈색이고, 앞쪽으로 솟아 있다. 이들 거북은 아주 흉측해 보이지만 제임스섬의 거북보다 맛이 훨씬 기름지고, 간(肝)은 최고의 진미(珍味)다. 반면에 제임스섬의 거북들은 둥글고 불룩하고 흑단(黑檀)처럼 검고, 어떤 것들은 보기에는 좋지만 요리했을 때 간이 검고 딱딱하며, 살코기는 다른 거북만큼 높이 평가되지는 않는다.

우리가 배에 실은 대부분의 거북은 배에서 약 18마일(33.3㎞) 떨어진 섬 북동쪽 만 근처에서 찾았다. 그중 세 마리만 수컷이었는데, 수컷은 거대한 크기와 긴 꼬리로 암컷과 쉽게 구분된다. 암컷은 낮은 모랫바닥에서 발견되었고, 예외 없이 모두가 10~14개의 단단한 알을 배고 있어서 알을 낳기 위해 산에서 내려왔음이 분명했다. 이 생각은 그들 중 수컷이 거의 없다는 사실로 설득력 있어 보였는데, 우리가 발견한 몇 안 되는 수컷들은 산에까지 상당한 거리를 가서 잡아온 것들이었다.

이 동물의 한 가지 아주 특이한 점은 피가 차다는 것이다. 갈라파고스 제도의 기온은 72~75°(22~24℃)이다. 거북의 혈액 온도는 항상 62°(16℃)이다.

세심하게 살펴봤는데, 거북을 잡은 곳 주변에서는 담수 흔적을 찾을 수

갈라파고스 거북[1]

---

1) 출처: *Journal of a Cruise Made to the Pacific Ocean, in the United States Frigate Essex, in the Years 1812, 1813, and 1814.* 1822.

없었다. 몇몇 선원이 해안에서 꽤 먼 곳까지 살폈지만 찾을 수 없었다. 그러나 이 거북의 배 안에는 1~2갤런(3.8~7.6L) 정도의 물이 들어 있었는데, 맛이 나쁘지 않아 목마른 사람이라면 충분히 마실 만했다. 이런 상황과 섬 안의 신록으로 보아 이 섬에는 산에 물의 발원지가 있을것으로 파악되었다. 그러나 섬 대부분이 푸석푸석하고 건조한 용암과 화산재로 되어 있어 이 물은 바다에 도달하기 훨씬 전에 흡수되었을 것으로 믿게 되었다.

둥글고 흰 거북의 알은 지름이 2.5인치(6.4cm)이다. 마르고 맛이 없어서 요리했을 때 별미와는 거리가 멀고, 노른자는 입안에서 톱밥을 씹는 느낌이었다.

갈라파고스의 동물

이 섬에는 바다이구아나와 육지이구아나가 많다. 플라밍고와 맛이 좋은 상오리는 배가 정박해 있는 곳에서 반대편 몇 로드[2] 해변 뒤쪽, 소금기 있는 석호에서 잡힌다. 앞서 언급한 종의 비둘기들은 섬 어느 곳에서나 몇 마리씩 아주 쉽게 잡을 수 있다. 이 비둘기들은 기름지고 맛있으며, 육지이구아나는 다람쥐나 토끼보다 맛이 뛰어나다.

우리 배 옆에서 그물과 낚시로, 그리고 암초 가까이에서 보트로 상당히 많은 물고기를 잡았다. 우리가 그물을 사용한 것은 많이 잡지 못해서가 아니라 더 다양한 물고기를 잡을 목적이었다. 맛있는 숭어와 낚시로는 낚을 수 없는 물고기를 그물로 잡을 수 있었다. 지금까지 가 본 곳에 비해서 여기는 볼락이 그렇게 많지 않고, 훌륭하지도 않았다. 쉽고 풍족하게 얻을 수 있는 별미

---

2) 로드(rod)는 길이의 단위로, 1로드는 5.029미터이다.

중에는 얕은 물가 바위 사이에서 손으로 잡을 수 있는 가재가 있었다.

1813년 8월 20일, 배 수리와 출발

콜넷 선장이 측량하여 작성한 해도가 우리의 목적을 위해서는 충분히 정확하다는 것을 알았다. 그러나 우리는 선장이 마음에 들어 하던 숲도 개울도 찾지 못했고, 우리가 찾았더라면 쉴 수 있었을, 선장이 발견했다는 흙과 돌로 만든 해적들의 의자도 찾지 못해서 모든 게 성과 없는 탐색이었다.

우리는 배 외관을 어떤 종류의 배인지 알아볼 수 없고, 가까이서 보더라도 프리깃으로 생각될 수 없도록 완전히 바꾸었다. 돛·삭구·보트 등에 필요한 모든 수리를 마치고 중앙 가운데 돛을 만들었으며, 낡은 밧줄로 충분한 양의 밧줄을 만들었다. 우리가 나포선에 요구한 물건들로 자체 수급했을 뿐만 아니라 선창(船艙)을 비워 청소한 후 물건을 다시 집어넣었다. 엄청난 양의 해초와 따개비가 붙어 있는 배 바닥을 긁어내고, 섬이 제공하는 먹거리를 충분히 먹고 난 후인 8월 20일 아침에 우리는 항해에 올랐다.

양과 염소 방목

우리가 제임스섬 만(내가 '코완(Cowan)만'[3]이라고 명명했다.)에 머무는 동안 염소들이 풀을 뜯을 수 있도록 해안에 풀어둬 낮에 한 사람이 지키고 물을 주게 했다. 염소들은 잘 길들었고, 선착장 주변에 머물러 있었기 때문에

---

3) 1813년 8월 10일, 제임스섬에서 사망한 에식스호의 장교 후보생 코완(John S. Cowan)을 기리기 위해 포터 함장이 명명했다.

매일 밤 해안에 남겨 두었다. 어린 수컷 한 마리와 암컷 세 마리가 있었는데, 그중 한 마리는 웰치(Welch)종이었고, 다섯 개의 뿔을 가진 페루 숫양의 새끼를 배고 있었다. 이 페루 양은 우리가 나포선에서 획득한 것이다. 나머지는 스페인종이었다. 양들도 염소들과 함께 해안에 남겨 두었다.

머칠이 지난 어느 날 아침, 한 선원이 평소처럼 염소와 양 들을 살펴보고 물을 주기 위해 해안으로 갔다. 그런데 염소가 한 마리도 보이지 않았다. 모든 염소가 합심한 것처럼 사라졌다. 여러 사람이 여러 갈래로 나뉘어 2~3일 동안 찾았지만 찾지 못했다. 본능이, 이 섬의 거북들이 물을 얻는 샘물이나 저수지가 있는 섬 안쪽 산으로 염소들을 이끌었음이 틀림없었다. 이 일로 인해 미래의 항해자는 아마도 이 섬에서 충분한 염소 고기를 얻을 수 있을 것이다. 염소들은 물 덕택에 의심의 여지 없이 이 섬 안에 머물며 평온하게 지낼 것이고, 그 수는 급격하게 증가할 것이다. 신비로운 방식으로 작동하는 자연은 이 섬에 새로운 동물 종을 보존하는 최초의 기회를 포착했다. 지금 거북의 수가 많아진 것처럼 여기서 동물들은 생리적으로 물의 부족을 잘 견뎌 낼 수 있다. 자연은 웰치 염소와 페루 양 사이에 태어날 새끼가 다른 어떤 풍토보다 이곳에 잘 적응하도록 정해 놓았다.

섬에 거북이나 이구아나 그리고 다른 파충류들이 살게 되는 방식에 대한 설명은 다른 전문가들의 몫으로 남겨 둘 것이다. 그 원인에 대해 추측하는 것은 내 일이 아니다. 다만 내가 말할 수 있는 것은 저 섬들이 새롭게 형성되고 있고, 아마 거북이나 파충류들이 그곳에서 살아갈 수 있는 유일한 종이라는 것이다. 내가 본 섬 중에서 찰스섬과 제임스섬에만 염소가 살기에 충분한 물이 있다는 것을 알게 되었다. 그 외에 다른 것은 시간이 다 해결할 것이라는 데 의심의 여지가 없다. 그리고 수 세기가 지나면 세계의 다른 곳처럼 사람들이 조밀하게 거주하는 갈라파고스를 볼 수 있을 것이다. 현재 저 섬들은 거북, 이구아나, 도마뱀, 뱀과 같은 것들에게만 알맞은 곳이다. 자연은 다른 곳에도 동물들을 창조했는데 갈라파고스라고 해서 왜 안 되겠는가.

염소들이 떠나가기 전날, 나와 다른 사람들이 알게 된 사실 하나가 있다. 그것은 우연 이상의 어떤 것이 염소의 이동을 지휘했다고 믿을 수밖에 없게 만드는 것이었다. 염소들이 이상하게도 평소보다 많은 양의 물을 마시는 것을 보았다. 특히 늙은 웰치 염소는 반 갤런(1.9L)을 마시고도 만족스러워하지 않는 것 같았다(이것은 염소가 한 번에 마시기에는 대단한 양이라는 것을 인정해야 한다.). 다른 염소들도 비슷한 양을 마셨는데, 마치 산에 도달하기에 충분한 양의 물을 스스로 마시기로 마음먹은 것처럼 보였다. 이 불가사의한 현상은 내가 지금까지 말한 다른 사실들과 마찬가지로 거짓 없는 사실이다. 나는 어떤 한 사례도 과장하거나 거짓되게 말한 것이 없다.

1813년 8월 22일

22일, 나는 뱅크만에 도착했고 나포선들이 작은 만으로 나아가도록 지휘했다.

7장
갈라파고스제도
워싱턴제도로 출발

1813년 8월 24일

24일, 나는 세링가파탐호와 뉴질랜더호 선원을 태운 보트들을 연안에서 만나길 기대하면서 작은 만 쪽으로 나아갔다. 1시에 우리가 오기를 기다리며 나보로섬 모래 해변에 있는 그들을 발견했다.

약 한 시간 후에 두 배에서 온 21명의 선원이 배에 올랐다. 우리는 이제 나보로섬과 앨버말섬 사이 수로 입구로 갔다. 안정된 북서풍, 동일 방향으로 흐르는 해류, 작은 만을 살펴보고 싶은 욕심, 나포선들을 어떻게 해 두었는지를 보는 것 등이 이 수로로 가도록 나를 유혹했다. 수로로 가는 데 어떤 위험도 감지하지 못했고, 해류의 맹위와 나보로섬 동남쪽 해안의 암초를 제외하고는 어떤 것에 대해서도 듣지 못했다. 따라서 돛을 모두 올리고 출발했는데, 내 기대와는 다르게 해 질 녘에 바람이 사라졌다가 앞쪽에서 불어와 어두워진 후에도 거의 전진하지 못했다. 아주 불안하고 걱정스러웠지만, 이

후에 상쾌한 바람이 남서쪽에서 생겨나 성공적으로 바람을 거슬러 계속 나아갈 수 있었다. 갑작스레 풍향이 바뀌고 해류가 빠르게 흐르는 여느 수로와 마찬가지로 이 수로도 안전했기 때문에 걱정은 불필요했다. 수로 한복판에서 80패덤(146.4m)용 측심줄로 재니 거친 자갈 바닥이었다. 앞서 말한 암초—저녁 전에 우리의 시야에 들어왔고, 해안에서 1.5마일(2.8km) 정도 뻗어 있는—를 제외하고는 양쪽 해안의 일정 거리 안에는 어떤 위험도 없다.

앨버말섬 방향의 해변에서 우리는 엄청난 수의 거북과 수로를 통과하는 내내 우리 주변에서 놀고 있는 물개들을 보았는데, 수로는 '좁은 해협(sound)'이라고 부르는 것이 정확할 것이다.

물개의 먹이 사냥

이곳에서 나는 물개가 물속에서 먹이 먹는 방법을 볼 기회가 있었다. 물개는 포획한 큰 물고기를 조각내는 발이 없기에 지금까지 나는 이 점을 궁금하게 여겼다.

물개 한 마리가 입에 도미 종류의 커다란 붉은 물고기를 물고 배 가까이에서 빠르게 이동했다. 이 물고기는 아직 살아 고전분투하고 있었다. 물개는 가슴이 드러날 정도로 상체를 물에서 곧추세우고 모든 힘을 집중시켜 한쪽 어깨 쪽으로 머리를 휙 돌리면서 아주 맹폭하게 물고기를 흔든 다음 멀리 내던지고, 한입 가득 물고 찢으면서 탐욕스럽게 삼켰다. 이 동작을 반복하면서 물개는 몇 분 만에, 짐작건대 크기가 적어도 10파운드(4.5kg)쯤 되는 고기를 먹어 치웠다. 물개 위를 맴돌던 매, 부비새, 펠리컨과 다른 새들이 먹이를 낚아채기 위해 애썼지만 헛수고였다. 물개의 움직임은 그들의 모든 시도를 좌절시켰고, 심지어 물개는 고기를 내던질 때 고기에서 떨어지는 조각을 새들이 줍는 것마저 막았다.

채텀섬의 식민 경영 구상

제도의 다른 섬처럼 채텀섬도 화산섬이다. 그러나 황폐화된 기간이 다른 섬들에 비해 더 오래되어 보였다. 목화는 보지 못했지만 섬에서 자라는 초목들은 같다. 목화는 극심한 가뭄 때문에 이 지역에서는 죽었을 수도 있고, 푸릇푸릇한 초목이 있는 섬 안쪽에 있을 수도 있다.

제임스섬과 찰스섬에는 목화가 아주 울창하게 자란다. 대부분의 목화는 8~10피트(2.4~3m) 크기다. 미시시피강 유역에서 생산되는 것과 같은 종류로 보이는데, 사람이 재배하지 않기 때문에 꼬투리는 많은 양의 목화를 생산하지 못하고, 품질도 다르다. 목화 재배에 관심을 기울인다면 단언컨대 질이 크게 향상될 것이다.

이 섬들의 토양은 비록 건조하고 바싹 말랐지만 비옥하고 생산성이 있어 보인다. 담수 개울의 부족 문제만 해결한다면 이 섬들은 식민지를 세우고자 하는 상업 국가에 아주 중요한 곳이 될 것이다. 이 섬들은 좋은 항구를 제공하고, 하늘 아래 최고의 기후를 가진 곳에 있으며, 근처에 최고의 향유고래 어장이 있다. 또 육지거북과 다른 동물들이 많아 신선한 식량을 풍부하게 공급한다. 물을 제외하고는 부족한 것이 없다.

나는 여전히 물을 찾을 수 있다고 생각한다. 찰스섬에서도 해안에서 멀지 않은 곳에, 외관으로는 전혀 짐작할 수 없는 곳에서 좋은 샘물을 찾았다. 면밀하게 조사하면 많은 물을 얻을 수 있으리라 생각한다. 우리는 감자와 호박 등이 양질로 재배될 수 있다는 것을 패트릭이 재배한 작물을 통해 보았다. 적절히 경영하면 이 섬들의 상태는 크게 향상될 것이다.

채텀섬 조사

채텀섬은 외관에 있어서 나머지 섬들과 거의 다르지 않다. 섬 안쪽은 높고, 화산 작용 때문에 일정하지 않은 높이의 낮은 산들이 솟아 있다. 해안은 부석부석한 용암 덩어리로 경계 지어져 있으며, 만 북쪽은 높은 절벽인데 이곳은 콜넷 선장이 담수 줄기를 발견했다고 말한 곳이다. 나는 최대한 주의 깊게 조사했으나 물은 한 방울도 찾지 못했다. 이곳의 조수간만 차는 약 8피트(2.4m)이다.

1813년 9월 7일, 후드섬

배 바닥을 청소한 후 9월 3일 채텀섬을 떠나 7일에 후드섬 북쪽 만에 정박했다. 만은 조그만 섬과 동쪽에 몇몇 작은 섬들로 이루어져 있다.

로저스 제독[1]을 기념하여 이곳을 내가 '로저스(Rodgers)섬'과 '로저스(Rodgers)만'이라 이름 지었다. 이곳은 만의 중간쯤이자 수심 12패덤(22m) 지점이 최고의 정박지다. 이곳 모래톱 안에서 잘 묘박할 수 있다. 표류될 위험은 거의, 아니 전혀 없다. 우리는 아주 멀리 매우 가파른 모래톱 끝머리에 정박했는데, 선수 닻은 미리 측심했던 수심 19패덤(34.8m)에 놓였고, 선미 닻은 수심 27패덤(49.4m)에 놓였다.

---

1) 로저스 제독(Commodore John Rodgers, 1772~1838)은 미국이 18세기 말~19세기 초 프랑스·영국 등과 치른 전쟁에 참전한 해군으로, 말년에는 미국 해군위원장을 역임했다.

1813년 9월 8일, 낯선 포경선

나는 찰스섬을 살펴본 후 케이프 에식스(Cape Essex)로 나아갔는데, 앨버 말섬 남쪽 해안을 며칠 동안 항해할 목적이었다. 14일 자정에 뱃머리를 북쪽에 두고 앨버말섬 남쪽 9~10리그(50~55.6㎞) 거리에 정박했다.

동틀 녘에 남쪽에 수상한 배가 있다고 돛대 꼭대기에서 알려왔다. 나는 망원경을 들고 돛대 꼭대기로 올라가서 순풍을 타고 바람 부는 쪽으로 항해 중인 배를 확인했다. 그 배는 우리의 정면에 바람이 불어오는 쪽에 있었고, 영국 포경선이라 믿었기 때문에 바로 돛을 올려 놀라게 하고 싶지 않았다. 그래서 나는 앞돛대와 주돛대의 꼭대기 활대(fore and main royal-yards)는 내리고, 돛대도 끌어내리고, 포문은 닫아 모든 면에서 배가 상선처럼 보이게 하라고 지시하고는 순풍을 받고 있는 그 배 쪽으로 맞바람을 받으면서 갔다. 그 배는 우리에게로 아주 빠르게 다가왔다.

정오에 우리는 그 배가 포경선이고, 고래를 해체하는 데 몰두하고 있다는 것을 거의 확신할 수 있었다. 배의 대체적 외형을 보고 몇몇은 우리가 오랫동안 추격했고, 애빙턴섬 근처에서 우리를 고생시킨 그 배라는 의견을 내놓았다. 그러나 그 배는 완전히 다른 색이었고, 배의 동태로는 어떤 경계의 조짐도 없어서 내 생각은 좀 달랐다.

나는 포경선의 신호기 몇 개를 가지고 있었고, 윌리엄 포터[2] 선장과 뉴질랜더호 선장이 서로 만날 경우 사용하기로 그들 사이에 합의된 신호기를 게양했다. 이 배가 포터 선장의 배일 수도 있고, 신호로 그 배를 우리에게 오도록 유도함으로써 추격 거리를 줄일 수 있었다.

---

2) 윌리엄 포터(William Porter)는 영국 포경선 겸 사략선인 써 앤드류 해먼드호의 선장이다.

1818년 9월 13일, 써 앤드류 해먼드호 나포

1시에 우리가 그 배로부터 4마일(7.4㎞) 거리에 도달했을 때, 배는 뱃전에 묶어 둔 고래를 풀고 우리로부터 전속력으로 도망갔다. 이제 모든 것이 에식스호에 가장 유리하도록 준비되었다. 4시에 우리는 사정거리 내에 있었고, 6~8번을 발포하자 배는 에식스호를 앞에 두고 바람이 차단되는 곳으로 가까이 와서 깃발을 내렸다.

배는 영국 사략선 써 앤드류 해먼드(Sir Andrew Hammond)호로 밝혀졌다. 이 배는 건조 당시 20개의 포문을 뚫어 놓았지만 16문의 포를 장착하도록 허가받았고, 현재 12문만 탑재하고 있었다. 승무원 36명으로, 포터 선장이 지휘했다. 내가 올린 깃발 신호는 포터 선장이 정해 놓은 것이었다. 그러나 무엇보다도 가장 마음에 드는 상황은 이 배가 앞서 우리가 추격했던 바로 그 배였고, 선장은 우리 배가 아주 이상하게 개조되어 포경선으로 확신했기 때문에 두 배의 거리가 3~4마일(5.6~7.4㎞)로 좁혀졌을 때는 도망치기에 너무 늦었다는 사실이었다. 그는 우리가 사정거리 내에 들어오기 전까지는 우리 배가 프리깃이라고는 상상도 못 했고, 사실 지금 우리 배가 이전의 절반 크기로도 보이지 않기 때문에 그를 추격했던 동일한 배라고는 의심하지 못했다.[3]

앞으로의 계획

다운즈 중위를 만날 시간이 다가오고 있었다. 그래서 나는 나포선으로부

---

3) 포터 함장은 1813년 9월 13일 써 앤드류 해먼드호를 나포한 후, 그의 군목 애덤스 (Chaplain, David P. Adams)를 나포선 지휘관(prize master)으로 임명했다.

터 물과 식량을 채우고 우리의 출발일로 정한 다음 달 2일까지 기다리기로 마음먹었다. 그때까지 그가 도착하지 않으면 편지를 남기고 마르케사스제도나 워싱턴제도⁴⁾로 향하기로 했다. 거기서 배 바닥을 청소하고, 삭구를 고치고, 쥐를 잡기 위해 배에 연기를 피울 계획이었다.

쥐는 우리에게 가장 끔찍한 골칫거리가 될 정도로 아주 빠르게 번식했다. 이 골칫거리는 식량을 축내고, 식수통에 구멍을 내어 엄청난 물 낭비를 야기하고, 탄약고에 들어가 탄약통을 훼손하고, 배의 구석구석으로 들어가 식량·옷·깃발·돛 등등 큰 피해를 초래했다. 이런 쥐를 계속 배에 두는 것은 위험했다. 연기를 피우기 전에 배에서 모든 것을 들어내고, 아마 여러 곳이 벗겨져 나갔을 배의 동판을 수리하기 위해 배를 들어 올릴 필요가 있었다. 이러한 목적을 달성할 수 있는 편리한 항구를 섬들 중에서 찾아 그곳에서 머무는 동안 필요한 신선한 음식과 채소를 승무원들에게 공급할 수 있으니 소금에 절인 식량은 절약할 수 있으리라 생각했다.

1813년 9월 30일, 에식스 주니어호와 만남

30일 정오, 남쪽 만에 있는 배를 위해 신호를 보냈고, 잠시 후에 항구로 들어가기 위해서 대기하고 있는 보트에도 신호를 보냈다.⁵⁾ 미풍이 불자 배는

---

4) 워싱턴(Washington)제도는 남위 9°20′, 서경 140°54′ 근처에 위치하며 마르케사스제도 북쪽에 있다. 1790년 호프호(Hope)를 몰고 미국 보스턴을 떠난 선장 겸 모피 무역상 잉그램(Joseph Ingraham, 1762~1800)이 1792년 4월 해도에 나타나지 않은 섬 몇 개를 발견하고 초대 대통령인 워싱턴(George Washington 1732~1799, 재임 1789~1797)을 기념하여 이름을 붙였다.
5) 포터 함장은 에식스 주니어호가 포터 일행을 바로 알아볼 수 있도록 나보로섬에서 신호기를 올리도록 했다.

곧 나보로섬 동남쪽을 돌았고, 배의 전반적인 모습을 보고 우리는 모두 그 배가 에식스 주니어호일 것으로 생각했다. 이 추측은 이른 아침에 무풍 상태에서 배가 멈춰 서 있는 동안 보트를 타고 온 다운즈 중위의 도착으로 확인되었다. 우리 선원들은 그의 도착을 세 번의 환호로 환영했다.

오후 3시에 에식스 주니어호는 우리 가까이에 정박했다. 이 배에서 나는 발파라이소의 총영사와 그곳에 있는 다른 친구들, 그리고 부에노스아이레스의 영사가 보낸 몇 통의 편지와 날짜가 지났기는 하지만 우리의 관심을 끄는 뉴스가 실린 신문을 받았다.

다운즈 중위는 몬테주마호·헥터호 그리고 캐서린호를 발파라이소에 정박시켰고, 폴리시호는 본국으로 보냈는데 배나 화물을 발파라이소에서 파는 것은 이득이 날 가망성이 없어서였다. 칠레와 페루 사이에 공식적 전쟁 선포가 있었고, 그전까지 서로 간의 교전에도 불구하고 중단 없이 계속되던 두 정부 사이의 무역은 완전히 멈췄다. 칠레인들은 내가 전에 경험했던 것과 같은 우호적인 모습을 다운즈 중위에게 보였고, 에식스호와 다운즈 중위의 배에 필요한 물품을 조달할 수 있도록 모든 편의를 제공했다. 그는 거래 침체로 인해 일정 부분 지연에 직면했으나 정부가 모든 가능한 지원을 그에게 제공했다.

1813년 10월 1일

이제 우리가 태평양에 와서 수행한 주요 성과를 언급하겠다. 첫 번째로, 우리의 나포로 영국 배들의 주요 항로를 완전히 무너뜨렸고, 코밋(Comet)호를 제외하고 우리가 추격한 포경선 모두를 나포함으로써 칠레와 페루 해안의 포경업을 와해시켰다. 이 나포로 우리는 250만 달러어치의 물건을 빼앗고, 선원 360명을 포로로 만들었다. 이 선원들은 정식으로 교환되기까지는 미국에 반하여 일하지 않겠다고 해서 내가 집행유예로 풀어주었기 때문에 우리 포경선에 피해 입히는 것을 효과적으로 막았다.

우리 포경선은 단 두 척이 나포되었는데, 이 나포는 우리가 도착하기 전에 발생했다. 내가 이 해역에 들어온 직후에 콘셉시온과 발파라이소에 피난해 있던 우리 포경선들은 용감하게 고래를 잡기 위해 바다로 나갔다. 에식스 주니어호가 발파라이소에 도착했을 때, 미국 포경선 중 네 척이 고래기름을 가득 싣고 돌아와서 해안으로부터 일정한 거리에서 그들을 보호해 줄 호위함을 기다리고 있었다. 이 배들은 미국의 항구에 들어가면서 겨울이라는 계절의 이점[6]을 취할 수 있을 것이다. 거기서 출발하는 다운즈 중위가 그 배들을 보호할 수 있었다. 발파라이소에 있던 네 척과 내가 나포한 폴리시호가 영국 군함들의 통상적인 활동 해역을 넘어서 충분한 거리를 확보할 때까지 다운즈 중위가 이 배들을 호위하면서 항해했다.

---

6) 앞서 2부 5장에서 포터는 미국의 해안을 봉쇄하고 있는 영국 군함들이 겨울에는 활동하지 않는다고 언급했다.

3부

남태평양

1장
워싱턴제도로의 항해

1813년 10월 2일, 남태평양으로 출발

갈라파고스를 떠난 후 적도 가까이 항로를 유지하면서, 스페인 사람들에 의해 발견되었고 몇몇 해도에도 기재되었다고 하는 일련의 섬들에 도달하기 위해 서쪽으로 항해하는 것이 내 계획이었다. 그러나 숙고한 끝에 워싱

워싱턴제도의 매디슨섬과 애덤스섬

출처: 구글 지도

턴제도[1]로 가는 나의 항해에 최선을 다하기로 결심했다.

1813년 10월 6일,
에식스 주니어호를 워싱턴제도로 먼저 보냄

10월 6일, 나포선 일부가 많이 지체된다는 사실을 알고서 나는 에식스 주
니어호를 마르케사스제도에 먼저 보내기로 했다.[2] 이 결정은 다운즈 중위가
떠날 때 발파라이소에 기항하고 있던 영국 상선 메리앤(Mary Ann)호가 인도
로 가는 길에 마르케사스제도에 기항할 것이라는 확신에 근거해서 내려졌
다. 그 배가 세인트크리스티아나(St. Christiana, 마르케사스제도의 섬)에 기항
할 것이라는 느낌이 들어서 다운즈 중위에게 그곳에 먼저 가 있다가 워싱턴

1) 포터 함장은 오늘날의 마르케사스제도의 북부에 있는 누아히바섬과 루아후가섬 등을
　'워싱턴제도'로 불렀고, 남부에 있는 섬들을 '마르케사스제도'로 불렀다.
2) 갈라파고스제도에서 마르케사스제도까지는 2천500마일(4,630㎞)이다.

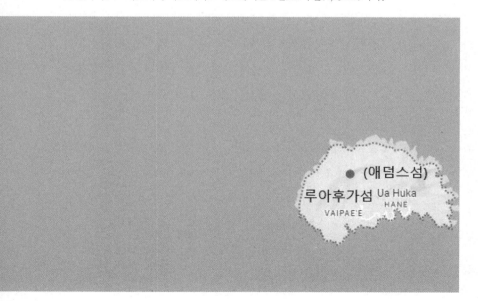

제도의 누아히바섬에 있는 안나마리아(Anna Maria)항에서 나와 만나자고 했다. 누아히바섬은 나뿐만 아니라 다른 모든 배가 혹시 서로를 놓쳤을 때 만남의 장소로 지정한 곳이다. 다운즈 중위는 항해에 나섰고, 해 질 녘 시야에서 사라졌다.

1813년 10월 23일, 워싱턴제도로 항해

다운즈 중위가 출발한 시점부터 우리가 마르케사스제도의 섬 중 하나인 티부아(Teebooa)섬에 도착한 10월 23일까지 특별한 일은 없었다. 갈라파고스제도로부터 멀어질수록 온도가 점차 올라가 항해하는 동안 날씨는 정말 좋았다. 더위는 돌풍도 천둥과 번개도 비도 동반하지 않았다. 입항 시점에 포로 두 명이 미미한 괴혈병 증세를 보였으나 그 외에 아픈 사람은 없었다.

우리는 종종 열대새·바다제비·갈매기 등등을 보았는데, 육지에 가까워진다는 징조였다. 경도 100°와 105°사이에서 마르케사스제도 주변보다도 많은 새 떼가 있는 곳은 없었고, 육지에 도달하기 전날 최대의 수를 관찰했는데, 그때 우리는 또한 천천히 북쪽으로 향하는 다양한 크기의 향유고래 큰 무리를 보았다. 고래와 함께 엄청난 수의 날치와 붉은 날개를 가진 같은 종류의 많은 물고기를 보았다. 이들은 다른 종보다 더 크고, 떼를 지어 다니지는 않았다.

갈라파고스제도를 떠나면서부터 끊임없이 서쪽으로 흐르는 해류를 만났는데, 속도는 조금씩 줄어 우리가 육지에 도달했을 때는 24시간에 단지 12마일(22.2km)인 것으로 드러났다. 갈라파고스제도를 출발하면서 우리가 서쪽으로 매일 25마일(46.3km) 이동하는 해류를 탔다는 것을 알게 되었다. 이것은 우리의 추측항법과 크로노미터를 사용한 달 관측 결과의 차이로 확인되었다.

2장

워싱턴제도

루아후가

1813년 10월 23일, 워싱턴제도로 기항

10월 23일 정오, 망꾼이 남서쪽에서 육지를 발견했다. 이때 위도는 남위 9°6', 크로노미터로 측정한 경도는 서경 138°27'로,[1] 우리는 마르케사스제도 의 섬 중 하나인 후드섬일 것으로 추정했다. 후드섬은 쿡 함장 휘하의 장교 후보생이었던 후드(Hood) 경이 발견한 섬으로,[2] 그 위치에는 다른 것이 있 을 수 없었다. 그러나 쿡 함장의 항해기에 나온 후드섬에 대한 설명은 내가 보고 있는 것과 그다지 일치하지 않아서 그 섬의 정체에 대해 의심할 수밖 에 없었다. 섬의 좌표가 쿡 함장과 허게스트(Hergest)[3] 그리고 다른 항해자

---

[1] 해당 좌표는 오늘날 마르케사스제도 북동쪽에 있는 후드섬 인근 위치다.

[2] 후드(Alexander Hood, 1758~1798)는 쿡 함장의 2차 항해(1772~1775) 때 레절루션 (Resolution)호 승선 중 1774년 3월 7일 마르케사스제도를 최초로 보았다. 쿡은 발견자 의 이름을 따서 '후드섬'으로 명명했지만, 원주민들은 '파투후쿠(Fatu Huku)'라고 부르는 섬이었다.

[3] 허게스트에 관한 자세한 내용은 '김낙현 외 역, 『밴쿠버와 브로튼의 북태평양 항해기 1791~1795』, 경문사, 2021, p.120' 참조

들이 부여한 것과 일치하지 않았다. 쿡 함장은, 후드섬은 산이 많고 여러 계곡으로 나누어져 있으며 울창한 숲으로 덮여 있고, 섬 둘레가 약 15~16리그(83.3~88.9km)라고 서술했다.

나포선들과 합류하여 순풍을 받으며 1792년 5월 보스턴의 로버츠(Roberts) 선장⁴⁾이 발견한 군도의 루아후가(Rooahooga)섬에 닿기 위해 북쪽으로 조금 더 나아갔다. 이 군도는 로버츠 선장이 '워싱턴제도'라고 이름했다. 그는 제도의 다른 섬들에 애덤스(Adams), 제퍼슨(Jefferson), 해밀턴(Hamilton) 등등의 이름을 붙였다. 잉그램 선장⁵⁾이 앞선 해(1791)에 같은 곳에서 이 섬들을 보았으나 그 위치만 지목하는 데 그쳤다.

워싱턴제도의 진정한 발견자

아메리카 북서 해안으로 무역 항행에 나섰던 프랑스 솔리드(Solide)호의 마르샹(Marchand) 선장⁶⁾이 1791년 6월 20일 워싱턴제도의 섬 몇 개를 보았고, 그 섬들의 위치를 확정했다. 영국 해군인 허게스트 중위가 1792년 3월 30일 그 섬들을 보았고 해안을 탐사했으며, 그곳의 해도를 만들었고 그 어떤 항해자보다도 자세하게 그곳을 기술했다. 아마 잉그램 선장과 로버트 선장

---

4) 포터 함장은 '로버트 그레이'를 '로버츠'로 착각한 듯하다. 로버트(Robert Gray, 1755~1806)는 미국 보스턴의 상선단 중 컬럼비아(Columbia)호 선장으로서 1790년대 초 북미 대륙 북태평양 연안에서 모피 무역을 개척했으며, 캐나다 컬럼비아강은 그가 몬 배의 이름을 따서 1792년에 붙여졌다. 그는 미국인 최초로 세계 일주 항해를 했다.
5) 잉그램(Joseph Ingraham, 1762~1800)은 미국 보스턴의 상선단 중 호프(Hope)호 선장으로서 1790년대 초 로버트 그레이 선장과 함께 북미 대륙 북태평양에서 모피 무역을 개척했다.
6) 마르샹(Étienne Marchand, 1755~1793)은 솔리드 탐험대(Solide Expedition)를 이끌고 프랑스 항해자 중 두 번째로 세계 일주 항해(1790~1792)를 했으며, 북미 대륙 북태평양 연안과 중국 사이에서 모피 무역을 개척했다.

이 그곳을 먼저 발견하고 이름을 붙였다는 것을 모르고 마르샹 선장과 허게 스트 중위는 각각의 섬에 이름을 부여했을 것이다.

프랑스 선장이 섬들을 보고 화주들과 그 자신, 그리고 장교들에게 경의를 표하며 '마르샹섬', '보(Baux)섬', '레 되 프레르(Les Deux Freres)섬', '마스(Masse)섬', '샤날(Chanal)섬'이라는 이름을 붙였다. 허게스트 중위는 프랑스혁명을 기념하여 제도를 '레볼루션(Revolution)제도'라고 이름 지었고, 또한 '써 헨리 마틴(Sir Henry Martin)섬', '리온(Rion)섬', '트레바니언(Trevanien)섬', '허게스트바위'라고 명명했다. (이전의 발견을 알았기 때문에) 중위는 섬 중에 두 개는 로버츠(Robert)섬의 이름을 유지하도록 했을 것이다. 허게스트 중위는 디딜러스(Daedalus)호에 보급품을 싣고 밴쿠버 함장과 합류하기 위해 가는 길에 샌드위치제도(Sandwich Islands, 오늘날의 하와이제도)에서 살해되었다. 밴쿠버 함장은 그의 불운한 친구를 추모하며 워싱턴제도를 '허게스트제도'라 이름 붙였다. 내가 앞서 언급한 것처럼 제도에 접근하는 시점에 위의 어느 항해자도 그 섬들이 미국인들에 의해 몇 달 전에 발견되었고, 이름 붙여졌다는 사실을 몰랐다. 그러나 마르샹 함장은 중국의 광동(Canton)에서 이 사실을 알았음에도 불구하고 여전히 이 섬들에 이름 붙일 권리가 있다고 생각했다.

허게스트 중위는 미국인 선장들이 섬들을 발견한 후 거의 2년이 지나서 이곳을 발견했다. 미국인 선장들이 발견한 사실을 그가 몰랐을 가능성은 낮다. (허게스트 중위를 언급하고 있는) 밴쿠버의 항해 기록에는 미국인들의 발견에 대한 언급이 없고, 잉그램이 자신의 발견을 공개한 이후에 밴쿠버의 항해가 비로소 대중에게 알려졌다. 그러므로 1791년 5월 이전에는 세상에 알려지지 않았던 이 제도를 우연히 발견했다는 이름뿐인 영예를 (새로운 발견의 공을 자신에게 귀속시키는 데 언제나 혈안이 된) 영국인들이 미국인들에게 돌리려고 했다니 믿을 수가 없다. 명백히『밴쿠버 항해기』와 경쟁하기 위해 쓴 『마르샹 항해기』[7]의 편집자인 박식한 플러리외[8]조차도 비뚤어진 애국심이라고 스스로 경멸한 오류에 빠졌는데, 그는 우리의 우선권에도 불구하고 마르샹 선장의 발견에 근거하여 이 섬들에 그가 부여한 이름을 그대로 붙였다. 플러리외는 미국 사람들이 이 섬들을 먼저 발견했다는 것을 인정할 수 있었지만, 그의 비뚤어진 애국심 때문에 우리나라 사람들이 이 섬들에 부여한 이름은 쓸 수가 없었다. 플러리외는 이 발견을 마르샹 항해에서 가장 눈에 띄는 성과의 하나로 만들고, 영국 해군 허게스트가 그곳을 방문하기 전에 프랑스인이 이 섬들을 봤다는 것을 적잖이 기뻐한다. 그러나 역사와 지리는 잉그램의 발견을 정당화할 것이다. 영국과 프랑스의 열성적인 지지자들이 지금 이 섬들을 어떤 이름으로 부르든, 후세는 이 섬들을 워싱턴제도로만 알 것이다.

1813년 10월 24일

24일 아침, 워싱턴제도에 속한 루아후가섬(원주민들에 의해 이렇게 불렸고, 우리는 '애덤스섬'[9]이라 불렀다.)을 보았다. 처음 봤을 때는 우리가 아주 오랫동안 있었던 메마르고 황폐한 갈라파고스제도보다 더 나아 보이지는 않았

---

7) 불어판 제목은 *Voyage autour du monde, pendant les années 1790, 1791 et 1792, par Étienne Marchand*이고, 영어판 제목은 *A Voyage round the World Performed during the Years 1790, 1791, and 1792, by Etienne Marchand*로, 각각 파리(1800년)와 런던(1801년)에서 출간되었다.

8) 플러리외(Charles Pierre Claret Fleurieu, 1738~1810)는 프랑스의 출판 편집자였다. 포터의 책에는 'Feurien'으로 표기되어 있으나 'Fleurieu'로 정정하였다.

9) 미국의 2대 대통령 애덤스(John Adams, 1735~1826, 재임 1797~1801)의 이름을 따서 붙여졌다.

다. 그러나 가까이 가 보니 비옥한 계곡들은 좋은 개울과 집들 그리고 우리를 상륙하라고 초대하는 언덕 위의 원주민들로 인해 더욱 아름다워 보였고, 우리가 막 방문하려는 섬들이 가진 장점을 돋보이게 했다. 실제로 섬 남동쪽을 돌면서 본 엄청 비옥한 땅은 우리가 경험하지 못한 흥분을 일으키게 했고, 섬의 많은 나무에 열매가 열려 있어 열매를 따 먹고 싶은 생각이 들게 했다.

애덤스섬의 원주민을 만나다

섬 남동쪽을 돌고 있을 때 여덟 명의 원주민을 태운 카누가 오고 있는 것이 보였다. 한 사람이 배 앞쪽에 앉아 있었고 머리를 노란 나뭇잎으로 장식하고 있었는데, 멀리서는 깃털로 보였다. 그들은 아주 조심스럽게 우리 배에 접근했고, 우리가 바짝 다가가기까지는 감히 옆에 오려고 하지 않았다. 쇠테(iron hoop) 몇 개와 칼, 낚싯바늘 그리고 그들이 가장 좋아하는 몇몇 물건을 주겠다고 했음에도 그들을 우리 배에 타게 하는 데는 실패했다. 우리배에는 타헤이테섬(Otaheite, 현재의 타히티섬)의 원주민이 타고 있었는데, 쉽지는 않지만 우리의 뜻을 그들에게 이해시키고 우리의 우호적인 의향을 거듭 확신시켜 주었다.

원주민들은 선미 아래로 다가왔고, 우리는 위에서 언급한 물건 몇 가지를 밧줄로 단단히 묶은 통에 넣어 그들에게 내려보냈다. 그들은 같은 두레박에 물고기와 그들이 가진 유일한 교환품들인 코코넛 섬유로 만들고 돼지의 작은 이빨로 장식한 벨트를 우리에게 올려보냈다. 그들은 친구를 의미하는 '타야(taya)'라는 말을 자주 반복하며 우리를 해안으로 초대하면서 가장 확실한 몸짓으로 우리가 환영받을 것임을 확신시켰다. 나는 식량을 조달하려고 마음을 졸였으나 그보다도 세상에 거의 알려지지 않은 사람들에 대해 알아보고 싶은 마음이 앞섰다.

카누 중 하나가 흰 깃발을 펼쳤다. 나도 평화를 표시하는 유사한 기장을 보였고, 잠시 후에 그들이 배 가까이 오는 것을 두려워한다는 것을 알아차렸다. 나는 보트 두 척에 사람을 태우고 무장시켜 곧 그들에게 접근했다. 그

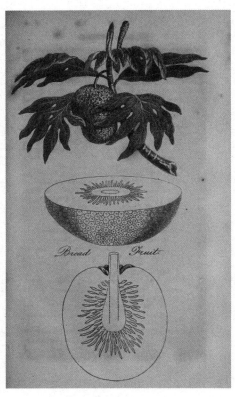

빵나무 열매[11]

런 후에 타헤이테 사람을 시켜 우리는 호의를 갖고 있고, 그들이 팔아야 하는 돼지·플랜테인·빵나무열매[10]·코코넛 등등의 물품을 살 의향이 있음을 알렸다.

약 두 시간을 이 사람들과 보낸 후, 나는 바람이 불어가는 쪽으로 2마일(3.7㎞) 거리에 약 50명의 남자와 3명의 여자 원주민이 모여 있는 조그마한 만으로 나아갔다. 몇몇 남자들은 검은 깃털, 우리가 앞서 산 것들과 비슷한 커다란 목걸이, 그리고 종이 같아 보이는 흰색 천으로 만든 일종의 망토 등으로 아주 많은 장식을 하고 있었다. 남자들은 또한 예쁜 흰색 부채를 손에 들고 있었고, 손목·발목·허리에

---

10) 빵나무 열매(breadfruit)는 '빵나무(bread tree)'라 불리는 나무의 열매로, 익히면 빵 맛이 난다.

11) 출처: *Journal of a Cruise Made to the Pacific Ocean, in the United States Frigate Essex, in the Years 1812, 1813, and 1814.* 1815.

사람 머리카락으로 된 큰 타래를 두르고, 명백히 가짜 귀처럼 보이는 커다란 타원형 장식을 귀에 달고, 커다란 조가비와 고래 이빨[12]로 된 목걸이를 하고 있었다. 누구도 멋있어 보이지 않는 이가 없었다. 모두가 아주 많은 문신을 하고 있었고, 그들 중 가장 잘 차려입은 이가 족장으로 보였다. 나는 우리의 목적은 교역이고, 그들이 좋아할 만한 낚싯바늘·쇠테·칼을 보여 주면서 우리는 철저하게 우호적인 의향을 가지고 왔다는 것을 그에게 이해시켰다. 그들은 '오타우(Othauough)'라고 불리는 족장이 아직 도착하지 않았다는 것을 나에게 알렸다.

몇 분 후, 그들은 요부 부근에 천 한 조각과 관자놀이 부근에 야자수 잎으로 된 작고 가는 띠를 두른 것 이외에는 거의 헐벗은 채 다가오는 한 노인을 가리키며 이 사람이 족장이라고 나에게 말했다. 그의 몇 마디 말에 사람들은 무기와 장신구를 버리고 보트에 가기 위해 물에 뛰어들었다. 나는 각자에게 조그마한 선물을 주었으나 그들은 여자들 이외에는 답례로 줄 것이 아무것도 없었다. 예쁜 두 여자는 열여섯 살이 채 되어 보이지 않았다. 그들은 이 두 여자를 자신들이 줄 수 있는 최고의 선물이라고 생각했다.

이 섬의 남자들은 키도 크고 몸매도 균형이 잡혀 멋있어 보였다. 그들은 다양한 생김새와 특징들을 가졌고, 피부색도 아주 달랐지만 대다수가 구릿빛이다. 그러나 일부는 따뜻한 기후의 햇볕에 많이 노출되어 일하는 백인의 피부색과 거의 비슷했다. 노인들(특히 족장들)은 완전히 검었다.

검은 피부의 원인을 알기 위해서는 엄밀한 조사가 필요했지만, 아마도 몸 전체를 덮고 있는 문신이 전적인 이유인 것 같았다. 자세히 살펴보면 고도의 정확성과 심미성, 대칭을 가지고 그려진 수많은 곡선과 직선과 불규칙한

---

12) 수공예 조각을 한 고래 이빨(whale tooth)은 고가에 거래되었다.

선으로 된 문신을 찾을 수 있으나 분명한 질서나 구체적인 디자인은 없어 보였다. 문신 장식과는 대조적인 밝은 피부의 젊은 남자들은 문신으로 뒤덮인 남자들보다 한눈에 봐도 확실히 더 잘생겼다. 잠시 후 우리는 옷이 유럽인을 위한 것이라면 문신은 섬의 원주민들에게 필요한 장식품이라는 생각에 이르렀다.

젊은 여성들은 아름답고 균형이 잘 잡혀 있었다. 피부는 정말 부드럽고 매끄러웠고, 얼굴색은 아름답기로 유명한 우리 고국의 브루넷[13]보다 더 어둡지는 않았다. 그들은 우리가 고국을 떠난 이후로 방문한 곳의 어떤 여인들보다 더 수줍어했다. 그럼에도 만약 이 여인들이 이방인들에게 알몸을 보이는 것을 주저했다면 (비록 소심함과 주저함이 있었지만), 그것은 최고의 환대에 자신을 희생하도록 가르친 관습을 어기는 것이 된다.

원주민의 카누

원주민의 카누는 일반적으로 길이 40피트(12.2m), 넓이 13인치(33cm) 그리고 깊이 18인치(45.7cm)다. 카누는 여러 조각의 빵나무로 만드는데, 널빤지 형태로 자르고 코코넛 바깥 껍질의 섬유로 함께 꿰맨다. 솔기는 대나무 조각으로 안과 밖을 덮고, 마른 코코넛 껍질로 만든 뱃밥으로 채워 넣으면서 널빤지 각각의 가장자리를 꿰맨다. 이 가장자리에는 물을 퍼내기 위해 한두 사람을 지속해서 써야 할 만큼 물이 많이 샌다.

용골은 카누 길이에 해당하는 하나의 목재로 만드는데, 카누의 모양대로 속을 파내면 배 전체를 강화시키고 곧게 유지해 준다. 칸막이식으로 놓인 세 개의 얇은 널빤지가 내부를 네 부분으로 나누고, 배가 분리되거나 오그라

---

13) 브루넷(brunette)은 피부, 머리, 눈이 거무스름한 백인 여성을 가리킨다.

드는 것을 막는 늑재(肋材) 역할을 한다.

가볍고 긴 나무 조각을 선수, 중간, 선미에 연결해 만든 현외 장치[14]는 카누의 좁은 폭으로 인해 자주 일어나는 전복을 막는다. 편평한 뱃머리의 장식 부분은 약 2피트(0.6m) 정도 돌출되어 있고, 위쪽 표면에 동물의 머리가 조잡하게 조각되어 있다. 가끔은 조잡하게 조각된 남자의 형상이 받드는 조그만 판자가 그곳에 덧대어져 있다. 썰매 활주부 모양 혹은 네덜란드 스케이트 앞부분 모양으로 6~8피트(1.8~2.4m) 길이의 가느다란 돌기 형태가 선미로부터 나와 있다.

노는 잘 손질된 단단한 검은 목재로, 아주 산뜻하게 만들어졌다. 손잡이는 가늘고, 노깃은 타원형이고, 아래쪽으로 내려갈수록 넓어지다가 매의 부리처럼 어떤 지점에서 갑자기 끝나버린다.

어느 카누도 돛을 달고 있는 것은 없었고, 충분한 기술과 솜씨 없이도 조종되는 것 같았다.

---

14) 현외(舷外) 장치(outrigger)는 카누의 안정성 확보를 위해 좌현 또는 우현 바깥으로 노걸이 받침대 등이 붙은 장치다. 선체의 안정성을 꾀하는 장치로, 남태평양 해역의 배에서 많이 볼 수 있다.

3장
매디슨섬
하파 전쟁

1813년 10월 25일, 매디슨섬 도착

다음 날 날이 밝자마자 내가 앞으로 '매디슨섬'이라 부를 누아히바섬을 향해 출항했다. 그곳은 우리의 서쪽 방향 10리그(55.6㎞) 정도 되는 거리였다. 그날 새벽에 나는 매디슨섬에 정박하기 위해 나포선들에게 전진 신호를 보냈으며, 그곳을 발견한 최초의 항해자로 보이는 허게스트 중위가 '컨트롤러(Comptroller)만'이라고 이름 지은 바람에 노출된 만 동쪽 포인트에 배를 정박시켰다.

매디슨섬의 백인들

묘박한 직후 백인 세 명을 태운 보트 한 척이 해안에서 다가오는 것을 보았다. 한 명은 요부 주변에 천 한 조각을 두른 것 외에는 완전히 알몸이었고, 몸은 문신으로 완전히 덮여 있어서 그가 이곳이나 다른 섬에 오랫동안 있었다고 확신했다.

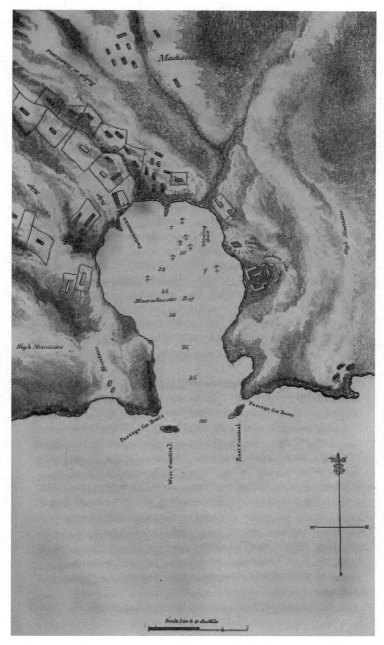

누아히바섬(매디슨섬)의 매사추세츠만[1]

1) 출처: *Journal of a Cruise Made to the Pacific Ocean, in the United States Frigate Essex, in the Years 1812, 1813, and 1814*, 1815.

매사추세츠만의 매디슨빌, 에식스호와 나포선들[2]

---

2) 출처: *Journal of a Cruise Made to the Pacific Ocean, in the United States Frigate Essex, in the Years 1812, 1813, and 1814.* 1815.

나는 그들이 어떤 배에서 도망쳐 온 선원들이라 짐작했다. 이런 인상 때문에 그들이 배 가까이 오는 것을 허락하지 않았을 뿐만 아니라 그들과 우리 선원이 어떤 대화를 나누는 것도 용납하지 않았다. 원주민 이외에는 누구도 만나리라 기대하지 못한 곳에서 탈주자로 의심되는 인간들을 만난 것이 화가 났고, 그들 때문에 발생할 성가신 일을 걱정했다. 잠시 고민 후 그들의 질문에 답하기를 거절했고, 배에서 떠나도록 지시했다.

몇 척의 카누가 우리에게로 다가왔고, 백인들은 그들과 합류하여 해안으로 노를 저어갔다. 그들이 해안에 도착했을 때, 창과 곤봉으로 무장한 수많은 원주민이 그들 주변에 모여들었다. 내가 뭔가 실수한 것 같은, 이 낯선 이들을 좀 더 점잖게 다뤘어야 하지 않았나 하는 불안감이 생겼다. 가능한 한 빨리 내 잘못을 바로잡기 위해 네 척의 보트에 해병대원들을 무장시켜 해안으로 데리고 갔다. 우리가 접근했을 때 해변은 텅 비어 있었다. 상륙하면서 나는 보트에 타고 있던 사람들 중 한 명을 만났다. 놀랍게도 그가 미 해군 장교 후보생 존 모리(John M. Maury)인 것을 알게 되었다.

모리는 휴가차 루이스(Lewis) 중위와 함께 상선 펜실베이니아 패킷(Pennsylvania Packet)호로 미국을 떠나 광동으로 향했다. 이 과정에서 루이스 중위와 모리 일행은 백단목[3]을 구하기 위해 이 섬으로 왔다. 여기서 루이스는 여러 달 머물면서 백단목을 실은 뒤 모리와 부대원 그리고 교역품의 나머지를 남겨 둔 채 광동으로 떠났다. 루이스 중위가 돌아오기까지 약 두 달이 걸릴 예정이었다. 그러나 우리가 여기에서 제일 먼저 전한 전쟁 소식은 루이스를 다시 만나리라는 모리의 기대를 무너뜨렸고, 따라서 모리와 부대

---

3) 백단목(sandal wood)은 열대지방에서 자생하는 나무로, 향료·약품·세공품 따위에 많이 쓰인다.

원들은 이곳을 벗어날 어떤 가능성도 없었기 때문에 나의 배에 자신들을 태워 달라고 요청했다.

앞서 말한 알몸으로 배에 다가온 남자는 영국 출생 '윌슨(Wilson)'이라는 사람으로, 그는 워싱턴제도와 마르케사스제도에서 여러 해 살았다. 모국어만큼이나 쉽게 원주민 언어를 사용했고, 피부색을 제외하면 모든 면에서 원주민이었다. 윌슨의 외모 때문에 내가 선입견을 품었지만, 곧 그가 악의 없이 솔직하고 마음씨 좋은 사람이고, 힘닿는 데까지 도움을 주는 좋은 성품을 지녔다는 것을 알게 되었다. 그의 유일한 흠은 술에 빠져 있다는 것이다.

윌슨은 곧 나를 포함하여 모든 사람이 아주 좋아하는 인물이 되었다. 그는 우리에게 없어서는 안 될 사람이 되었고, 그의 도움 없이는 섬에서 잘 해내지 못했을 것이다. 원주민에 대한 그의 지식과 언어 능력은 우리가 원주민과 교류하는 데 어려움이 없도록 해주었다. 나와 원주민 사이에 이루어진 향후의 모든 회담과 대화에서 윌슨이 소통 창구로서 서로를 이해할 수 있게 해주었다. 그래서 통역가의 도움을 받았다고 말할 필요가 없을 정도로 나는 항상 그와 함께 있었다. 이것이 그때 윌슨에 대한 나의 인상이다. 그러나 이후로 나는 그가 노련한 위선자이자 악인이라는 것을 알게 되었다.

다른 누구와도 동행하지 않고 해안에 들어서서 모리가 거주하는 집 가까이에 모여 있는 원주민들에게 걸어가자, 그들 모두의 불안이 사라지는 것 같았다. 멀리 물러나 있던 여자들이 남자 원주민들과 합류하기 위해 내려왔다. 해병대원들과 나머지 사람들의 상륙조차도 그들을 불안하게 만들지는 않는 것 같았다. 그들은 북소리에 아주 즐거워했고, 해병대원의 절도 있는 움직임에 많이 놀라는 듯이 보였다. 원주민들은 해병대원들이 다른 사람들과는 다른 부류의 영혼이나 존재라고 말했다.

매디슨섬의 상황을 원주민으로부터 들음

계곡 주변 산에 수많은 원주민이 모여 있는 것을 보고 내가 그 이유를 물었다. 그러자 산 너머 호전적인 부족이 이 골짜기 마을의 원주민들과 몇 주 동안 전쟁 중인데, 그들이 여러 차례 마을을 침입해서 많은 집과 경작지를 파괴했고, 엄청난 수의 빵나무 껍질을 고리 모양으로 벗겨서 고사시켰다고 말했다. 또한 그들이 그날도 공격해 올 계획이었으나 배들이 출현해서 단념한 것 같다는 말도 했다.

나는 원주민 한 사람이 하파(Happahs)족[4]에게 가서 내가 그들을 섬에서 쫓아낼 수 있는 강력한 군대를 데려왔다고 말하라고 지시했다. 내가 마을에 머무는 동안 그들이 마을로 들어오면 응징하기 위해 군인들을 보낼 테니 내가 있는 동안 모든 적대 행위를 멈추도록 경고했다. 그리고 마을의 주민들에게 피해 입히고 괴롭히는 것은 허용하지 않겠지만, 만약 그들에게 돼지나 과일이 있다면 우리에게 와서 자유롭게 거래할 수 있다고 말했다.

가타네와 족장의 손녀

여러 곳으로 흩어져 버린 장교들과 승무원들을 모으기 위한 조처를 취하는 중에 내 관심은 그 순간 모습을 드러낸 한 사람에게 끌렸다. 열여덟 살 정도로 보이고, 안색은 평균보다 더 밝고, 자세는 위엄이 있고, 다른 여자들보다 더 낫고 달라 보이는 옷을 입은 아름다운 젊은 여자가 다가왔다. 그녀의 광택 나는 검은 머리카락과 피부는 코코넛 기름으로 듬뿍 발라져 있었고, 몸

---

4) 포터와 대화를 나누는 부족은 타이족이다.

전체와 외관은 단정하고 말쑥했다. 이 고귀한 인물이 누군지에 대한 질문에 그녀의 이름은 '피티니(Piteenee)'이고, 이 골짜기에서 가장 위대한 가타네와(Gattanewa) 족장의 손녀라는 답을 들었다.

이 숙녀—얼굴에는 다른 사람들의 얼굴에 활기를 주는 그런 장난기 있는 미소는 볼 수 없는—는 지위와 아름다움 때문에 아주 존중받고 있어서 정략적으로 이 고귀한 인물에 관심을 가지는 것이 필요하다고 느꼈다. 내가 접근하자 그녀는 공주에게 어울릴만한 냉담함과 오만함으로 나를 대했고, 친해지려고 하는 행동은 근엄하게 거부하여 나를 놀라게 했다. 그러나 섬의 나머지 여자들처럼 이 숙녀도 자신이 하고 싶은 일을 했고 한 장교와 관계를 가졌는데, 이 관계는 우리가 머무는 동안 지속되었다. 하지만 그녀는 진정성이 거의 없었고, 전반적으로 가장 소문난 탕녀임이 드러났다.

가타네와 족장에게 연락을 취함

내가 입항했을 때, 가타네와 족장이 요새화된 마을에 있다고 들었다. 그곳은 가장 높은 산 중 하나로, 정상에 있다고 사람들이 나에게 알려 주었다. 원주민들은 두 개의 요새를 가지고 있는데, 하나는 앞서 언급한 산의 정상에 있고 다른 하나는 마을 아래에 있으면서 주요한 길목을 지킨다.

이런 장소를 요새화하는 방법은 요새 가장자리에 40피트(12.2m) 높이의 큰 나무들을 촘촘히 세우고, 목재 조각으로 나무들을 교차하며 단단하게 얽어매어 고정하고, 유럽 대포를 사용해야 할 만큼 상당한 규모의 장벽을 산마루 위에 치는 것이다. 장벽 뒤에는 비계를 올려놓았고, 비계 위에는 사다리로 올라온 용사들이 설 수 있는 발판이 있어 거기서 적에게 창과 돌을 던진다. 지금 가타네와 족장이 있는 곳은 도랑이나 해자로 이용하기 위해 원주민들이 산을 파내 만든 골짜기 근처인데, 이 엄청난 것을 만들기 위해 많은 노동력이 들었음이 틀림없다. 다른 요새는 좀 더 오른쪽에 있고, 내가 앞서 본 것보다 더 아래에 있다.

나를 소개할 수 있는 족장이 있다는 사실을 알자마자 그를 만나고 싶어졌다. 그래서 전령을 보냈고, 승무원들을 집합시킨 후 배로 돌아왔다. 배에 도착한 직후, 나는 모든 승무원이 이 항구에서 묘박하기를 원한다는 것을 알았다.

원주민 여성들의 환영

배들이 육지 가까이 묘박했을 때 해안에는 남녀 원주민들이 줄을 지어 있었다. 여자들이 다수였는데, 이들은 우리가 해안으로 오도록 '카호스(cahoes)'라는 흰색 외투를 흔들었다. 나를 초대하려는 많은 시도가 있었고, 나는 더 이상 거부하는 것이 어렵다고 생각했다.

보트들이 해안으로 나아갔는데, 상륙하자 배로 가겠다고 억

누아히바섬의 여성[5]

지를 부리는 여자들에 의해 보트들은 완전히 점령당했다. 잠깐 사이에 배는

---

5) 출처: *Journal of a Cruise Made to the Pacific Ocean, in the United States Frigate Essex, in the Years 1812, 1813, and 1814.* 1815.

열 살부터 예순 살까지 모든 연령과 계층의 사람들로 완전히 둘러싸였다. 어떤 사람들은 아름다워서 놀라웠고, 또 어떤 사람들은 못생겨서 놀라웠다. 그들 모두는 가장 평범한 사람들이고, 대부분이 이전에 이곳에 왔던 배들을 으레 방문했기 때문에 선원들에게서 몇 개의 영어 단어를 배웠다. 그들이 단어들을 알아듣기 쉽게 발음해서 잘 못 알아들을 수가 없었다.

원주민의 교역품

유럽이나 아메리카의 어떤 보석도 여기서는 고래 이빨이 지닌 가치의 절반만큼도 평가받지 못한다. 원주민들이 이런 귀중한 보물 하나를 가지게 되면 기쁜 나머지 발작적으로 울고 웃는 것을 보았다. 아름답게 다듬어진 상아[6]일지라도 값으로는 비교할 수 없었다. 또한 상아를 고래 이빨 모양으로 만들어 하층 계급과 가난한 사람들이 귀걸이로 사용했는데, 상위 계급과 부자들만 고래 이빨을 사용했다. 300톤의 짐을 실을 수 있는 배에 백단목을 가득 실으려면 큰 고래 열 마리의 이빨을 주어야만 하는 것으로 보아, 원주민들이 고래 이빨을 얼마나 소중히 여기는지 알 수 있다. 고래 이빨을 얻기 위해서라면 원주민들은 먼 산에서 백단목을 잘라 와 배에 실으려 할 것이다.

백단목은 중국에서 거의 100만 달러의 가치일 것이다. 나는 중국인들이 이 나무를 아주 높이 평가하는 것을 알고 있다. 사실 백단목에 대한 중국인의 심취 정도는 고래 이빨에 대한 원주민들의 인식과 맞먹는다. 내가 보기에 그 나무는 광택이 많이 나는 것도, 좋아할 만한 색깔도 아니다. 중국인들에게 백단목의 주요 쓰임새는 향이 좋아 사원에서 태우거나 기름을 추출하

---

6) 바다코끼리 같은 큰 바다 생물의 어금니

는 것인데, 그들은 이 나무를 아주 가치 있다고 여긴다.

가타네와 족장 만남

가타네와 족장이 도착했다는 말을 들은 나는 족장에게 경의를 표하고, 우호적인 태도를 확신시키기 위해 해안에 있는 그에게 좋은 영국산 암퇘지를 보냈다. 원주민들은 이 동물의 혈통 개량을 특별히 원하기 때문에 고래 이빨을 제외하고 암퇘지는 내가 그에게 보낼 수 있는 가장 멋진 선물이라고 들었다. 해안으로 선물을 보낸 직후에 가타네와는 내가 보낸 보트로 모리와 함께 배에 올라왔다.

섬에 도착하고 나서 몇 명의 전사들을 보니 그들 대부분이 수탉과 군함새의 깃털과 열대새의 긴 꼬리 깃털로 만든 장식을 많이 하고 있었다. 그리고 커다란 머리카락 타래로 허리와 발목과 요부 주변을 묶어 두르고 있었다. 이 전사들 일부는 붉은 천의 망토를, 대다수는 나무껍질로 만든 흰 종이로 된 망토를 어깨 위에 우아하게 걸치고, 고래 이빨이나 상아 또는 하얗게 칠한 부드럽고 가벼운 목재로 만든 둥글거나 타원형의 큰 장신구를 귀에 달고 있었다. 목에는 고래 이빨이나 잘 다듬어진 조가비를 걸고, 요부에는 더욱 튼튼한 종류의 종이 천을 여러 번 두르고, 천의 끝부분은 앞치마처럼 앞에 늘어뜨리고 있었다. 이것이 검고 잘 다듬어진 약 12피트(3.7m) 길이의 창이나 화려하게 새겨 어깨 위에 얹은 곤봉과 더불어 원주민 전사의 옷과 도구를 구성한다. 전사의 몸은 우리의 찬탄을 자아낼 만한 문신으로 고귀하고 우아하게 장식되어 있었다.

가타네와가 모습을 드러냈을 때 나는 매우 놀랐다. 그는 일흔 살의 쇠약한 노인으로, 요부 주변의 천 조각과 머리 주변에 묶은 야자 나뭇잎을 제외하고는 다른 옷이나 장신구가 없었기 때문이다. 그는 걸을 때 기다란 막대기에 의지하는 것 같았다. 얼굴과 몸을 덮고 있는 문신으로 인해 흑인만큼이나 검었고, 피부는 거친 데다가 카바(kava, 사람을 취하게 만드는 뿌리)를 과하게 마셔서 각질이 푸슬푸슬 벗겨 떨어지는 것처럼 보였다. 이것이 가타네와가 보여 준 모습이었다. 족장은 우리를 방문하기 전에 카바를 잔뜩 마셔서 아주 멍해 보였다. 헤어지면서 그는 나에게 하파족과의 전쟁에 도움을 요청했다. 나는 하파족이 마을로 쳐들어오면 그와 부족민을 보호하겠지만, 그런 경우가 아니라면 어떤 적대 행위에도 관여하지 않겠다고 그에게 말했다.

배 수리와 하파족의 침입

다음 날 아침, 가타네와가 돼지와 보트 몇 척 분의 코코넛과 플랜테인을 선물로 보내와서 여러 배의 승무원들에게 나누어 주었다. 이제 나는 돛을 접고 해안으로 가서 물통을 내려 그것으로 우리가 원하는 크기의 완벽한 울타리를 만들었다. 배를 해변으로 바짝 끌어당겨 본격적으로 수리를 시작했다. 울타리 안에 텐트가 쳐졌고, 해병대원들이 경비를 섰다.

오후에 장교 몇 명이 상륙하여 마을을 방문했을 때, 큰 무리의 하파족이 산에서 빵나무가 있는 계곡으로 내려와 빵나무를 훼손하는 것을 보았다. 나는 즉각 함포를 발사하여 모두 배로 귀환하라고 신호를 보냈다. 우리에게 우호적인 타이족이 산에서 내려오는 이들을 알아차리지 못했기 때문에 일부 부하들의 귀환이 차단될까 봐 걱정되었기 때문이다. 발포에 곧 하파족 주력이 멈춰 섰고, 곧이어 타이족이 그들에 대항하게 되자 하파족 모두가 산으로 되돌아갔다. 그러나 내가 이미 보았듯이, 하파족이 다시 도발해 올 수 있다는 것을 확신해 그들의 공격에 대비하기로 했다. 이런 생각을 가지고 각 배의 1/4 정도 인원을 캠프 경비를 위해 매일 밤 무장하고 육지에 내리게 했다. 이들에게는 마을 주변을 거닐고 즐기는 것이 허락되었다.

함포를 배에서 내림

하파족의 위협에 대해 어떤 조치를 취할지 일찌감치 생각해 보았는데, 내 주둔 목적에 부합하고 부하들의 안전이 보장되기만 한다면 그들과의 충돌을 최대한 피하기로 했다. 그래서 나는 그들이 더 이상의 적대 행위를 취하면 위험하다는 생각을 가지도록 함포 효능을 보여 주기로 결심했다.

가타네와는 매일 도와달라고 부탁했다. 나는 그의 부족이 무거운 6파운드 포를 내가 지목한 높은 산꼭대기로 옮기기만 하면 조작할 사람들을 보내서 아직도 언덕을 차지하고 있는 하파족을 쫓아낼 수 있다고 말했다.

골짜기의 모든 부족이 만장일치로 동의했다. 그래서 나는 함포를 육지에 내렸다. 하지만 그들이 정한 지점 절반에도 옮기지 못할 것이라고 짐작했다. 처음에 원주민 몇 사람이 대포를 옮기려고 했을 때 그들은 그 무게에 놀란 것 같았다. 처음엔 함포가 땅에 붙어서 절대 못 움직일 것이라고 그들은 장담했으나 곧 몇 사람을 더 붙여 들어 올렸고, 쉽게 옮기는 것처럼 보였다.

우리 캠프의 안전을 보강하기 위해 6파운드 포탄용 함포 한 문을 더 육지에 내렸고, 긴 장벽도 설치했다. 배에서 삭구를 즉시 떼어내고, 식량과 선용품과 탄약은 나포선으로 옮겨 실었다. 배의 이음새를 메우기[7] 위해 목수들

---

7) 목재로 건조된 배이므로 오랜 항해나 황천 항해로 벌어진 나무판자 사이의 틈새를 톱밥 등으로 메운다.

이 투입되었고, 대부분 썩고 오래된 물통을 통 제작자들이 새것으로 교체했다(우리가 나포한 배에 새 물통이 많이 있었다.). 승무원들은 삭구를 점검하고 수리했으며, 모두에게 일이 맡겨졌다. 오후 4시 이후에는 누구에게도 일이 주어지지 않았으며, 나머지 시간은 휴식하고 즐길 수 있었다.

하파족과의 전쟁 준비

하파족은 전투를 한번 해 보기로 마음먹었고, 만약 그들이 패하게 되면 화해를 원하겠지만 전투 전에는 아닐 것이다. 만약 그들을 이기게 된다면 지금처럼 내가 쉽게 화해를 해주지 않을 것이고, 그들이 내게 끼친 피해에 대해 대가를 치러야만 한다는 것을 곧 그들에게 알려 주었다. 그들은 자신들에게 충분한 과일과 돼지가 있고, 만약 내가 그들을 정복하면 내 마음을 사기 위해 모든 것을 바칠 수 있다고 알려 왔다.

이 이상한 부족이 우리에 대항하여 자신들의 무기를 시험해 보는 쪽으로 마음이 확고하게 기울어진 것을 보고, 나는 그들이 자신의 어리석음을 더 빨리 깨달으면 깨달을수록 우리 역시 그들이 언제 공격해 올지 모른다는 지속적인 불안에서 벗어나기 때문에 서로에게 더 낫겠다고 생각했다. 그리고 늦지 않게 우리의 의도를 그들에게 알려야만 우리의 머스킷이 더 큰 효과를 발휘할 수 있을 거리로 그들이 가까이 오는 것을 피할 수 있다고 나는 믿었다.

실제로 뭐든 해야 할 필요가 있었다. 하파족은 우리가 아무런 일도 하지 않으면서 계속 위협만 하고 있고, 공격하는 것을 두려워한다고 믿었기 때문이다. 우리가 공격을 두려워한다는 생각은 '티우호이(Tieuhoy)'라고 불리는 이 계곡의 사람들과 하보우(Havouhs)족, 파키우(Pakeuhs)족, 호아타(Hoattas)족 등에 퍼져 나갔다. 계곡은 작은 산들에 의해 여러 개의 작은 골짜기로 나누어져 있고, 각각의 조그만 골짜기에는 그들만의 법과 족장과 사제들이 있는 각기 다른 부족들이 살고 있다. 티우호이 계곡에는 모두 여섯 부족이 살고 있는데, 뭉뚱그려 '타이족'이라고 불린다. 이는 '친구'를 의미한다. 각 부족이 전장으로 보낼 수 있는 전사들의 수는 다음과 같다.

부 족	전사 수(명)
타이족	2,500
하파족	3,000
마아마투하(Maamatuhahs)족	2,000
타이피(Typees)족	3,500
쇼우니우(Showneus)족[8]	3,000
핫티카(Hatticahs)족	2,500
우히아호(Wooheahos)족	2,500
타투아(Tatuahs)족	200
합 계	19,200

원주민들의 전투 방식

원주민들의 일반적인 전투 양상은 지속적인 소규모 돌발 공격이다. 전투를 벌이는 부족들은 평지를 사이에 두고 양쪽 산등성이에 집결한다. 전투용 소라고둥 껍데기, 머리카락 장식, 귀 장식 등등으로 화려하게 차려입은 전사한두 명이 쏟아지는 창과 돌멩이를 뚫고(그들은 교묘하게 이것들을 피한다.) 상대편으로 춤을 추며 나가서 일대일 싸움을 건다. 뒤이어 많은 전사가 그를 따라 나가면 그는 뒤로 빠진다. 만약 뒤로 물러서는 중에 돌멩이에 맞아

---

8) 쇼우니우(Showneus)족은 '쇼우메(Shouemes)'족의 오기인 것 같다.

쓰러지게 되면, 바로 창과 전투용 곤봉으로 죽임을 당하고 이긴 부족이 시신을 가져간다.

그들은 교전에서 두 종류의 창을 사용한다. 그들이 가장 중히 여기는 창은 약 14피트(4.3m) 길이에 '토아(toa)'라고 불리는 단단한 검은 나무[9]로 만든 것으로, 상아에 대등할 만큼 광택을 낸다. 이 창은 아주 잘 손질해서 만드는데, 전사들은 이 창을 절대로 손에서 놓는 법이 없다. 다른 한 종류는 좀 더 작고 가벼운 목재로 만들어지며, 먼 거리에도 정확하게 던질 수 있다. 창 끝에서 일정 간격마다 빙 둘러 구멍을 내어 창이 몸을 뚫고 들어갈 때 그 무게 때문에 부러지게 만들어 창을 뽑아내기 더 어렵다.

투석기는 코코야자 껍질 섬유로, 최고로 깔끔하고 능숙하게 제작된다. 투석기로 던지는 돌멩이는 타원형으로 약 1/2파운드(0.23kg)이고, 나무껍질로 문질러 아주 매끈하게 만들었다. 허리에 찬 그물 안에 돌멩이를 넣고 다니며 머스킷과 거의 동일한 속도와 정확성으로 던진다. 어디를 타격하든 돌멩이는 효과를 발휘한다. 원주민들의 수많은 상처와 부러진 팔다리와 골절된 머리뼈는 날아다니는 이러한 무기를 피하는 그들의 민첩성에도 불구하고 투석기가 아주 효과적으로 사용된다는 것을 증명한다.

전사의 몸에서 창에 맞아 난 많은 상처, 일부는 몸을 꿰뚫은 상처, 돌멩이에 맞아 생긴 상처 등을 보는 것은 드문 일이 아니다. 나는 주먹이 들어갈 정도로 움푹 파인 머리뼈를 가진 전사들도 보았다.

---

9) 토아나무(toa-tree)는 전사를 의미하는 'toa'에서 유래했으며, '아이토(Aito)'라는 이름을 갖고 있기도 하다. 아주 무겁고 단단한 목재로. 건축재 또는 창과 곤봉 같은 무기의 재료로 사용되었고, 나무는 신성하게 여겨져서 마라이 주변에 심어졌다. 바늘처럼 생긴 잎 때문에 침엽수로 오해하지만 꽃이 피는 속씨식물이며, 30미터 이상의 키로 자란다.

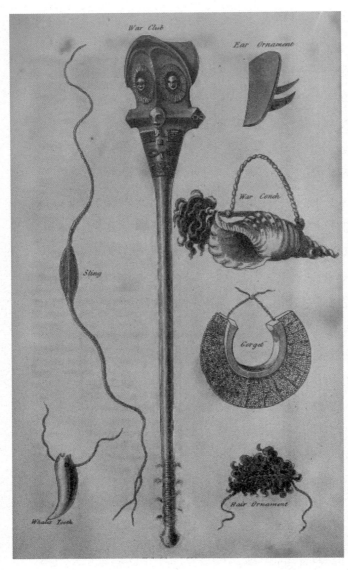

전사의 무기와 장식품 전투용[10) 곤봉, 귀 장식품, 전투용 소라고둥 껍데기, 목에 두르는 갑옷, 머리카락 장식품, 고래 이빨, 투석기 (12시부터 시계 방향)

---

10) 출처: *Journal of a Cruise Made to the Pacific Ocean, in the United States Frigate Essex, in the Years 1812, 1813, and 1814*. 1815.

1813년 10월 28일, 원주민들에게 함포 운반 요청함

10월 28일, 가타네와가 몇몇 전사들과 함께 와서 내가 전에 옮기라고 지시했던 그 산기슭에 함포가 있고, 내 부하가 산 정상에 도달할 때쯤이면 대포도 정상에 옮겨질 것이라고 알렸다. 산을 바라보면서 그들이 산에 오를 때의 어려움을 상상했을 때 그들이 나에게 한 말은 믿기 어려웠지만, 그래도 그들이 나를 속일 이유가 없다고 생각했다. 내일 아침 동틀 무렵에 머스킷으로 무장한 40명의 군인이 해안에 도착해 행군할 준비가 되어 있을 것이라고 그들에게 말했다. 군인들이 거추장스럽게 무기를 가지고 산에 오르는 것이 불가능할 수도 있으리라 생각해서 머스킷을 운반할 40명의 원주민과 식량, 6파운드 포의 탄약을 나를 동일한 수의 원주민을 나에게 보내라고 했다. 그들은 반드시 그렇게 하겠다고 약속했고, 모든 준비는 계획대로 이루어졌다. 현장의 지휘권은 다운즈 중위에게 맡겼다.

1813년 10월 29일, 승리

29일 아침, 주로 에식스 주니어호 승무원과 해병으로 구성된 파견대가 해안에 상륙해서 각 대원이 그의 무기를 운반할 원주민, 식량과 나머지 물건을 나를 다른 원주민과 함께 조를 이루었고, 나는 행군 명령을 내렸다.

11시경, 우리 병사들이 산을 차지하고 하파족을 이 봉우리에서 저 봉우리로 몰고 있는 것을 보았다. 하파족은 퇴각하면서 그들을 추격하는 우리 병사들에게 위협적인 몸짓을 보이며 저항했다. 미국 국기를 가지고 있던 한 원주민이 산을 뛰어다니면서 승리의 표시로 깃발을 흔들었다. 보통 우리 병사들의 후방에 있는, 평상시처럼 무장하여 큰 무리로 집결한 우리 편 원주

타이족의 주 전사인 모우이나[12]

민들이 하파족을 추격했고, 진홍색 망토로 잘 알려진 모우이나[11]가 홀로 무리 앞에 나와서 커다란 깃털을 흔드는 것이 보였다. 약 한 시간이 경과하면서 전투원들이 시야에서 멀어졌고, 4시경에야 다시 이들이 보였다. 원주민들이 산에서 내려오는 것을 발견했는데, 막대기에 시체 5구를 매달고 있었다.

곧이어 다운즈 중위와 부하들이 익숙하지 않았던 전투에 지친 상태로 캠프에 도착했다. 다음은 다운즈 중위의 설명이다.

다운즈 중위가 산 정상에 도달했을 때, 정상에 있던 하파족이 돌과 창으로 공격했다. 다운즈 중위는 이들을 이곳저곳으로 몰아붙였고, 적들은 앞서 설명한 가파른 산등성이에 세워져 있는 숲속의 요새로 피했다. 삼사천 명의 적들 모두가 여기서 저항했다. 그들은 잠시 숨을 돌리기 위해 멈춘 그곳에서 우리가 언덕에 오르는 것을 막았다. 다운즈 중위는 언덕을

11) 모우이나(Mouina)는 가타네와의 사위이자 타이족의 우두머리 전사다.
12) 출처: *Journal of a Cruise Made to the Pacific Ocean, in the United States Frigate Essex, in the Years 1812, 1813, and 1814.* 1815.

빠르게 오르라고 명령했다. 그 순간 돌멩이가 날아와 그의 복부를 타격한 탓에 그는 죽은 듯이 땅에 쓰러졌고, 동시에 창이 날아와 우리 전투원 한 명의 목을 관통했다. 이 때문에 다른 전투원들이 행동을 멈췄고, 그곳에서 더 이상의 진격을 하지 않으려 했다. 그러나 다운즈 중위는 곧 몸을 추스르고 걸을 수 있다는 것을 확인하고 공격 명령을 내렸다. 그때까지 우리 쪽에서는 아무것도 하지 않았다. 하파족이 판단하기에 자신들은 한 명도 다치지 않았기 때문에 그들은 우리 전투원들을 조롱했고 엉덩이를 내보였으며, 극한의 경멸과 조소를 보냈다. 우리 편 원주민들도 우리가 겉보기와는 달리 그렇게 무서운 사람들은 아니라고 생각하기 시작했다. 그래서 모든 위험을 무릅쓰고 요새를 점령하는 것이 절대적으로 필요하게 되었다. 우리 전투원들은 세 번 함성을 지르고 하파족이 강한 방벽 뒤에서 투하하는 창과 돌을 뚫고 나아갔다. 적이 퇴각을 생각하게 된 것은 우리가 요새를 쳐들어갔을 때였다. 이 순간 상대편 다섯이 총에 맞아 죽었다. 특히 그중 하나는 이마에 총구를 겨누어 머리 정수리가 완전히 날아갈 때까지 대항했다. 이 요새가 함락되자마자 모든 저항은 끝났다. 우리 편 원주민들은 시체를 모았고, 많은 이들이 골짜기에 있는 마을로 달려 내려가 북, 매트, 조롱박 그리고 여러 종류의 가재도구들뿐만 아니라 돼지와 코코넛 그리고 다른 열매 등을 약탈했다. 원주민은 또한 질이 가장 좋은 옷을 만드는 데 사용되는 식물도 대량으로 가져왔다. 이 식물은 거의 손목만큼 굵게 자라고, 그들이 아주 귀하게 여기는 것이다. 몇 안 되는 사람들이 자신들을 몰아낼 수 있으리라고 하파족은 생각지도 못했기 때문에 그들이 미처 치우지 못한 물건도 원주민들은 약탈품으로 가득 싣고 왔다.

나는 총 맞고 쓰러진 사람을 대하는 원주민들의 태도를 보고 놀랐다. 원주민들은 전투용 곤봉을 들고 그들에게 달려가서 곧바로 죽였다. 그런 다음 저마다 자기 창을 피에 적시기를 원하는 것 같았는데, 아무리 창을 닦으라고

섬사람들의 북[13]

해도 듣지 않았다. 창은 죽은 전사의 이름을 갖게 되고, 전리품으로서 창의
가치는 엄청나게 올라갔다.

타이족의 두려움을 진정시킴

가타네와의 집에 갔다. 그 집에는 끔찍할 만큼 비통에 찬 여자들로 가득
차 있었고, 큰 무리의 원주민 남자들이 그들을 둘러싸고 있었다. 내가 나타
나자 겁에 질린 외침이 있었고, 공포와 불안에 찬 그들의 시선이 나에게 꽂
혔다. 나는 가타네와의 아내에게 가서 왜 이러는지 물었다. 그녀는 우리가
하파족을 무찔렀기 때문에 자신들도 화를 당할까 봐 두렵다고 말했다. 그녀
는 내 손에 키스하며 눈물을 흘렸다. 그런 다음 내 손을 그녀의 머리에 올리

---

13) 출처: *Journal of a Cruise Made to the Pacific Ocean, in the United States Frigate Essex,*
   in the Years 1812, 1813, and 1814. 1822.

고 무릎을 꿇고 내 발에 키스했다. 우리의 노예가 되어 봉사하길 원하고, 그들의 집·땅·돼지 그리고 그들이 가진 모든 것을 우리에게 바치겠다고 말했다. 그리고 그녀와 자식과 가족들에게 자비를 베풀어 그들을 죽음으로 내몰지 않도록 간청했다.

그들의 공포는 절정까지 다다랐는데, 경비병을 대동하여 나타난 내가 그들에게는 그저 파괴의 악마로만 보이는 것 같았다. 나는 저자세의 불쌍한 노파를 일으켜 세우면서 티우호이 계곡에 사는 어느 누구도 해칠 생각이 없으니 근거 없는 두려움을 없애라고 말했다. 만약 하파족이 우리의 앙갚음을 자초했고 우리의 분노를 느꼈다면, 그들은 자신들 외에는 원망할 사람이 없다고 했다. 그리고 나는 하파족에게 평화를 제안했지만 그들은 전쟁을 택했고, 우정을 제안했지만 내 제안을 일축해서 다른 대안이 없었기 때문에 그들을 응징함으로써 분노를 풀었다고 말했다.

원주민의 언어

원주민들과 함께 지내는 동안 그들의 언어를 배울 기회가 거의 없었지만 우리가 습득한 몇몇 단어를 보니 어휘가 그리 많지 않다는 것을 알게 되었다. 의사 표현은 몇 개의 단어로 모두 이루어졌다. 한 단어에 종종 많은 의미가 있었는데, 예를 들어 단어 '모트(motte)'는 고맙다, 충분히 있다, 원하지 않는다, 좋아하지 않는다, 너 가져라, 가져가라 등등을 의미한다. '매티(mattee)'라는 단어는 작은 상처에서 가장 잔인한 죽음에 이르기까지 사람이나 사물에 일어날 수 있는 모든 손상을 표현한다. 그래서 손가락이 따끔하게 찔리는 것도 '매티'라고 하고, 몸의 어떤 부분이 아픈 것도 '매티'이다. '매티'는 아픈 것이고, 심하게 상처 입은 것도 '매티'이다. '매티'는 죽는 것, 살해당하는 것, 부러지는 것, (무생물에 대해 말할 때) 어떤 형태로든 피해를 입는 것을 말할 때 사용하고, 심지어는 더러워지거나 때가 타는 것도 이 단어로 표현했다. '모타키(motakee)'는 목소리에 약간의 변화를 주면서 웬만큼 좋은 것에서부터 최고로 좋은 것에 이르기까지 모든 정도의 좋은 것을 표현한다. 그래서 '모타키'는 그저 그런, 좋은, 아주 좋은, 탁월한을 모두 의미한다. 사람의 자질과 기질을 나타내서 그 사람이 괜찮다, 그럴싸하다, 잘 생겼다거나 아름답다거나 선량하고, 친절하고, 자애롭고, 너그러운, 인간적인을 의미한다. 나쁜 것을 나타내는 '케헤바(keheva)'는 '모타키'만큼이나 광범위하게 사용되며, 적절한 음성 변화로 '모타키'의 반대어로 사용된다. 이런 현상은 많은 다른 단어의 경우에도 동일하게 일어난다. 실제로 우리는 모든 표현에 익숙하게 되었다. '키키(kie-kie)'는 먹다를 의미하지만, 또한 사고뭉치를 의미한다. 그럼 이 단어는 우리가 모르는 많은 다른 의미를 가질 수 있지 않을까? 이 단어는 자르다, 나누다, 희생하다, 전리품으로 가지다 등을 의미할 수 있다. 이 단어가 이런 의미를 갖는지 여부를 나는 알 수 없었고, 윌슨도 나에게 알려 줄 수 없었다. 그러나 그들이 가끔 '적을 먹었다'는 말을 했을 때, 그 단어는 내가 이해한 의미는 아닐 수 있다는 생각이 들었다.

원주민들이 적의 시체를 신에게 제물로 바치는 것을 섬에 머무는 동안 한 번 이상 보았다. 불행하게도 우리가 적대 부족에 맞섰던 전쟁이 그들에게 너무 많은 시체를 안겨 주었다. 누가 보아도 그들은 적의 뼈를 전리품으로 좋아하는 것이 분명했다. 적의 머리뼈는 집에 매달아 잘 보관한다. 대퇴골로 작살을 만들고, 가끔씩 조각으로 다양하게 장식한다. 작은 뼈들은 그들 신의 형상을 나타내는 목걸이 장식품으로 쓰인다. 또한 부채 자루로 사용되고, 전투용 소라 나팔을 장식하는 데도 쓰이고, 갖다 쓸 수 있는 모든 종류의 장식품에 쓴다.

1813년 10월, 하파족과의 화해

전투 이후에 하파족에게서 연락이 있었는지 그들에게 묻자, 그 부족 하나가 그날 아침에 왔다고 해서 나에게 보내라고 했다.

부족민은 겁에 질려 다가왔다. 내가 모든 원주민은 친구라고 말하며 손을 내밀자—모든 원주민에게 이것이 우정의 표시라고 가르쳤었다.—그의 두려움이 진정되는 것 같았다. 그는 하파족의 많은 사람들이 심하게 다쳤고, 모두가 극도의 실망에 빠져 있으며, 평화 외에는 열망하는 것이 없다고 말했다.

그들의 무기로 우리 무기에 대항한 어리석음과 머스킷의 우월성을 그에게 보여 주었다. 나는 얼마쯤 떨어져 있는 나무에 총을 쏘았다. 총알이 남자 가슴 높이 정도의 나무 중앙을 관통했다. 그런 다음, 모든 전사를 불러 모아 동일한 나무에 창과 투석기를 던지게 했다. 그러나 모두는 그들 무기의 열등함을 알고 있었기에 머리를 가로저었다. 하파 남자는 우리가 발사한 총의 정확성에 엄청 놀랐고, 부족민들이 화해하도록 서두르겠다고 했다. 나는 흰 손수건을 매단 창을 그에게 주면서 백기를 지닌 자는 존중될 것이라고 말했다.

캠프에 돌아왔을 때 엄청난 양의 돼지·코코넛·바나나·빵나무 열매·타라[14]·사탕수수 그리고 카바 뿌리를 보았는데, 일부는 하파족에게서 빼앗은 약탈품이지만 대부분은 티우호이족이 바친 것이었다.

---

14) 타라(tarra)는 사철쑥(tarragon)의 뿌리와 잎으로, 식용으로 사용한다.

4장
매디슨섬

매디슨섬 돼지의 기원과 백인 항해자

매디슨섬의 돼지는 일반적으로 작고 열등한 품종이지만, 세계 어느 지역의 돼지만큼 크고 좋은 품종도 많다. 원주민들이 아주 능수능란하게 수컷을 거세하는 관습은 돼지의 크기와 모양뿐만 아니라 맛도 크게 향상시킨다. 돼지고기는 놀랄 만큼 맛있고 부드럽다. 원주민들이 작은 종류의 돼지를 많이 가져왔는데, 우리는 거의 잡아먹지 않았다. 후반기에는 큰 돼지를 많이 가져왔는데, 그 양은 부하 모두에게 신선한 고기를 먹일 수 있을 정도였다. 큰 돼지 여섯 마리는 400명에게 넉넉한 하루치 식사를 제공할 정도로 충분했다.

원주민들의 전설에 의하면, 스무 세대 전에[1] '하이이(Haii)'라 불리는 신이 제도의 모든 섬을 방문하여 돼지와 가금류를 주었다. 하이이는 처음 섬 동

---

1) 남자는 50세나 그보다 더 젊은 나이에 할아버지가 되므로 한 시기에 3세대가 공존한다. 그들의 계산에 따르면 20세대는 약 300~330년의 기간이 된다. ─저자 주

쪽에 있는 하타우투아(Hataootooa)만에 나타났고, 땅을 파서 물을 찾았다. 그가 나무 아래에 머물렀는데, 원주민들은 그 나무를 신성시하고 '하이이'라 부른다. 그들은 하이이가 배를 타고 왔는지 카누를 타고 왔는지 모를 뿐만 아니라 그들과 함께 얼마나 머물렀는지도 모른다. 여기에 다음을 언급하는 것은 의미가 있을 것 같다.

원주민들은 백인을 '오타우아(Othouah)'라 부르고, 그들의 신에게도 동일한 호칭을 사용하며, 죽은 사제도 같은 호칭으로 부른다. 원주민들은 백인을 그들보다 우월한 존재로 보지만, 우리의 약점과 분노를 본 후에는 우리를 그들처럼 인간이라고 믿게 되었다. 그렇지만 그들은 여전히 모든 면에서 우리가 우월하다고 생각한다. 하이이는 4세기 전쯤에 원주민들에게 앞서 언급한 동물들을 남기고 간 어떤 항해자였음이 틀림없다. 이쪽 바다로 백인들의 항해가 이루어진 것은 그렇게 오래되지 않았고, 만약 그런 일이 있었다 해도 원주민들이 말하는 이름으로는 그가 누구인지 알 수가 없었다.

최선을 다해 그들을 가르치고, 그들 편에서도 수없이 반복적으로 따라 해도 우리의 이름을 분명하게 발음하는 것은 불가능하다는 사실을 알게 되었다. 원주민들은 나를 '오포티(Opotee)'라 불렀는데, 이것은 그들이 낼 수 있는 '포터'에 최대한 가까운 발음이었다. 다운즈는 '오노우(Onou)', 월머 중위는 '우레메(Wooreme)', 맥나이트 중위는 '무쉬티(Muscheetie)'로 불렸고, 다른 사람들의 이름도 비슷한 변화를 겪었다. 이 이름들은 우리가 머무는 동안 사용되었다. 그들이 전승하는 이야기에서는 우리가 이렇게 불릴 것 같다. 그들의 자손에게 우리의 이름을 전수할 다른 방법이 없다면, 우리가 하이이를 모르는 것처럼 미래의 항해자들도 우리를 거의 알지 못할 것이다.

초기에 이 섬들을 찾아온 항해자가 누구인지 모른다 할지라도(원주민의 연대기에 어느 정도 착오가 있을 수도 있다.) 그가 어느 나라 사람인지는 쉽게 알아낼 수 있다. 원주민들은 돼지를 '보우아카(bouarka)'라고 하는데, '포우아카(pouarka)'에 가깝게 발음해서 그들이 처음 알게 된 그 이름을 보전하는 것 같다. 스페인 사람들이 돼지를 '포카(porca)'라고 하는데, 이 발음은 이 섬의 원주민들의 발음과 크게 다르지 않다. 스페인 사람들이 이 바다의 최초 항해자였으므로 원주민들이 스페인 항해자로부터 이 '돼지'라는 소중한 선물을 얻게 된 것은 의심의 여지가 없다.

코코넛

코코넛은 모든 골짜기에서 엄청나게 자라고 정성스럽게 재배된다. 코코야자는 너무 잘 알려져 있어서 설명할 필요가 없지만, 그것을 퍼뜨리기 위해 사용된 방식은 흥미롭다.

코코넛이 익으면 원주민들은 나무껍질로 엮은 띠를 이용해서 두 발목 사이에 간격을 1피트(0.3m) 정도 두고 발목 위를 단단히 묶은 다음, 위쪽으로 올라가서 조심스럽게 수확한다. 원주민들은 손과 발과 무릎으로 나무를 붙잡고 올라가는데, 나무껍질로 된 띠가 코코야자의 거친 돌기에 걸쳐져서 사람이 미끄러져 내리는 것을 막아준다. 이런 방식으로 발과 손을 번갈아 옮김으로써 보기에 아주 쉽고 빠르게 높은 나무에 오르고, 나무에 다발로 달려 있는 열매를 내려보낸다.

그들은 거주지와 가깝고, 땅에서도 충분히 높은 가장 안전한 장소에 코코넛을 보관한다. 여기서 건조되어 보관하기 좋은 상태가 되도록 내버려 둔 다음 식량이 부족한 때를 위해 저장한다. 이 단계에서 열매의 꼭지 가까이에서 싹이 나오는 것을 볼 수 있고, 이런 것들을 모두 모아 땅에 심는다. 코코넛 껍질이 쪼개져 싹이 나오면 코코넛 속 대부분을 파내는데, 싹이 튼 상태에서 시간이 지나면서 껍질 안은 부드러운 스펀지 같은 내용물로 채워진다. 코코넛 속은 아주 달콤하고 맛이 좋아 원주민들이 매우 좋아한다. 다음으로 껍질을 땅에 묻고 돌로 주변에 자그마한 울타리를 치는데, 이는 돼지가 파헤치는 것을 막기 위해서다. 싹을 심고 약 5년 후에 나무에서 열매가 맺는다.

코코넛은 여러 세대 전에 '타오(Tao)'라는 신에 의해 '우투푸(Ootoopoo)'라는 섬에서 전해졌다고 한다. 우투푸섬은 마르케사스제도 라 막달레나섬(La Magdalena)의 바람이 불어오는 쪽 어딘가에 위치한 것으로 알려져 있다. 이 주제에 대해 말하는 김에 원주민들은 존재한다고 생각하지만, 우리에게는 전혀 알려지지 않은 몇몇 섬에 대해 언급해야겠다.

원주민들의 믿음이 너무 강렬해서 여러 척의 큰 더블 카누가 이 섬과 제도의 다른 섬들을 떠나 그 섬들을 찾아갔다. 가타네와의 할아버지는 네 척의 큰 카누에 많은 양의 식량과 물, 돼지, 가금류, 묘목을 싣고 육지를 찾아 항해에 나섰다. 그는 다른 가족과 함께 떠났는데, 그 이후로 어떤 소식도 오지 않았다. 그리고 약 2년이 지난 후, 테마아 타이피[2]와 그의 부족은 다른 부족이 그들을 쫓아낼 것이라는 불안한 마음에 그들의 계곡을 떠나 다른 섬을 찾아 나설 생각으로 커다란 더블 카누를 많이 만들었다. 그러나 평화가 찾아왔고, 카누는 여러 조각으로 분해되어 지금은 미래에 일어날지도 모를 일에 대비해 창고에 잘 보관되어 있다.

원주민들이 새로운 섬을 찾아가다

월슨에 의하면, 800명 이상의 남자와 여자, 아이들이 다른 땅을 찾기 위

---

[2] 테마아 타이피(Temaa Tipee)는 사람의 이름이 아니고 '우두머리'라는 의미의 호칭이다.

해 워싱턴제도와 마르케사스제도를 떠났다. 하나의 사례를 제외하고는 이들 중 누구의 소식도 듣지 못했다.

네 척의 카누가 바람이 불어가는 쪽으로 육지를 찾아서 누아히바, 즉 매디슨섬을 떠났다. 그들은 북서쪽으로 항해해서 열대새의 꼬리 깃털을 채집하기 위해 매년 가는 로버트(Robert)섬에 도착했다. 카누 한 척은 여기에 머물렀고, 다른 카누는 바람을 등지고 항해를 계속했다. 그들은 코코야자와 몇 종류의 나무만 있는 섬에서 잠시 머문 후에 누아히바로 되돌아가기로 결정했다. 한 남자와 한 여자만 섬에 남아 오두막을 세웠다. 이후로 카누에 대해서는 들은 바가 없다. 남자는 죽었고, 깃털을 찾아 그곳에 간 카누가 여자를 발견하여 데려왔다. 이러한 육지를 찾는 발견의 항해 이야기에서, 카누가 출발하고 3~4일 후 사제들이 계곡의 주민들 집에 몰래 와서는 끽끽거리는 목소리로 앞서간 카누가 빵나무·돼지·코코넛 등 원하는 모든 것이 풍족한 땅을 발견했다고 원주민들에게 알렸다. 그리고 사제들은 이 탐나는 곳에 정착하기 위한 항로를 가리키면서 주민들에게 먼저 간 카누를 따라가라고 했다. 새로운 카누들이 만들어지고, 새로운 모험가들이 바다로 떠났지만 결코 돌아오지 못했다.

원주민들에게 어떻게 이 섬들을 알게 되었냐고 물으면 그들은 신들이 알려 주었다고 답한다. 그들은 여섯 개의 섬 이름을 댔는데, 두 개는 이미 언급한 바바오(Vavao)와 우투푸다. 다른 섬들은 세인트크리스티아나 남쪽에 있는 작은 섬인 히타히(Hitahee), 매디슨섬의 바람 불어가는 쪽으로 4일간의 항해 거리에 있는 누쿠아히(Nookuahee)와 카페누아(Kappenooa), 그리고 그들이 존재를 의심하지 않는 로버트섬 서쪽에 있다고 하는 훌륭한 섬 푸헤카(Pooheka)다.

매디슨섬의 바나나

바나나는 스무 종류 이상이고, 어떤 것은 모양이 플랜테인과 아주 비슷하지만 이 섬에 플랜테인이 없는 것은 확실하다.

바나나를 익히는 방법은 빠르면서도 편리하고 간단하다. 3피트(0.9m) 정도의 깊이로 바나나 양에 맞는 둥글거나 네모난 구덩이를 파고, 바닥은 완전히 평평하게 만든다. 그런 다음 양초 대신으로 사용되는 일반적인 호두와 많이 닮은 기름진 견과를 모은다. 이것들을 빻아 진흙과 섞어 구덩이 바닥 주변에 뿌린다. 이 위에 풀을 얹고, 구덩이 옆면도 풀을 잘 두른다. 그런 다음 설익은 바나나 송이들을 쌓고 흙이 묻지 않게 풀로 덮는다. 구덩이는 흙으로 덮고 나흘을 내버려 두었다가 아름다운 노란색으로 완전히 익었을 때 꺼낸다.

타라와 사탕수수

'타라'는 얌을 아주 많이 닮은 뿌리로, 얼얼한 맛이 나지만 삶거나 구웠을 때 아주 맛이 좋다. 원주민들은 그것을 갈아서 코코넛오일과 섞어 그들이 아주 좋아하는 반죽을 만든다. 타라는 견과류가 잘 자라는 토양에 심으며, 공을 들여 재배한다.

사탕수수는 여기서 비정상적인 크기로 자란다. 대 길이가 14피트(4.3m)이고, 둘레가 10~12인치(25.4~30.5cm)인 사탕수수를 보는 것은 흔한 일이다. 원주민들이 사탕수수를 이용하는 유일한 방법은 씹어서 그 즙을 삼키는 것이다.

카바

카바는 사람을 취하게 하는 특성이 있는 뿌리인데, 원주민의 지도자들은 카바에 취하는 것을 아주 좋아한다. 낮은 계급의 사람들에게 카바를 대신 씹어서 나무 그릇에 뱉어내게 한다. 그런 다음 즙에 약간의 물을 섞어 코코 넛 껍질로 만든 잘 다듬어진 컵에 거른 후 이것을 사람들에게 돌린다.

카바 음료는 사람을 멍청하게 하고 소리를 싫어하게 만들며, 식욕을 앗아 가고 거의 무감각한 상태에 빠트린다. 각질이 떨어지게 하는 효과가 있고, 신경을 약화시키고, 사람을 빨리 늙게 만드는 것은 의심할 여지가 없다. '카 바'라는 단어는 우리가 먹고 마시는 것으로 열을 올리거나 매운 성질이 있는 것을 모두 가리킨다. 럼과 포도주도 '카바'라고 했고, 그 성질과 사용법을 전 혀 모르는 후추·겨자·소금도 '카바'라고 했고, 침도 마찬가지였다.

강한 맛의 광천수는 섬의 일부 샘에서 볼 수 있고, 원주민들이 연주창이 나 다른 병 치료제로 높이 평가하는데 '비에 카바(vie kava)'라고 불린다.

도둑질이 없는 섬

빵나무는 다른 항해자들에 의해 자주 그리고 세밀하게 묘사됐기에 여기 서 더 언급할 필요는 없을 것이다. 그들의 과일나무는 금기시된 나무들을 제외하고는 울타리를 치지 않고, 작고 연약한 작물과 구근류는 돼지가 먹어 치우는 것을 막을 정도로만 담을 쳐둔다. 그들의 집은 앞이 개방돼 있고, 가 구는 상당한 부분이 그들에게 매우 가치가 있는 것인데 완전히 노출되어 있 다. 돼지들은 골짜기 곳곳을 돌아다니고, 어망은 해변에, 옷은 풀밭에 널려 진 채로 있다. 도둑질을 막기 위한 어떠한 예방책도 없는 것으로 보아 나는 그들에게 도둑질은 없는 것으로 결론짓는다.

목수, 통 제조자, 무기 담당자, 돛 수선자 등이 캠프에서 일하는 동안 소도구와 귀중품이 원주민들에게 노출되었다. 일출부터 일몰까지 캠프는 원주민들로 넘쳐났기 때문에 그들이 마음만 먹는다면 우리가 도둑질을 막거나 탐지하기란 불가능했을 것이다. 그러나 많은 원주민이 우리 승무원들과 어울리면서 굉장한 관심을 가지고 몇 시간 동안 앉아서 우리의 다양한 작업을 주시하고, 모든 종류의 도구를 옮기거나 만지거나 살펴보면서 지속적으로 우리 일을 돕고, 우리의 텐트와 집에 와서 수많은 집안일을 하고, 무기·옷·식량을 운반하며 우리의 전쟁을 돕고, 이와 같은 귀중품을 가지고 며칠씩 우리와 떨어져 있었지만 우리가 머무는 동안 여자들이 승무원들로부터 훔친 사소한 것들을 제외하고는 아무도 물건을 분실하지 않았다. 그리고 캠프에서 반 마일(0.9km) 정도 떨어진 남녀 원주민들이 많이 찾는 개울가에서 빨래하던 장교와 수병들의 옷은 눈에 잘 띄었을 것이고, 여자들은 그들에게 행해졌던 장난에 대한 보복으로 그 옷들을 몰래 가져갈 수도 있었을 것이다. 하지만 분실된 옷은 없었기 때문에 하늘 아래 이보다 더 정직하고, 친절하고 착한 성품을 가진 사람들은 존재하지 않는다고 믿고 싶다.

원주민의 외모

원주민들은 야만인이란 오명을 뒤집어썼지만, 이는 잘못 적용된 용어다. 그들은 도덕적으로나 육체적으로나 인간의 등급에서 높은 순위를 차지한다. 그들은 용감하고 관대하며, 정직하고·자비롭고·예리하고·독창적이고·지적이며, 신체의 아름다움과 균형 잡힌 비율은 그들의 성숙한 정신과 조화를 이룬다.

그들은 보통 사람보다 훨씬 크며, 5피트 11인치(180.3cm)보다 작은 경우는 드물고 대부분 6피트 2인치나 3인치(188.0~190.5cm)이며, 모든 면에서 균형이 잡혔다. 그들의 얼굴은 매우 잘생겼고, 예리하고 날카로운 눈을 가지고 있으며 하얀 치아는 상아보다 더 아름답다. 영혼의 모든 감정을 반영하는 표정은 솔직하고 풍부하다. 조각상의 모델에 어울리는 팔다리는 그 모습과 비례하는 힘과 움직임을 보여 준다.

남자들의 피부는 짙은 구릿빛이지만, 어린이와 여자의 피부는 연한 갈색이다. 남자들은 세계 어느 곳의 남자들만큼이나 잘생겼다. 어린이와 여자들은 개방적이고 지적으로 보이는 얼굴에 고운 눈과 치아를 갖고 있고 훨씬 더 명민하고 생기발랄하지만, 남자들만큼 잘생기지는 않았다. 여성의 팔다리, 특히 손은 아주 아름답게 균형 잡혀 있지만, 우아하지 않은 걸음걸이와 신발 없이 다녀 흉측하게 변한 발은 그들의 매력을 엄청나게 떨어뜨린다.

원주민 여성

여성들은 매우 눈치가 빠르고, 교태가 있고, 정절이 없다.

첫 번째로 눈치에 대해 얘기하자면 그들은 똑똑하고, 쉽게 빨리 보고 배운다. 두 번째로, 교태는 세상의 어느 지역에서건 여성에게는 당연한 것이다. 세 번째로, 원주민 여성들은 정절은 필요없다고 생각하고 남편도 그것을 기대하지 않는다. 가정에서는 남편과 아내 사이에, 부모와 딸 사이에 강한 애정을 볼 수 있다. 그러나 그들은 캠프에서 완전히 다른 사람처럼 보였다. 모든 여성은 원하는 대로 행동할 수 있었고, 자기 몸과 관련된 모든 것은 자신의 의지대로 했다.

원주민 여성의 의상

여성들의 옷은 훌륭했고, 상스럽지 않았다. 옷은 이미 부분적으로 기술했지만, 좀 더 세밀하게 묘사하는 것도 좋겠다.

옷은 세 가지로만 이루어져 있다. 첫 번째는 머리 장식인 '파히(pahhee)', 두 번째는 겉옷인 '카후(cahu)', 세 번째는 페티코트에 해당하는 '오하와히(ohawahee)'이다. 파히는 아주 가는 하얀 종이 천 조각으로 되어 있는데, 우리가 거미줄로 부르는 거즈 종류와 매우 흡사한 올이 성긴 천이다. 이것은 매우 깔끔하고 멋진 방식으로 머리에 쓰며, 챙 없는 모자와 매우 닮았다. 머리칼은 뒤로 우아하게 틀어 올렸고, 이런 식의 머리는 오늘날 미국에서 유행하는 것과는 거리가 멀었다. 카후는 촘촘하고 튼튼한 질감의 길게 늘어진 종이 천 조각으로 만들었고, 몸을 감싸 발목까지 내려오고, 한쪽 어깨에 윗부분이 잘 매듭지어져 있으며, 반대쪽 팔 전체와 가슴의 일부 또는 전체가 자주 노출된다. 그들은 옷의 이 부분을 사용해서 매력을 드러내는데, 한쪽 어깨에 매듭을 지었다가 다른 쪽 어깨에 매듭을 짓기도 하여 그들의 매력적인 부분을 조심스럽게 감추기도 하고 드러내기도 한다. 매듭을 앞으로 보내 가슴 전체를 드러내기도 하고, 매듭을 뒤로 보내 등과 어깨, 또는 날씬한 허리를 과시하기도 한다.

캠프 설계

족장들의 요청에 따라 나는 곧 짓게 될 캠프의 도면을 그렸다. 집들이 들어서게 될 선은 이미 물통 방벽을 따라 윤곽이 정해졌다. 물통을 초승달 모양으로 울타리 바깥쪽에 세우고, 집들은 길이 12피트(3.7m),

높이 4피트(1.2m)의 담으로 서로 연결되도록 계획을 세웠다. 집들은 원주민의 방식으로 길이 50피트(15.2m)에 너비와 높이를 비례하여 지을 예정이다.

1813년 11월 3일~11월 14일, 원주민이 캠프를 지어 줌

11월 3일, 4천 명이 넘는 여러 부족 원주민들이 캠프에 건축 자재를 가지고 모여들어 밤이 되기 전에 내가 사용할 숙소와 장교용 숙소, 돛 수선소, 통제조소, 진료소, 빵 굽는 곳, 위병소와 초소를 완성했다. 위에서 설명한 바와 같이 캠프는 담으로 연결되어 있었다. 우리는 장벽으로 쓰던 물통을 치우고 마법처럼 지어진 새집에 즐거운 마음으로 들어갔다.

이끄는 지도자도 없이 원주민들은 일사불란하고 질서정연하게 일을 진행했다. 그들은 신속하고 깔끔하게 작업을 수행했다. 모두가 자신이 맡은 일의 달인처럼 보였고, 모든 부족이 가장 신속하고 완벽한 방법으로 숙소를 완성하기 위해 노력하는 것처럼 보였다.

캠프가 완성되자 나는 그들에게 작살을 나누어 주었고, 여느 때처럼 낡은 쇠테를 상품으로 걸어서 그들이 겨루도록 했다. 모두가 너무나 행복하고 만족해했으며, 무엇보다도 내가 그들이 지은 집을 칭찬한 것이 가타네와와 그의 부족민들에게 큰 기쁨이 되었다.

원주민의 일 처리 방식

우리가 인식할 만한 어떤 형태의 정부도 없고, 권위를 가진 것으로 보이는 족장도 없고, 그들의 힘을 발휘하도록 자극할 보상도, 처벌의 두려움도 없는 부족이 번개 같은 속도로 우리를 놀라게 하는 일들을 생각해 내고 실행하는 것이 대단했다. 그들은 한마음으로 행동하고, 똑같이 생각하고, 같은 충동으로 움직이는 것처럼 보였다. 그들은 본능에 따라 우리의 감탄을 자아내는 일을 고안하고 실행하는 비버에 비길 수 있다.

무엇보다 내가 가장 놀랐던 것은 함포를 산으로 옮기는 일이었다. 나중에 나는 목이 부러질 위험을 무릅쓰고 어렵게 그들이 함포를 운반했던 길을 지나갔는데, 사실은 절벽 옆을 따라 기어 거의 수직에 가까운 바위와 산을 타고 올라야 했다. 그런데도 그들은 산 정상까지 함포를 올리는 데 성공했다. 나는 노동을 돕는 인위적인 수단을 가지지 않은 부족이 실로 초인적인 일을 수행해 내는 것이 가능하다고 절대 믿지 않았다. 그래서 나는 자기 몫의 노동력을 부담하기 위해 어떤 방식으로 그들이 노동을 분담했는지 물었다. 그들은 함포를 계곡별로 옮겼다고 말했다. 즉, 한 계곡에 사는 부족이 일정 거리를 운반하고, 다른 계곡의 부족이 그것을 이어받아 운반하는 식으로 산꼭대기로 가져가기로 합의했다는 것이다. 내가 얻을 수 있는 정보는 이것이 전부였다. 의심할 여지 없이 그들은 자신들끼리 노동을 배분하는 특정한 방식에 의지하고 있었다. 왜냐하면 그들은 가끔 일을 교대하면서 휴식을 취했고, 일부만이 함포 운반에 몰두하고 있는 것을 볼 수 있었기 때문이다.

함포는 더 이상 쓸모없을 것 같아 나는 어떤 요청도 하지 않았는데, 그들은 함포를 산 아래로 운반해 왔다. 함포가 많았기 때문에 나는 신경을 쓰지 않고 있었다. 그리고 그 문제에 대한 내 의견을 말하자면, 함포는 그들의 위대한 노력의 기념물로 산 위에 남아 있어야 했다.

가타네와의 부드러운 권위

앞서 언급했듯이 마을에는 권한을 행사할 수 있는 족장이 없고 가부장들만 있다. 이들은 온화하고 부드러운 영향력을 지닌 친절하고 너그러운 아버지들이다.

가타네와는 많은 땅을 소유하고 있고, 소작인들은 그에게 현물로 소작료를 지불한다. 선물을 준비할 때는 가타네와가 소작인들에게 돼지, 코코넛, 바나나, 또는 빵나무 열매 등을 자신의 몫으로 가져오도록 요구한다. 다른 지주들은 그의 본보기를 따르고, 소작인은 두 개 이상의 코코넛·바나나 한 다발·빵나무 열매 한두 개·돼지 한 마리·사탕수수 한 줄기 또는 타라 한 뿌리를 가지고 그의 집 앞에 모인다. 모든 것이 모이면, 그의 아들 또는 손자 가타네와[3]가 앞장을 서고 캠프를 향해 이삼백 명이 한 줄로 서서 행진한다.

같은 방식으로 우리는 다른 모든 부족에게서 선물을 받았다. 티우호이 계곡의 부족을 제외하고 다른 부족은 항상 평화의 흰 천을 든 사람이 무리의 맨 앞에 섰다. 내가 가타네와에게 왜 그의 골짜기 사람들은 흰 천을 들지 않았느냐고 물었을 때, 그는 우리가 친구라는 걸 모두가 알고 있기 때문이라고 대답했다.

사람들은 가타네와에게 겉으로는 존경의 표시를 보이지 않았고, 그는 군중 속에서 눈에 띄지 않게 섞여 있었다. 그는 자신의 카누를 조종하고 때로는 노를 저었고, 가족을 위해 물고기를 잡았고, 카누 제작과 가재도구와 집기 만드는 것을 도왔다. 그는 섬에서 가장 기발하고 근면한 사람 중 하나라는 평판을 받았다. 그렇지만 가타네와는 지위가 있는 사람이었고, 그 지

---

3) 이 섬에서는 아버지의 이름이 아들과 손자에게로 대물림된다.

위는 널리 알려지고 존경받았다. 그의 정수리나 머리에 있는 어떤 것을 만지는 것은 불경스러운 일이었고, 그의 머리 위로 지나가는 것은 결코 용서할 수 없는 무례였다.

그들의 생활방식이 구속받지 않듯이 모든 것은 개방적이고 자유로워야 한다고 생각하기 때문에 가타네와는 아니, 그의 모든 가족은 닫혀 있는 문이나 문이 있는 집을 지나가는 것을 경멸했다. 만약 어떤 것을 우회하거나 넘어갈 수 있다면, 그는 사람의 손으로 세워진 것 아래로는 지나가지 않았다. 나는 그가 우리의 물통으로 만든 장벽 사이를 지나가기보다는 장벽을 끝까지 걸어가 돌아오는 것을 종종 보았다. 그리고 출입문을 통과하기보다는 그의 목숨을 걸고 헐거운 돌담을 기어오르는 것을 보았다.

가타네와가 앉은 매트는 너무나 귀하게 여겨져서 여성이 손을 대서는 안 되며, 심지어 아내나 가족도 손을 댈 수 없을 정도로 다뤘다. 가타네와의 가족이 앉는 매트도 마찬가지로 하층민에게는 금기로 여겨졌다. 실제로 이 섬에는 부모가 부유하고 존경받을 만하다고 여겨지는 아주 아름다운 여성들이 있지만, 그들도 역시 감히 그 매트 위에서는 걷거나 앉지 못한다. 그들은 고귀한 혈통이 아니며, 매트는 고귀한 혈통에만 국한된 특권인 것 같았다.

가타네와에게는 그와 그의 가족을 위해 요리를 하고 물을 길어오는 등 집안일을 하는 하인들이 있다. 그러나 하인들이 하는 일에 대하여 가타네와가 어떤 불평을 하는 것 같지는 않다. 그는 하인들에게 먹을 것을 주고, 하인들은 원한다면 가타네와 집에 머문다. 그들은 그의 가족과 함께 지내고 같은 방을 쓰기 때문에 낯선 사람이 가타네와 집에 온다면 가타네와를 하인과 구별하지 못할 것이다.

쥐잡기와 배 수리

우리 캠프가 완성되었을 때 프리깃에서 물건을 모두 꺼냈고, 화약과 식량을 나포선으로 옮겼다. 쥐를 박멸하기 위해 배 구석구석에 숯으로 연기를 피웠다. 승강구를 열자마자 수많은 쥐가 불을 피운 큰 항아리 주변에 죽어 있었다. 몇 개의 통에 죽은 쥐를 가득 담아 배 밖으로 던졌다. 쥐구멍 안에서 죽어 찾을 수 없었던 새끼들을 제외하고 1천200~1천500마리 이상 죽였다.

배의 뱃밥 메우기와 다른 수리 작업은 아주 빠르고 규칙적으로 진행되었고, 다른 결함 가운데서도 중간 돛대가 심하게 부식된 상태임을 발견했다. 하지만 선내 예비품으로 교체할 수 있었고, 모든 상황으로 보아 앞으로는 큰 문제나 지체를 겪지 않으리라 기대했다. 그러나 도장을 시작하자마자 기름이 부족하다는 것을 알았다. 엄청나게 큰 상어 두 마리를 잡아 간에서 추출한 기름으로 대체하려고 했지만 그것이 해결책이 아니었다. 다음으로 범고래기름으로 시도했지만 그것도 성공하지 못했다. 다행히도 나포선에 있던 소량의 향유고래기름이 아마씨유만큼 도장에 제법 잘 맞는다는 것을 알았다. 배의 외관을 칠할 수는 있었지만, 내부에 도장할 만큼 양이 충분하지 않았다. 그러나 이 섬에서 원주민들이 바나나를 익히고 등잔에 사용한다고 내가 앞서 언급했던 호두기름이 아마씨유의 뛰어난 대체품이 될 수 있다는 것을 발견했다.

많은 양을 얻을 수 있는 호두기름은 쉽게 짜낼 수 있고, 최고의 도장유에 전혀 뒤떨어지지 않는다. 그러므로 호두기름은 호두가 풍부한 샌드위치제도의 원주민들이 옷에 기름을 먹이거나 기름이 필요한 배들이 이 섬에 올 때도 쓰인다.

타이피족과의 갈등

쇼우메(Shouemes) 골짜기의 테마아 타이피는 다른 부족들과 달리 시간을 지켜 맡은 물품을 보내지 않았다. 그리고 그가 본보기가 되어 다른 부족들도 때맞춰 물품을 보내지 않는 결과를 가져왔다. 그러므로 나는 그의 태만을 알아차렸다는 것을 알릴 필요가 있다고 생각하고 그에게 전령을 보내 나와 우호적인 관계를 유지하고 싶은지 물어보았고, 평화든 전쟁이든 그가 선택할 수 있다고 했다.

전령은 돌아와서 테마아 타이피는 평화 외에 어떤 것도 더 열렬하게 바라지 않는다는 것과 하파족이 그들의 골짜기를 통과하는 것을 거부하지 않았다면 그는 시간을 엄수해서 약속을 지켰을 것이라고 말했다. 나는 하파족이 감히 내 희망에 반하는 행동을 하지 않는다는 것을 알고 있었기 때문에 이 말이 거짓이라고 의심했다. 그러나 테마아 타이피는 앞으로는 물자를 배로 제때 가지고 오겠다고 약속했고, 전령이 돌아온 다음 날 돼지와 과일을 가득 실은 여섯 척의 큰 카누와 함께 마을 앞 해변에 상륙했다. 그가 하파족에 대해 불평한 것 때문에 나는 하파족에게 전령을 즉시 보내 내가 평화롭게 지내는 부족과 잘 지내지 않는다면 처벌하겠다는 위협의 뜻을 전달했다. 그들은 테마아 타이피의 통행 거부를 단호히 부인했고, 새로운 물건을 보내 그들의 주장을 더 확실히 했다.

이 일이 있은 지 얼마 뒤, 나는 타이피족에게 전령을 보내 우리와 평화롭게 지내기를 바라는지 물어보면서 이 섬에 있는 모든 부족과 평화롭게 지내고 싶다는 내 뜻을 전달했다. 그러나 나는 그들 모두를 바다에 몰아넣을 만한 힘이 있기 때문에 내 말이 두려움에서 나온 것이 아니며, 우리와 사이좋게 지내고 싶어 한다면 나는 기꺼이 다른 부족들과 같은 조건으로 타이피족을 만날 의향이 있다고 하면서 친선의 표시로 선물 교환 정도면 된다고 요구했다. 이에 대한 대답으로 타이피족은 그들이 왜 우리와 우정을 원해야 하는지, 왜 우리에게 돼지나 과일을 가져다줘야 하는지를 물었다. 힘이 세다면 직접 와서 물건을 가져갈 것이지 그렇게 하지 않는 것은 약함을 인정하는 것이며, 그들이 자신의 골짜기를 더 이상 지킬 수 없을 때가 되면 선물을 보내겠다고 했다.

우호적인 원주민에게 전쟁 준비를 지시함

나는 이제 가타네와에게 그가 동원할 수 있는 전투용 카누와 사람의 숫자를 물어보았다. 그는 카누 열 척이 있으며 각각 30명을 태울 수 있고, 하파족도 동일한 크기의 카누를 동일한 숫자로 준비할 수 있다고 말했다. 그들이 카누를 한데 모아 준비하는 데는 엿새가 걸리지만, 내가 원한다면 그의 부족은 즉시 준비하겠다고 했다. 나는 그렇게 하라고 지시하고, 전령을 하파족에게 파견하여 타이피족과의 전쟁을 위해 전투용 카누를 준비하도록 하고 명령을 기다리게 했다.

나는 타이족과 하파족에게 해상과 육로로 타이피족을 공격하려는 것이 나의 의도이며, 보트로 많은 사람을 보낼 것이고, 그들의 상륙과 전투용 카누를 보호하기 위해 배를 보낼 것이며, 양 부족의 나머지 전사들은 육로로 진격하여 가장 취약한 지역에서 적을 공격해야 한다고 설명했다. 나는 지금 그들을 향해 가고 있는 무시무시한 무기로 타이피족을 공포에 떨게 하고 싶었고, 가능한 한 오랫동안 그들의 기세를 꺾어 놓고 싶었기 때문에 교전 개시일을 멀리 지정해서 기뻤다.

전투용 카누

이 섬의 전투용 카누는 우아후가(Ooahooga)섬, 즉 제퍼슨(Jefferson)섬 원주민들의 카누와 생김새나 특징이 크게 다르지 않다. 전투용 카누는 더 크고 멋지고 화려하게 장식되었지만 구조는 똑같고, 현외 장치도 갖추어져 있다. 길이 50피트(15.2m), 폭 2피트(0.6m), 깊이는 이에 비례하며 많은 조각으로 분해할 수 있다. 그리고 노를 포함한 각각의 조각은 소유자가 모두 다르다. 선미 돌출부의 소유자와 선수의 소유자가 다르고, 측면 부분들도 각기 다른 사람의 소유다. 카누가 해체되면 조각들이 계곡 곳곳에 흩어지게 되고, 대략 20여 가구에 나누어진다. 각자는 자기 소유의 조각을 처분할 권리가 있으며, 카누를 조립하게 되면 모두가 그것을 고정할 부품과 함께 자신의 조각을 가지고 온다. 전투용 카누 조립은 그들의 다른 모든 작업처럼 질서정연하게 진행된다.

부유하고 존경할 만한 집안에서만 소유하는 이 카누들은 전쟁이나 즐기는 목적 혹은 한 부족의 주요 인물들이 다른 부족을 방문할 때만 드물게 사용된다. 이런 경우 카누는 선수 돌출부에서 조타수가 서는 곳까지 회색 수염 뭉치가 섞인 머리 타래로 화려하게 장식된다. 이 장식은 원주민이 귀하게 여기는 것이다. 그들에게 있어 회색 수염 한 다발은 우리에게 타조나 백로의 깃털, 또는 가장 풍성한 깃털 장식과 같은 의미다. 조타수의 좌석은 야자수 잎과 흰 천으로 잘 장식되어 있으며, 조타수는 화려한 옷차림에 깃털로 호화롭게 장식하고 있다. 족장은 카누 중간의 약간 높은 곳에 앉고, 화려하게 차려입은 사람이 코코넛 가지에 진주조개 껍데기를 매달아 장식한 뱃머리에 서 있다.

카누는 다 함께 노를 저어 나아가는데, 노잡이들은 두 명씩 좌석에 앉아 아주 규칙적으로 노를 저으며, 때때로 시간을 조절하고 서로 격려하기 위해 소리를 외친다. 이 카누들은 무리를 지어 모든 노잡이가 전력을 다하면서 함께 움직일 때 화려하고 호전적인 모습을 보인다. 그들은 내가 시찰하도록 반복적으로 퍼레이드를 했고, 그들은 모든 열병에서 전투용 카누의 아름다움과 화려함에 대해 자부하는 것처럼 보였다. 그러나 카누는 기대했던 것만큼 그렇게 빠른 편은 아니어서 고래 추격용 보트가 손쉽게 따라잡을 수 있을 정도였다.

원주민의 배

원주민의 낚시용 카누는 더 크고 더 넓은 구조의 배이며, 그중 많은 수가 너비 6피트(1.8m)에 같은 깊이를 갖고 있다. 노와 비슷한 패들로 조정되며, 패들은 때때로 수직으로 세워 양쪽으로 돌출된 현외 장치와 카누를 연결하는 가로대의 지주로 사용한다. 이 카누를 타고 해안가의 작은 만으로 가서 뜰채, 낚싯줄로 고기를 잡는다. 더 작은 카누도 있는데, 큰 카누의 상부 구조물을 제거한 용골이나 다름없다. 이것들은 현외 장치를 갖추고 있고, 항 주변에서 낚시하는 데 사용된다.

한 섬에서 다른 섬으로 가는, 매우 흔한 항해에 사용되는 카누는 구조상 더 큰 종류의 낚시용 카누와 유사하며, 두 척의 카누가 묶인 가로 들보로 서로 고정되어 있다. '더블 카누'라고 하며, 일반적으로 '양의 어깨 돛(shoulder-of-mutton sail)'이라는 것과 비슷한, 매트로 만들어진 삼각형 돛이 갖추어져 있지만 역삼각형으로 매단다. 삼각형 돛의 빗변이 돛 아래쪽을 구성하게 되는데, 여기에 붐(boom)이 고정된다. 더블 카누는 바람이 없을 때 패들로 움직이며, 오랫동안 파도에 저항할 수 있는 것처럼 보인다. 새로운 땅을 찾아

전투용 카누[4]

가기 위한 유일한 목적으로 만들어진 카누는 훨씬 더 큰 구조이며, 같은 방식으로 돛을 달았다.

원주민들은 또한 때때로 불과 몇 분 만에 조립하는 일종의 카타마란과 샌드위치제도에서 사용되는 것과 유사한 종류의 서핑 보드를 사용한다. 그러나 카타마란과 서핑 보드는 주로 소년 소녀들이 만 안에서만 노를 저어 사용하기 때문에 원주민의 배로 열거할 가치는 별로 없다.

---

4) 출처: *Journal of a Cruise Made to the Pacific Ocean, in the United States Frigate Essex, in the Years 1812, 1813, and 1814.* 1815.

5장
매디슨섬
타이피 전쟁

갈등의 원인

타이족과 하파족과 쇼우메족은 이제 타이피족의 모욕과 호전성에 대해
새롭게 불평했다. 그들은 타이피족을 이 땅에서 쫓아내겠다고 위협했는데,
타이피족이 다른 부족에게 돌을 던지고 모욕하기 때문이다.

타이족과 하파족은 간절히 전쟁을 원했다. 그들은 타이피족이 오만하게
굴고 있고, (나와 동맹을 맺은) 나머지 부족처럼 우리에게 물품 공급하는 것
을 타이피족이 면제받는 것에 큰 불평을 늘어놓기 시작했다. 더 먼 곳의 부
족들은 이제 그들의 공급품을 가져오는 것을 중단했고, 다른 부족들도 타이
피족은 풍요를 누리고 있는 반면에 우리가 자신들의 모든 비축분을 거의 다
써버렸다고 불평하면서 물건 공급에 상당히 태만해졌다. 타이족과 하파족
의 말은 이러했다.

"우리를 타이피족에게 데려다준다면 우리가 그들의 골짜기에서 당신들에
게 공급품을 가져다주겠소. 당신은 오랫동안 타이피족을 위협해 왔지만 그
들은 우리를 모욕해 왔소. 당신은 타이피족으로부터 우리를 보호해 주겠다고

약속했지만 그들이 우리에게 폭력을 행사하게 허용했지요. 당신은 다른 모든 부족을 복속시켰지만 타이피족을 처벌하지 않고 의기양양하게 굴도록 놔두었지요. 우리 카누들은 준비 태세를 갖추고 있고, 우리의 전사들 인내심은 한계에 도달했소. 당신이 여기 없었더라면 작은 도발에도 우리는 전쟁을 벌였을 것이오. 우리가 타이피족을 응징하게 해주시오. 우리가 동의한 것과 같은 조건으로 그들을 대하면 온 섬이 평화로워질 것이오. 지금까지 우리는 평화에 대해 몰랐는데, 평화의 이로운 점은 우리가 쉽게 상상할 수 있는 것이오."

타이족과 하파족의 족장들과 전사들은 이렇게 감정을 표현했다.

타비(Tavee)는 모든 싸움에서 초연하기로 작정한 것 같았다. 타비는 타이피족의 골짜기에 막혀 우리와 떨어져 있었고, 타이피족은 타비에게 자기들이 원하는 대로 힘을 행사할 수 있었다. 그러므로 타비와 그의 부족은 타이피족의 모욕을 참으며 가능한 한 그들의 돌을 피하는 것이 가장 현명한 일이라고 결론지었다. 그 문제에 대하여 때때로 나에게 불평하긴 했지만, 타비 부족은 우리와 함께 적극적으로 전쟁에 나서지 않기로 작정한 것 같았다.

타이피족을 굴복시키지 않으면 다른 부족과의 친선을 위태롭게 하고, 결과적으로 우리의 안전을 위태롭게 할 것이기 때문에 전쟁이 꼭 필요하다고 생각한 나는 그들을 위협할 만한 무력을 앞세워 협상을 끌어내기로 결심했다.

1813년 11월 27일, 원주민 부대와 합류

우리는 해가 뜰 무렵 타이피족의 선착장에 도착하여 하파족이 타고 온 열 척의 전투용 카누와 합류했다. 에식스 주니어호도 곧 도착하여 정박했다. 주변의 모든 산꼭대기에는 창과 곤봉과 투석기로 무장한 타이족과 하파족

전사들이 있었고, 카누를 타고 온 전사들과 언덕에서 내려와 우리와 합류한 전사들이 해변에 도열했다. 우리의 병력은 5천 명 이상이었지만 타이피족은 한 사람도 보이지 않았고, 그들의 거주지도 보이지 않았다.

전체 길이가 1/4마일(0.5km) 이상인 해변은 트인 평지인데, 내륙으로 100 야드(91.4m) 정도 뻗어 있었다. 높고, 거의 지날 수 없는 늪 같은 덤불이 이 평지와 경계를 이루고 있고, 정보에 의하면 동네로 가는 눈에 보이는 유일한 길은 늪지대 사이로 구불구불 나 있는 좁은 길이었다. 카누는 모두 해변으로 끌어올렸다. 오른쪽에는 타이족, 왼쪽에는 하파족의 카누가 그리고 중앙으로는 우리 보트 네 척이 놓였다.

첫 번째 도하 작전 실패

우리는 곧 강을 건널 수 있는 장소에 도착했다. 그 맞은편 강둑 우거진 수풀 속에서 아주 많은 타이피족이 용감하게 저항하였고, 창과 돌을 우리에게 퍼부었다. 여기서 우리의 진격은 몇 분 동안 저지되었다. 특히 우리가 있는 쪽으로는 강둑이 상당히 가팔라서 퇴각이 어렵고, 격퇴당하는 경우 위험해질 것 같았다. 물살은 빠르고 수심이 깊었으며, 강을 건너는 동안 우리가 노출되는 상황이기에 강을 건너기가 어렵고 위험했다.

우리는 머스킷으로 맞은편 강둑 덤불 속에 있는 타이피족을 해치우려고 했지만 헛수고였다. 날아오는 돌과 창의 수가 더 많아졌다. 그들을 몰아낼 수 없다는 것을 알고 나는 일제사격을 하고, 세 번의 함성을 지르며 강을 건너 돌진하도록 명령했다. 우리는 곧 반대편 둑에 이르렀고 진격을 계속했는데, 때로는 손과 무릎을 꿇고 기어다니지 않으면 안 될 정도로 얽혀 있는 덤불 때문에 앞으로 나아가기가 훨씬 더 어려웠다. 다른 때라면 결코 통과할 수 없다고 생각했을 덤불을 1/4마일(0.5㎞) 정도 지나가는 동안에도 타이피족이 계속 공격했다.

늪에서 벗어나자마자 우리는 다시 살아났다는 기분을 느꼈지만, 이 기쁨은 잠깐이었다. 고개를 들어보니 길을 가로질러 높은 곳에 7피트(2.1m)나 되는 튼튼하고 넓은 장벽이 있었는데, 지나갈 수 없는 덤불이 양쪽에 있었다. 곧바로 우리는 가장 끔찍한 고함과 함께 쏟아지는 돌멩이 공격을 받았다. 그들의 주 병력과 맞서 이 장벽을 통과하기 위해서는 많은 저항을 만나게 될 것이라는 점에 의심의 여지가 없었다. 다행히 나무 한 그루가 있어서 돌멩이로부터 몸을 피할 수 있었고, 적들이 벽 위로 몸을 내밀고 우리를 향해 돌멩이를 던지려고 할 때 갬블 중위와 매우 유능한 장교인 의사 호프만과 내가 머스킷으로 저지했는데, 이것만이 도움이 되었다. 다른 총들은 효과도 없이 화염만 계속 내뿜을 뿐이었다.

그들을 퇴각시킬 수 없다는 것을 알고 있었지만 나는 계속 밀고 나가 타격하라는 명령을 내렸다. 하지만 그때 내 부하 일부는 탄약을 다 써버렸고, 그나마 탄약이 서너 발 이상 남은 사람도 거의 없었다. 이 비관적인 소식은 전체의 사기에 찬물을 끼얹었다. 탄약이 없다면 머스킷은 타이피족의 무기에 비해 열세였고, 진격할 수 없다면 불가피하게 싸우면서 퇴로를 확보해야 했다. 그런데 얼마 남지 않은 탄약으로 퇴각을 시도하는 것은 너무나 위험해 보였다. 우리 병력은 이제 열아홉 명으로 줄어들었고, 나말고는 장교가 없었다. 우리 편 원주민들은 모우이나를 제외하고는 전부 나를 버리고 도망갔다. 설상가상으로 나와 함께 남아 있던 세 사람이 돌에 맞아 쓰러졌다. 우리는 몇 걸음 뒤로 물러났고, 순식간에 타이피족이 무시무시한 고함을 지르며 우리에게 달려들었다. 앞장서 온 첫 번째와 두 번째 타이피 전사는 몇 걸음 떨어진 곳에서 죽임을 당했고, 그들을 운반하려던 무리는 상처를 입었다. 부상자를 운반하려는 시도가 저지당하자, 타이피족은 죽은 자들을 버리고 급히 그들의 요새로 퇴각했다.

강 건너편에 도달하는 데 한시도 지체할 수 없었다. 그들이 처한 공포를 틈타 우리는 부상자들을 데리고 전진했다. 우리가 강을 건너자마자 돌멩이 공격이 있었다. 그러나 그들은 이쯤에서 멈췄고, 우리는 진군하며 싸우느라 적에게 시달린 채 해변으로 되돌아왔다. 그리고 우리가 싸웠던 적을 재평가했고, 그들을 정복하기가 쉽지 않겠다고 예상했다.

반격 계획

우리 쪽이 '패배'라는 것을 하고 난 다음 우호적인 원주민들, 특히 하파족의 행동을 보니 타이피족에 대한 공격을 성공시킴으로써 우리의 우위를 증명하는 것 외에는 다른 방도가 없겠다는 확신이 들었다. 야만인들이 항상 그렇듯이 모든 부족이 이기는 쪽에 합세할 것이 분명했고, 교전 재개가 늦어지기라도 하면 우리 정부의 이해관계뿐만 아니라 부하들의 안전이 위태로워질 것이었다.

다음 날, 나는 그들이 저항할 수 없을 만한 군대를 동원하기로 결정했다. 에식스호와 이제 도착한 에식스 주니어호, 그리고 나포선에서 200명을 선발, 보트를 준비해서 다음 날 날이 밝기 전에 출발하도록 지시를 내렸다. 원주민들은 언제나 우리에게 썩 도움이 되지 않는다는 걸 나는 알았다. 따라서 어느 부족이든 소음이나 소란을 일으켜 우리를 방해하지 않도록 부하들에게 내 의도를 원주민이 알지 못하게 주의시켰다.

저녁에, 보트에 물이 새어 들어와 사람을 태울 수가 없었다. 나는 일행을 해안으로 보내야 했으므로 육로로 가기로 했다. 달이 아주 밝은 밤이어서 날이 밝기 훨씬 전에 타이피 계곡에 내려갈 것으로 예상했다. 길을 잘 알고 있는 믿을 만하다고 생각한 안내인들이 있는 데다, 많은 원주민을 동반하지 않고 조용히 행동해서 적을 기습하고 몇 명의 포로를 잡게 되면 이들이 합의하고 피를 흘릴 수고를 덜어 주리라고 생각했다. 피를 흘리는 일은 가능한 한 피하고 싶었다.

에식스호 승무원들이 주력이었고, 나머지는 척후대로 나누어 장교들이 각기 지휘했다. 나는 우리의 무력이 깊은 인상을 주어 그들이 두려워해서 더 이상 피를 흘리지 않고 합의하기를 원했다. 그래서 부하들에게 산등성이에 모여서 일제사격을 하도록 지시했다. 그때까지 타이피족은 우리를 보지 못했고, 우리가 거기 있을 거라고 의심조차 하지 않았다.

그들은 우리의 머스킷 총성을 들었다. 이제 하파족과 타이족 대다수가 집결해 있었기 때문에 우리 편의 숫자가 아주 많다는 것을 알게 되자마자 그들은 북을 두드리고 골짜기 전체에 들리도록 소라 나팔을 불었다. 타이피족이 이제 모아들이기 시작한 돼지들의 꽥꽥거리는 소리와 여자들과 아이들의 비명, 남자들의 고함까지 소음은 끔찍했다.

하파족 마을에서 숙영

내가 기대했던 것보다 더 효과가 있었던 일제사격을 한 후 힘들게 하파족 마을로 내려가 광장에서 우리의 모습을 드러냈다.[1] 빈집 몇 채가 광장을 둘

---

1) 산등성이까지 올라간 포터 일행은 종일 비가 내린 탓에 탄약이 젖은 데다 가파른 계곡을 내려가야만 타이피족 마을에 도달할 수 있었으므로 하파족 마을에서 밤을 보내기로 결정했다. (*Journal of a Cruise Made to the Pacific Ocean, in the United States Frigate Essex, in the Years 1812, 1813, and 1814*, 1815에서 참조함.)

러싸고 있었는데, 우리 때문에 집을 비워 놓은 것 같았다. 장교들과 부대원들에게 집을 배정하고, 각 배의 승무원들에게도 거처를 정해 주었다. 그런 다음 나는 직접 집을 고르고 그 집 앞에 미국 국기를 게양했다.

밤이 다가오자 보초가 적절히 세워졌고, 각각의 집 앞에 불을 피웠다. 타이족은 우리와 함께 있었고, 하파족은 물러나 쉬었다. 보초를 서는 사람을 제외하고 모두 잠자리에 들었다.

다음 날 날이 밝자 우리는 탄약을 똑같이 나누고 행렬을 만들었다. 모두 무기를 잘 손질해 둔 상태였고, 다들 생생하고 힘이 넘쳤다. 모두에게 적지만 하루분의 식량이 배급되었다.

산등성이에서 타이피계곡 조망

우리가 끔찍한 밤을 보냈던 산등성이에 올라 잠시 숨을 돌리면서 멋진 계곡을 몇 분 동안 바라보았다. 이곳은 곧 황폐해질 것이다.

언덕에서 모든 곳을 멀리 조망할 수 있었는데, 전부 멋진 곳이었다. 계곡은 길이가 9마일(16.7㎞) 정도에, 폭은 3~4마일(5.6~7.4㎞) 정도 되었고, 우리가 상륙했던 해안을 제외하고는 모든 곳이 높은 산으로 둘러싸여 있었다.

계곡 윗부분은 수백 피트 높이의 절벽이 경계를 이루고 있었다. 꼭대기에서 물줄기가 멋지게 떨어져 아름다운 강을 이루었고, 강은 골짜기 사이를 굽이쳐 흘러 바다로 빠져나갔다. 마을이 여기저기에 흩어져 있고, 수많은 빵나무와 코코야자가 무성하게 자랐다. 돌담으로 둘러싸인 밭들은 경작해 잘 정돈되어 있고, 모든 것이 근면과 풍요·행복을 말해 주었다. 나는 내 삶에서 지금 내가 느낀 것보다 더 기분 좋은 광경을 본 적도, 더 큰 반감을 경험한 적도 없다. 이 행복하고도 용감한 부족과 전쟁해야 한다는 불가피함 때문이었다.

공격과 승리

큰 무리의 타이피 전사들이 산기슭 가까이 흐르는 강 반대편 둑에 배치되어 골짜기를 내려오는 우리에게 맞섰다. 그들 뒤에는 튼튼한 돌담으로 요새화된 마을이 있었다. 여러 군데에서 북을 두드리고 전투를 알리는 소라 나팔이 울려 퍼졌고, 그들이 모든 힘을 기울여 우리와 맞설 것임을 곧 알게 되었다.

나는 내려가라고 명령을 내렸다. 모우이나가 안내자 역할을 자청해서 그에게 원주민의 가장 주요한 마을로 우리를 인도하라고 했다. 하지만 산을 타고 내려오느라 예상보다 피로가 더 크다는 것을 알고는 강을 건너기 전에 멈추라고 명령을 내렸다. 이리저리 흩어진 후미가 다시 우리와 합류할 시간을 주고 모두가 쉴 수 있도록 했다.

산기슭에 도착하자마자 덤불과 돌담 뒤에서 날아오는 돌 세례에 애를 먹었다. 하지만 우리도 덤불과 돌담 뒤에서 몸을 보호할 수 있었고, 탄약이 부족해 아무도 발사하지 못하게 했다. 몇 분간 휴식한 다음 선발대에게 강 건너편 둑을 차지하라고 명령했다. 나는 주력부대와 함께 뒤를 따랐다. 돌멩이에 많이 시달렸지만, 모두 강을 건너기 전에 우리 쪽에는 아무런 피해 없이 요새화된 마을을 점령했다.

적의 우두머리 전사와 다른 한 명이 죽었고, 몇 명이 상처를 입었다. 적은 더 높은 지대에 있는 돌담으로 후퇴하여 거기서 계속 돌과 창을 던졌다. 결국 우리 편에서 세 명이 상처를 입고 많은 타이피족이 죽은 다음에야 그들을 몰아냈다. 대원들을 여러 방향으로 보내어 숲을 뒤지도록 했고, 약간의 저항이 있었지만 또 다른 요새를 점령했다. 하지만 수적으로 열세였던 분대는 요새를 차지한 지 30분 만에 주력부대 쪽으로 물러나야만 했다.

우리는 처음 점령했던 요새에서 선발대가 돌아오기를 기다리고 있었다. 타이족과 하파족 무리는 우리와 함께 있었고, 이 중 많은 이들이 약탈하려고 마을 가장자리에 있었다.

맥나이트 중위가 높은 지대에 있는 튼튼한 담으로부터 한 무리를 몰아내고 그곳을 차지했을 때, 많은 타이피족이 매복하고 있다가 중위가 총을 쏘자 창을 들고 요새로 달려들었다. 타이족과 하파족은 모두 도망을 쳤고, 타이피족이 권총의 사정거리 내로 접근했다. 하지만 맥나이트가 이끄는 부대의 첫 사격이 있자 맞서면서 급히 물러났다. 적은 아무도 쓰러지지 않았지만 다수가 부상당했음 직하다. 창과 돌이 덤불에서 사방으로 날아다녔다. 많은 사람을 죽이고 상처를 입혔다. 이들의 저항을 보니 골짜기 전체를 계속 전진하면서 싸워야겠구나 싶었다.

골짜기를 따라 계속 진격하면서 도중에 만난 아름다운 마을에는 모두 불을 질렀고, 마침내 중심부라 불릴 만한 마을에 도착했다. 우리는 조금씩 전진하면서 계속해서 싸웠는데, 적의 저항이 상당했다. 이곳을 차지하자 나는 어쩔 수 없이 불을 질렀다. 이곳의 정돈된 아름다움은 보는 이를 놀라게 할 정도였고, 웅장한 광장은 우리가 지금껏 보았던 어떤 마을보다 훨씬 더 뛰어났다. 그들이 섬기는 많은 신상(神像)이 파괴되었고, 한 번도 사용하지 않은 몇 척의 크고 멋진 전투용 카누들은 보관되어 있던 건물에서 불태워졌다. 적들이 어쩔 수 없이 포기한 많은 북도 불길 속에 던져졌고, 우리 편의 원주민들은 눈에 보이는 빵나무를 포함한 다양한 나무와 작물을 모두 파괴한 후 약탈한 물건들을 짊어졌다.

타이피족 요새의 구조

마침내 첫날 우리의 진로를 방해했던 강력한 요새에 이르렀다. 이 섬사람들의 큰 노력과 독창성 사례를 보아왔지만, 견고함과 수비를 잘 고려한 이런 건물을 고안해 내고 지을 수 있다고는 결코 생각해 보지 못했다.

요새는 원호(圓弧) 모양에 약 50야드(45.7m) 정도로, 큰 돌로 만들어졌다. 아래는 6피트(1.8m) 두께로, 위로 올라가면서 점차 좁아졌고 견고함과 내구성을 갖추었다. 왼쪽에는 겨우 어른 하나가 지나갈 정도의 좁은 입구가 있어 출격구 역할을 했다. 하지만 바깥에서 이곳으로 들어오려면 입구 길이의 반쯤은 담 아래를 통과해야 하는데, 지나가기 어려운 잡목 숲으로 인해 어느 방향에서든 접근이 어려웠다. 양 측면과 후면도 잘 방어가 되고, 오른쪽은 더 큰 또 다른 요새가 접해 있었는데, 여기도 마찬가지로 견고하고 정교한 모양새였다.

타비와의 우정 확인

해안에 도착해서 하파족 지도자들과 함께 타비와 그의 부족 사람들을 만났다. 타비는 백기를 들고 있었고, 같은 평화의 표지가 골짜기 주변 여러 언덕에서 휘날리고 있었다. 그는 내가 그들의 골짜기로 찾아올 의사가 있는지, 언제 그가 선물을 다시 가져와야 하는지, 그리고 어떤 물품을 가져와야 하는지 알고 싶어 했다. 또한 내가 아직 그의 친구가 되고 싶은지 물었고, 이제는 내가 테마아 타이피, 즉 쇼우메 계곡의 우두머리라는 것과 그의 이름이 '타비'임을 상기시켰다. 나의 우정을 그에게 확신시켜 준 다음, 우리의 공격에 대한 걱정으로 극도의 공포에 질려 있는 여성들에게 두려움을 달래주라고 말했다.

하파족 우두머리들은 우리를 위해 모든 것을 풍족하게 준비해 두었다는 보증과 함께 그들의 골짜기로 돌아가자며 나를 초대하였다.

타이피족과의 전쟁 후 소회

산 정상에 이르러 나는 길을 멈추고 아침에는 아름다움으로 가득한 풍요와 행복의 장소였던 골짜기에 대해 생각에 잠겼다. 폐허에서 올라오는 연기가 한쪽 끝에서 다른 쪽 끝까지 우리의 자취를 보여 주었다. 반대편 언덕은 불행한 도망자들로 가득했고, 모든 것이 황폐하고 참혹한 장면이었다.

용맹하지만 불행한 부족이여, 너희들 자신의 만용과 잘못된 자부심의 희생자여. 너희를 파멸시킨 사람들이 네 불행에 동정의 눈물을 흘리는 동안 수천 명의 네 동포, 아니 같은 혈족의 형제들이 너희의 불행에 승리감을 맛보고 있구나!

종전 후 타이피족과 화해

귀환한 날은 휴식을 취했다. 하지만 전령을 타이피족에게 보내 내가 아직도 화해할 의사가 있지만, 우리와 우정의 타협이 이루어질 때까지는 부족을 골짜기로 돌려보내지 않겠다고 전했다. 전령은 돌아와서 내게 전하기를, 그가 도착하자 타이피족은 몹시 놀랐지만 나의 전언이 그들에게 가장 생생한 기쁨을 베풀어 주었다고 했다. 평화보다 그들이 더 바라는 것이 없었으므로 어떤 조건으로라도 나의 우의를 사고 싶어 했다. 전령은 나의 요구 조건을 알아보기 위해 다음 날 정전 깃발이 보내질 것이라고 알렸다.

타이피의 깃발을 든 지도자 한 사람이 사제를 동반해 왔다. 나는 이전에 그들에게 제안했던 조건에 따라 달라고 요구했다. 그 내용은 선물 교환, 그리고 그들이 나와 내 동맹 부족들과 화해하는 것이었다. 그들은 이 조건에 이내 동의했고, 돼지를 몇 마리 잃지 않았으니 우리에게 풍족하게 공급해 줄 수 있다고 하면서 원하는 숫자를 알려 달라고 했다. 돼지 400마리를 받고 싶다고 하고, 이에 대한 답례로 그들에게 선물을 주겠다고 했다. 그들은 차질 없이 돼지를 인도하겠노라 약속했다.

6장
매디슨섬
종교의식, 관습 등

종자 분배

이제 배를 수리하는 것 말고는 별다른 일이 없었다. 수리는 신속하게 진행되었고, 그리니치호·세링가파탐호 그리고 써 앤드류 해먼드호에서 가져온 고래기름을 뉴질랜더호에 실었다.

지금까지는 잡다한 일로 인해 우리 캠프에만 주로 머물러 있었기 때문에 여유가 없었으나, 골짜기의 다른 지역으로 가끔씩 나들이를 가서 원주민들의 집을 방문할 기회가 생겼다. 방문할 때마다 나는 남녀 원주민들로부터 따뜻하고 친절한 최고의 환대를 받았다. 그들은 코코넛과 자신들이 가지고 있는 것은 무엇이든지 나에게 가져다주었고, 숙소로 돌아올 때면 나는 항상 몇 개의 작은 타이타이(tie ties)[1]를 호의의 표시로 받아 왔다.

나는 보통 온갖 종류의 종자를 가지고 다녔다. 그래서 가져온 멜론, 호박,

---

1) '선물'이라는 의미다.

완두콩, 콩, 오렌지, 라임 등과 복숭아씨, 밀, 인디언 옥수수 씨를 울타리 안 가장 적합한 곳에 심었다. 원주민들은 잡초를 뽑고 땅을 고르는 일을 언제나 도와주었다. 씨에서 어떤 종류의 채소와 과일이 자라날 것인지를 설명했고, 그들은 식물을 열심히 돌보고 돼지가 어떤 해도 끼치지 못하게 하겠다고 약속했다. 나는 원주민들에게 심고 있는 종자의 가치가 어떤 것인지를 이해시키려 애를 썼고, 어떤 과일이 자라날 것이며, 과일이 얼마나 우수한 것인지를 설명했다. 작물을 잘 가꾸도록 유도하기 위해 내가 다시 돌아올 때 잘 익은 호박과 멜론을 가져다주면 고래 이빨을 주겠노라 약속했다. 내가 다양한 종자를 나누어 주었던 먼 지역의 부족장들에게도 같은 약속을 했다. 그들이 몹시 갖고 싶어 하는 더 우수한 품종의 영국 돼지도 몇 마리 주었고, 윌슨에게는 숫염소와 암염소를 맡겨 키우게 했다. 갈라파고스산 거북 새끼를 많이 갖고 있었기 때문에 몇 마리를 부족장들에게 분배하고, 많은 거북 새끼를 수풀 사이에 풀어놓았다.

사원과 신상

한번은 나들이에서 골짜기에 위치한 종교의식을 치르는 중요한 곳에 인도되었다. 그곳은 하부스(Havvous)족 골짜기 높은 곳에 있었다. 쿡 함장이 묘사하거나 그의 항해기에 있던 도해에 그려진 어떤 곳보다도 더 장대했기 때문에 현장에서 정확하게 스케치할 능력이 없어 몹시 아쉬웠다. 빵나무, 코코야자, 창과 전투용 곤봉을 만드는 토아나무와 내가 잘 모르는 많은 종류의 나무로 이루어진 커다랗고 멋진 숲이 가파른 산기슭 시냇가에 있었고, 거기에 단단한 석재 신상이 흔한 방식으로 만들어진 단 위에 올려져 있었다.

석재 신상은 보통 남자의 키 높이였는데, 얼굴과 몸통이 훨씬 더 큰 모

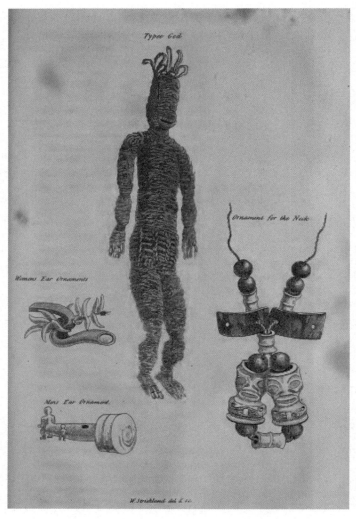

타이피 신상과 장신구[2]   타이피 신상, 목 장신구, 남성용 귀 장신구, 여성용 귀 장신구 (12시부터 시계 방향)

---

2) 출처: *Journal of a Cruise Made to the Pacific Ocean, in the United States Frigate Essex, in the Years 1812, 1813, and 1814.* 1815.

습이었다. 쭈그리고 앉은 자세였고, 제법 나쁘지 않게 만들어졌다. 귀와 눈은 크고, 입은 넓었으며, 팔다리는 짧고 작았다. 전체적으로 보아 조각의 기예가 아직 초기 단계에 있는 민족에게서 찾아볼 수 있을 만한 조각상이었다.

신상 양옆과 앞뒤에는 빵나무 목재로 만들어진, 거의 같은 크기의 조각상이 몇 개 자리하고 있었다. 이 조각상들은 석재 조각상보다 균형이 덜 잡혀 있었고, 같은 모델을 바탕으로 만들어진 것처럼 보였다. 아마도 조각상들은 복제품으로, 섬에 있는 모든 조각상이 석조 신상을 모델로 삼아 만든 것 같았다. 집에 모신 신상이나 부채 자루에 다는 장식, 집의 기둥 등 사람 형상은 모두 같은 도상을 본떠 만들어져 있었다.

이 신상의 좌우에는 두 개의 오벨리스크가 있는데, 대나무와 얽어 짠 종려잎과 코코야자 나뭇잎으로 화려하고도 솜씨 있게 만들어졌다. 전체가 흰 천 테이프로 멋지게 장식되어 그림같이 우아한 모습이었다. 오벨리스크 높이는 35피트(10.7m) 정도이고, 밑동에는 돼지와 거북 머리가 매달려 있었는데 '신들에게 바치는 제물'이라는 말을 들었다.

이 숲의 오른쪽, 겨우 몇 발짝 떨어진 거리에 화려한 전투용 카누 네 척이 놓여 있는데, 현외 장치가 붙어 있고 사람의 머리카락·산호 등의 장식과 많은 흰 테이프로 꾸며져 있었다. 뱃머리는 산을 향해 놓이고, 선미에는 노를 들고 깃털로 장식된 옷을 잘 차려입고, 고래 이빨로 만든 귀걸이와 그 지역 방식에 따른 여러 다른 장식을 한 인형이 있었다.

종교 생활

이들에 대해 보고 들은 바로, 이들 종교는 소시에테제도(Society Islands, 남

사제 타와타[3]

---

3) 출처: *Journal of a Cruise Made to the Pacific Ocean, in the United States Frigate Essex, in the Years 1812, 1813, and 1814.* 1815.

태평양에 있는 프랑스령 제도로 최대의 섬은 '타히티'이다.)와 샌드위치제도의 종교와 같다고 생각된다. 쿡 함장뿐만 아니라 그와 동행했던 학자들도 당황하게 만들었던 종교로, 당연히 나 역시 크게 당황했다.

사제는 신탁을 전하며, 신보다 약간 낮은 존재로 간주된다. 그러나 어떤 사람들에게는 훨씬 더 우월하다고 여겨져 사제는 사후에 주요한 신과 같은 지위를 차지한다. 소위 '모라이(morai)'라고 하는 묘지에 있는 신들 이외에도 집 안의 신들과 그들의 목에 다는, 주로 인골로 만든 작은 신들이 있다. 또 다른 신들이 부채의 자루, 집의 기둥, 지팡이 그리고 특히 전쟁용 곤봉에 조각되어 있다. 하지만 이런 신상은 숭배용으로는 여겨지지 않는다. 이 신상들은 판매되고, 교환되고, 다른 물건과 마찬가지로 무심하게 남에게 주어지고, 가장 귀중한 유물인 친척의 머리뼈와 뼈도 마찬가지로 무심하게 처리된다.

이들 종교에서 이 사람들은 어린아이일 뿐이었다. 그들의 모라이는 인형의 집이고, 신들은 그들의 인형이다.

가타네와가 모든 아들과 많은 다른 이들과 함께 종교 행사를 위해 임시로 세우고, 천 조각으로 장식한 작은 집들에 모셔진 많은 작은 목제 신상 앞에서 몇 시간이고 앉아 손뼉을 치고 노래하는 것을 보았다. 집은 아이가 만들었을 법한 것으로, 2피트(60cm) 길이에 18인치(45.7cm) 높이 정도로 열한두 채가 작은 부락처럼 모여 있었다. 집 옆에는 카누가 몇 척 있는데, 노와 후릿그물·작살 등 고기잡이 도구가 있고, 이 주변으로는 선이 그어져서 그곳이 금제의 장소임을 나타냈다. 이 선 안에서 가타네와와 다른 이들이 애어른처럼 노래하고 손뼉을 치며, 때로는 웃고 떠들면서 종교의식에는 아무런 주의도 기울이지 않는 것처럼 보였다.

원주민의 침소

이제 그들의 살림과 가구, 주방용품과 집기 등에 대해 언급할 차례다. 이미 가옥에 대해서는 내가 묘사했는데, 방은 몇 개 되지 않고 가족이 아무리 많더라도 하나의 공용 침소밖에 없다. 침소에는 마른 풀이 깔려 있고, 가장을 위해 매트를 펴 놓았다. 하인들과 다른 이들은 그냥 풀 위에서 자거나 매트가 있는 경우에는 그 위에서 잠을 잔다.

금제와 돼지고기

이전의 항해가들이 묘사한 것처럼 남태평양 군도에 흩어져 있는 이 대단한 민족의 여성은 남성과 같이 식사 자리에 앉지 못하며, 어떤 경우라도 돼지고기를 먹을 수 없다. 하지만 이 섬사람들은 예외다. 각자의 접시에 음식을 먹기는 하지만 남녀와 어린이가 함께 식사하며, 여성들은 금제가 있을 경우만 제외하고 돼지고기를 먹을 수 있다. 금제 기간이라도 여성들이 돼지고기를 먹을 때가 있는데, 남성들이 없거나 남성들이 얼굴을 돌려 예의를 보이며 여성을 못 본 척하는 때인데, 남성들은 대개 그렇게 한다.

금제가 없는 부족들 사이에서 나는 남녀가 돼지고기를 같이 먹는 것을 본적이 있었는데, 이전에 언급한 것처럼 루이스만[4]에서였다. 남녀 모두 돼지고기를 무척 좋아하고, 고기를 먹으려는 욕심으로 보건대 돼지고기는 아주 귀하고 드문 것으로 여겨진다고 짐작할 수 있고, 실제로도 그렇다. 섬에 돼

---

4) 포터 함장이 모리와 만난 곳을 '루이스(Lewis)만'이라고 명명했다. 루이스만은 오늘날 누아히바섬(매디슨섬) 남부에 있는 '타이오하에(Taiohae)만'이다.

지가 많기는 하지만, 원주민들은 가족이 먹을 용도로 돼지를 잡는 경우는 거의 없고 축제를 위해서 기르며, 그때는 통상적으로 한 번에 500~600마리를 잡는다. 친척이 죽은 경우 이를 계기로 잔치를 벌인다. 이런 잔치를 풍성하게 하기 위해 몇 년 동안은 돼지를 잡지 않고 아껴 두는데, 돼지고기야말로 잔치를 가장 빛나게 한다.

남성과 여성의 일

결혼식이 있을 때도 잔치를 하는데, 잔치로써 완전한 격식을 갖춘다. 부부의 결합은 구속력이 없어서 상대방을 더 이상 좋아하지 않고 자식이 없다면 헤어질 수 있다. 여자들은 19세나 20세가 되어야 결혼하는데, 문란한 생활을 하면서 결혼 이전에 아이를 갖지 않는다. 그래서 여성들은 나이가 들어도 아름다움을 유지한다. 결혼 전에는 원하는 사람과 즐길 수 있는 자유가 있지만, 결혼 후에는 남편이 여성의 처신을 통제한다. 여성들은 대부분의 다른 원주민 부족 여성과 달리 어떤 힘든 일도 하지 않는다. 여성의 일은 완전히 가정에 국한되어 있어서 옷감을 만들고, 집과 아이를 돌본다.

남성들은 땅을 경작하고, 고기를 잡고, 카누와 집을 만들고, 가족을 보호한다. 그들은 모두 뛰어난 장인이며 부족한 것이 거의 없지만, 원하는 것을 얻는 데 필요한 완벽한 지식을 갖고 있다. 확실히 모두가 완벽하게 할 수 없는 특정한 전문적인 직업이 있기는 한데, 문신이나 귀의 장식품을 만드는 일 등이다. 이런 일에는 모든 주의를 기울여서 그 기예를 완벽하게 닦는 남성들이 있다. 전문 이발사도 있고, 의사도 어느 정도는 전문직이다.

가재도구와 낚시

　이들의 가구에는 탁월한 솜씨로 만든 매트, 조롱박, 바구니, 코코넛으로 만든 카바 컵, 그리고 통나무 속을 파내고 깔끔하게 다듬은 요람, 역시 단단한 자재의 속을 파낸 작은 궤와 덮개, 나무 그릇, 그리고 쥐도 올라갈 수 없도록 특이하게 디자인된 다양한 물건을 걸게 만든 스탠드 등이 있다. 깃털 장식과 다른 귀중한 물건들은 잘못하면 쥐 때문에 피해를 보기 때문에 천장에 조롱박을 거꾸로 끼운 줄에 매단 바구니에 담아서 쥐가 접근하지 못

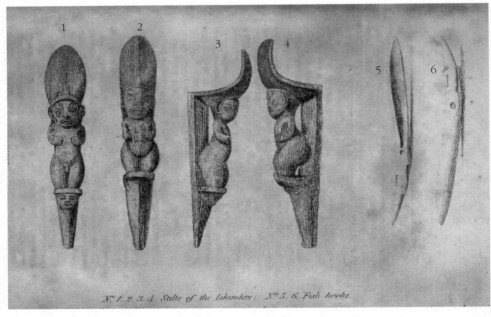

섬사람들의 조각품[5]　1~4는 가옥 용 각주(脚柱), 5~6은 루어 낚시

5) 출처: *Journal of a Cruise Made to the Pacific Ocean, in the United States Frigate Essex, in the Years 1812, 1813, and 1814*, 1822.

하게 한다.

농기구는 땅을 파는 용도의 날카로운 막대기만 있을 뿐이며, 낚시 도구는 그물·뼈와 나무로 만든 작살·낚싯대와 줄 그리고 자개로 만든 낚싯바늘 등이 있다. 뼈와 나무로 만든 작살과 낚싯바늘은 특별한 설명이 필요하다.

머리 모양과 문신

원주민들은 머리카락을 미는데, 이발사가 상어 이빨이나 조개껍데기로 민다. 하지만 요즘은 가장 흔한 것이 쇠로 된 굴레의 가장자리를 날카롭게 갈아 만든 도구로, 큰 고통 없이 머리카락을 제거한다. 젊은이들의 턱수염과 남녀의 겨드랑이 털은 조개껍데기로 뽑으며, 여성들은 신체의 다른 특정 부분은 자연 그대로 내버려 둔다.

어떤 경우인지 나는 잘 모르겠지만, 여성들도 때로는 머리카락을 밀어버린다. 하지만 그런 경우는 드물다고 생각되는데, 머리카락을 길게 기르거나 짧게 자르거나 바짝 치거나 한 여성들이 있기 때문이다. 헤어스타일이 아주 다양하기 때문에 특히 우세해 보이는 유행은 찾아보지 못했는데, 젊은 남성만 예외다. 이들의 관습은 머리카락을 머리의 양쪽에 하나씩 두 개의 매듭으로 묶어 흰 천 조각으로 고정하는 것으로, 우리나라 최고 이발사의 기술도 따라가지 못할 정도로 단정하고 멋있다. 노인들은 가끔 머리카락을 짧게 깎거나 밀기도 하는데, 정수리에 한 가닥을 남겨서 느슨하게 풀거나 매듭을 지어 올린다. 하지만 이런 두 번째 방식의 헤어스타일은 가까운 친척의 죽음에 복수한다는 엄숙한 맹세를 할 때다. 이런 경우 약속을 이행할 때까지 머리 타래는 절대로 자르지 않는다.

상어 이빨이나 쇠로 된 고리형 면도기 외에 머리카락을 그슬리기 위해 낙인을 사용하거나 수염과 신체의 다른 부분의 털을 뽑기 위해 조개껍데기를 핀셋처럼 사용한다.

문신은 한쪽에만 빗살이 있는 빗처럼 생긴 뼈로 만든 기구를 사용한다. 태운 코코넛 껍질을 갈아 가루로 만들어 물에 갠 검은 물감을 빗살의 뾰족한 부분에 문지른다. 이것을 피부에 찔러 넣는데, 무거운 나무를 망치로 이용한다. 시술은 몹시 아프고 피부를 찌를 때마다 피가 흘러나오지만 그들은 자부심으로 고통을 참아낼 수 있다고 생각한다. 심지어 고통으로 인한 몸부림이 시술자를 방해하지 못하도록 문신 하는 동안 몸을 결박한다.

남자들은 고통을 견딜 수 있는 나이가 되면 곧 문신하기 시작하는데 보통 18~19세 때이고, 35세가 되어야 문신이 거의 끝난다. 여성들도 같은 나이에 문신을 시작하지만, 팔다리와 손에만 아주 깔끔하고 섬세한 문신을 할 뿐이다. 여성의 입술을 가로질러 가냘프게 선이 그어진 경우가 있고, 어떤 이들은 입술의 안쪽에 문신한다. 입술을 잡고 보여 주지 않으면 절대로 보이지 않기 때문에 나로서는 이런 장식의 목적을 이해할 수가 없었다.

관찰한 바로, 섬의 모든 부족이 서로 다른 모양으로 문신을 했고, 문신에서 각각의 선은 모두 의미가 있으며, 문신을 한 사람에게 축제에서 특정한 권한을 부여한다고 들었다. 문신을 하게 되면 때로 곪는 상처가 생기기도 하고, 아물기까지 몇 주가 걸리기도 한다. 하지만 어떤 심각한 결과도 낳지 않으며, 흉터를 남기지도 않는다.

의복 제작

원주민들은 방망이와 매끄러운 통나무만을 사용해서 천을 만든다. 둘 다 전투용 곤봉을 만드는 단단한 나무로 만든다. 방망이는 길이가 18인치

(45.7cm) 정도로, 한쪽 끝은 손잡이로 둥글고, 나머지 부분은 사각이며, 길이 방향으로 약간의 홈이 나 있다. 천을 만드는 전체 작업은 나무껍질을 필요한 크기가 되도록 통나무에 대고 두드리고, 그것을 물에 적셔서 한 손으로 방망이로 두드리면서 다른 손으로 그것을 부드럽게 늘인다.

작업은 노년의 여성들이 맡으며, 이들은 하루에 '카후'라고 불리는 겉옷을 세 벌 만들어 낸다. 깔끔하고 고르며, 거의 고운 면이나 아마 정도의 강도를 지녔는데 한 번 이상의 세탁을 견디지는 못한다. 일주일 정도 입고 세탁하는데, 세탁하고 나면 천은 다시 두드려서 윤기와 강도를 준다. 그래서 웬만한 노동을 하는 여성이라면 6주 정도 입을 수 있는 겉옷을 하루 만에 만든다.

의복이 닳거나 혹은 우연히 찢어지면 찢어진 곳의 가장자리를 물에 적셔서 그 부분을 함께 모아 부드럽게 두드려주면 된다. 원주민들은 바늘 사용법을 전혀 모른다. 옷을 수선하는 이 단순한 방법은 바늘이 필요하지 않고, 옷의 각 부분은 사각형의 천 조각으로 만들어지므로 바늘이 옷을 만드는 데 필수품도 아니다.

장례 풍습

장례용 관은 구유를 만들듯이 단단한 하얀 목재의 속을 파낸다. 크기는 시체가 간신히 들어갈 정도의 크기로, 광택을 내고 친우의 시체에 존경을 표한다는 것을 알 수 있게 마감한다.

사람이 죽으면 시체를 관에 모시고, 관을 놓아두는 용도로 비워진 집에 대를 만든다. 아니면 금제가 걸린 집 앞에 돌로 된 단을 쌓고, 관이 들어갈 정도의 작은 집을 지어 관을 넣어둔다. 전자의 경우는 여성의 시체를, 후자는 남성의 시체를 안치하는 데 사용한다. 지킴이가 지정되어 근처에서 잠을 자면서 죽은 자를 지킨다. 살이 썩어 뼈가 남게 되면 조심해서 세척을 한다고 들었다. 이 유골을 보관하는 경우도 있고, 모라이에 모시는 경우도 있다.

부채

원주민들이 소중히 여기는 부채는 놀라울 정도로 깔끔하게 만들어져 있다. 반원형으로 된 특이한 매트 조각으로 이루어져 있으며, 일반적으로 손잡이 위쪽에 둘, 아래쪽에 둘씩 등을 마주해 쭈그리고 앉은 모양의 신이 부착되어 있다. 부채는 단단한 풀 종류로 만들었는데 아마도 팔메토[6] 잎인 것 같다. 손잡이는 백단목, 토아나무, 고래 이빨 혹은 인골을 이용해 그들의 신 형상으로 잘 조각되어 있다. 부채는 높이 평가되며, 때때로 초크[7]나 유사한 물질로 희게 해서 깨끗하게 보존하는 일에 많은 공을 들인다.

---

6) 팔메토(palmetto)는 작은 야자나무다.
7) 초크(chalk)는 (화석화된 조개껍데기에 의한) 회백색을 띠는 석회암이다.

7장

매디슨섬
농작물, 매디슨섬 출발

영국인 선교사의 포교

제대로 재배하지 못해 품질이 떨어지는 파인애플과 피마자를 섬에서 볼 수 있다. 파인애플은 티우호이 계곡 금기 구역에만 있고, 피마자는 잘 자라 아주 풍성하다. 월슨이 내게 알려 준 바로는 약 5~6년 전에 한 영국인 선교사가 이 두 식물을 가져왔는데, 그는 원주민들을 기독교로 개종시키려고 이곳에 잠시 머물렀다고 한다. 그의 선교가 성공했는지는 알 수 없었지만, 그가 머무는 동안 개종에 성공했다 하더라도 그 모든 흔적이 내가 도착했을 때는 완전히 사라져 없었다.

선교사는 먼저 가타네와의 아내를 개종시키려 한 것 같았는데, 그녀가 섬에서 가장 똑똑한 여성이었기 때문이다. 그녀는 종교에 관해 선교사와 나누었던 대화를 완벽하게 기억하고 있었다. 월슨의 통역으로 그녀는 나에게 말했다.

"선교사가 그의 신은 모든 이가 섬겨야만 하는 유일한 신이라고 알려 주었어요. 또한 그 신이 누아히바섬을 만들었고, 그가 진정하고 유일한 신임을 알리기 위해 자기 아들을 보냈다는 얘기도 했어요. 선교사는 우리들의 신을 나무토막이니 돌이니 걸레라고 조롱했는데, 타이에아 타이아(Taiea-taiaa)가 말했듯이 우리는 당신의 신을 조롱하지 않았기 때문에 그것은 옳지 않아요. 선교사의 신은 그만을 섬겨야 한다는 것을 우리가 확신하도록 우리를 가르치기 위해 그의 아들을 보냈어요. 선교사가 말한 부족과는 달리 우리는 그의 아들을 죽이지 않을 것이고, 그의 선의에 감사할 것이며, 우리가 선교사에게 주었듯이 그가 우리와 함께 머무는 동안 그에게 잠자리와 음식을 줄 겁니다. 우리의 신들은 우리에게 빵나무와 코코넛과 바나나·타라를 풍성하게 주었고, 우리는 정말로 행복하며, 누아히바 같은 섬은 찾을 수 없고, 티우호이 골짜기보다 행복한 골짜기는 없으므로 만족하고 있어요. 달에 살고 있는 당신네들이 우리 섬의 산물을 찾아오는데, 당신의 신이나 섬이 부족한 것들을 모두 채워준다면 왜 우리를 찾아오겠어요? 백인은 우리보다 뛰어나니까 백인의 신들이 우리의 신들보다 더 위대할 것으로 생각해요. 백인의 신들은 백인만을 위한 것이고, 누아히바의 신들은 오직 우리를 위한 것이에요."

여기서 나는 우리 백인이 달에 살고 있으며, 흰 피부색은 전적으로 달의 색깔 탓이라고 이 부족들이 완전히 확신하고 있음을 말해야겠다. 그들은 영국과 미국이 별개의 두 나라이거나 각기 다른 섬에 위치하거나 같은 섬의 다른 골짜기에 있다고 알고 있다. 두 부족이 전쟁을 벌이는 동안 포로를 살려주는 것에 대해 놀라워했다.

남태평양 원주민의 땅에 대한 애착

누아히바섬 원주민보다 자신의 땅에 집착하는 사람들은 없다. 어떤 설득이나 고래의 이빨 같은 보상으로도 그들이 사랑하는 섬, 친구들 그리고 친척들을 등지고 떠나게 할 수 없다. 그리고 그들의 얼굴에서 분노를 보았던 유일한 경우는 내가 재미 삼아 그들에게 아이들이나 형제들을 미국으로 데리고 가겠다고 제안한 때였다. 실제로 그들을 고향 섬으로 돌아오게 할 권한을 내가 갖고 있어서 청년 한두 명이 나와 함께 가는 데 동의했다면 나는 기뻤을 것이다. 그러나 청년들이 돌아오지 못할 수도 있다는 불안으로 나는 그렇게 부탁하지는 못했다. 그들은 다른 육지를 찾으러 섬을 떠나는 것에 대해서는 동일한 반감을 보이지는 않았다.

그들은 이 섬들이 백인의 나라가 아니며, 섬에는 빵나무 열매·코코넛·타라·카바 등의 생산물이 다른 생산물보다 더 가치가 있고 풍부하다는 것을 구전으로 배운다.

이 섬들은 약간의 차이는 있지만 같은 언어를 사용하고, 같은 종교와 관습을 갖고, 같은 무기와 장신구를 사용하며, 또한 태평양에 띄엄띄엄 자리한 수많은 섬 사이에 널리 흩어져 살고 있는 거대한 민족에 속하는 땅이다. 누아히바, 샌드위치제도, 타헤이테 그리고 뉴질랜드 사람은 모두 같은 민족이다. 영국 각 지역 사람들이 서로 차이를 보이지 않는 것만큼이나 이들의 언어와 외모는 매우 닮아 있다.

원주민과 식물의 기원

가타네와가 나에게 설명한 바로는 오아타이아(Oataia)와 그의 아내 오바노바(Ovanova)는 '바바오(Babao)'라는 섬(누아히바섬 아래 어딘가에 있는 섬)에서 이곳으로 와 자손을 퍼뜨렸다고 한다. 그는 여러 가지 식물을 가져왔는데, 40명의 자식 중 한 명—밤(夜)을 의미하는 '포(Po)'—을 제외하고는 모두 이런 식물명을 따서 이름을 지었다고 한다.

프렌들리제도[1]에는 멋진 바바오섬이 있다. 이 섬의 산물은 통가타부 (Tongataboo)제도의 산물과 똑같고, 누아히바섬의 것들과 별로 다르지 않다.

1813년 12월 9일, 출항 준비

12월 9일, 누아히바섬 친구들의 호의로 식량·나무 그리고 물을 충분하게 배에 실었고, 갑판에는 돼지와 코코넛과 바나나가 가득했다. 그들은 또한 우리가 바다에서 먹기 편리하도록 말린 코코넛을 준비해 주었는데, 3~4개 월 치 물량이었다.

나포선 세링가파탐호, 써 앤드류 해먼드호 그리고 그리니치호를 주둔지 아래에 안전하게 정박시킨 다음, 해병대 갬블 중위 지휘하에 두었다. 그는 장교 후보생 펠터스(Feltus)를 포함하여 21명과 함께 내가 돌아올 때까지, 아니면 나로부터 다른 명령을 받을 때까지 남아 있기로 자원했다. 갬블 중위에게는 원주민들과 최대한 친교를 나누며 모든 관심을 기울여 줄 것과 내가 그에게 남겨 둔 여러 종류의 씨앗을 재배하는 법을 원주민들에게 알려 줄 것을 지시했다. 그를 이 나포선들과 같이 남겨 두겠다는 것은 남미 해안에서 전투할 경우 나의 배들을 이곳에서 수리하기 위함이었다. 그리고 그가 이곳에서 불가피하게 발이 묶이게 되는 것을 막기 위해 내가 떠난 시점으로부터 5개월 보름 이내에 나의 소식을 듣지 못한다면 섬을 떠날 것을 명령했다.

---

1) 프렌들리(Friendly)제도는 남태평양 중부에 있는 오늘날의 통가(Tonga)제도다.

타마하의 실종

출항한 지 얼마 지나지 않아 나에게는 큰 슬픔을 안겨 준 사건이 일어났다. 배에 타고 있던 타헤이테 원주민이 갑판장 보조병에게 두들겨 맞은 것이다. 그의 온화한 기질·행동 그리고 주위 사람들을 만족시키고자 하는 성향이 배를 타고 있는 모든 사람에게 호감을 주었는데, 그로서는 처음 구타를 당한 것이었다.

타마하(Tamaha)는 작업 시간 동안 쉬지 않고 일했으며, 항상 명랑하고 활기가 넘쳤다. 작업이 끝난 후에는 자기 나라식으로 춤을 추거나 춤추는 사람들을 흉내 내고, 우리의 체조를 따라 함으로써 승무원들을 즐겁게 해주었다. 그는 모든 면에서 인기를 독차지했다. 타마하는 구타를 당했다는 수치심을 견딜 수 없었을 것이다. 계속해서 눈물을 흘리던 그는 누구도 다시는 자신을 때리지 말라고 강조했다.

당시 우리는 육지에서 약 20마일(37㎞) 떨어진 해상에 있었고, 밤이 다가오고 있었다. 바람이 센 파도를 몰고 왔다. 타마하는 배 밖으로 뛰어내렸고, 그를 찾을 수 없었으며, 더 이상 보이지 않았다. 그가 물에 뜨기 위해 노나 작은 나무를 가지고 갔는지, 해안에 닿기를 원했는지, 스스로 목숨을 끝내려고 했는지 내가 단정할 수는 없다. 그러나 거리가 너무 멀고, 바다가 너무 거칠어서 그가 생존하리라는 희망을 품을 수 없었다. 그의 실종으로 우리는 모두 아주 애석해했고, 그의 슬픈 운명은 모두에게 낙담을 안겨 주었다.[2]

---

2) 그러나 그는 이틀 밤과 하룻낮을 헤엄치거나 표류하여 섬에 도착했다. ─저자 주

4부

에식스호의 나포

1장
발파라이소에서 일어난 일과
에식스호 나포

1814년 2월 3일, 발파라이소 도착

1814년 2월 3일, 발파라이소만에 정박한 후 육상의 포진지와 예포를 주고받고 시장에게 경의를 표하기 위해 해안으로 갔다. 다음 날에는 예포를 쏘고 그의 방문을 받았다. 시장은 아내와 장교 몇 명을 데리고 왔다.

1814년 2월 7일, 선상 연회

7일 저녁, 나는 정부 공무원들과 그 가족들 그리고 신분이 높은 모든 주민을 에식스호 선상 연회에 초대했다. 나는 이런 즐거운 연회에 다운즈 중위가 참석할 기회를 주기 위해 에식스 주니어호를 정박하되 바다 쪽 시야를 완전히 확보하도록 했다.

적선 출현

춤은 자정까지 계속되었다. 그 후 다운즈 중위는 그의 배로 가서 출항 준비가 끝나자마자 바다로 나아갔다. 우리가 이런 행사에서 일반적으로 전함 장식품으로 사용하는 천막과 깃발 등을 치우지도 못했고, 수많은 손님이 어질러 놓은 난장판을 깨끗이 정리하지도 못한 상태에서 에식스 주니어호가 시야에 들어온 두 척의 적선에 대한 신호를 보내왔다.

1814년 2월 8일, 영국 프리깃 피비호와 힐야르 함장

적선이 시야에 포착된 지 1시간 30분이 지난 7시 30분, 내가 에식스호로 돌아오니[1] 배는 이미 전투 준비를 끝마쳤고, 전원이 승선해서 각자의 자리를 지키고 있었다. 이제 우리는 방어 태세를 취할 수밖에 없었다.

8시에 배 두 척이 항구로 들어왔는데, 힐야르 함장[2]이 지휘하는 프리깃 피비(Phoebe)호로 판명되었으며, 에식스호 옆으로 진입하고 있었다. 에식스호와 에식스 주니어호의 중간이면서 에식스호로부터 몇 야드 전방이었다. 피비호는 전투 준비를 모두 끝낸 상태였다. 힐야르 함장은 매우 공손하게 나의 안부를 물었고, 이러한 인사에 나는 의례적인 답을 했다.

피비호가 적정 거리나 항구 내에서 엄정 중립을 지켜야 함에도 내가 납득할 수 있는 거리보다 더 가까이 다가오고 있다는 것을 발견했다. 우리 배는 완벽하게 전투 준비를 갖추었지만 공격해 올 때만 행동한다고 나는 힐야르

---

1) 포터 함장은 적선의 발견 소식을 듣자마자 보트로 에식스 주니어호에 가서 직접 적선을 살폈다.

2) 1807년 포터가 지중해에서 근무할 당시 힐야르(Captain James Hillyar, 1769~1843)를 알게 되었고, 포터는 지브롤터에 거주하는 힐야르 가족을 자주 방문하며 친분을 쌓았다. 힐야르는 1813년 영국 태평양 소함대(British Pacific Squadron)의 지휘관으로 임명된 후, 자국의 배를 보호하고 미국의 고래잡이 선단과 모피 무역을 억제하는 임무를 맡고 있었다.

함장에게 알렸다.

힐야르 함장과 체럽(Cherub)호 터커(Tucker) 함장은 도착한 다음 날 미국 부영사 블랑코 집에 있는 나를 방문했다. 그곳은 내가 발파라이소에 있을 때 평소 머무는 집이다. 그들의 방문에 답방하면서 지휘관들과 나 사이뿐만 아니라 각각의 배에서 내린 장교들과 승무원들 사이에도 친밀감이 형성되었다. 외견상으로 판단하자면, 누구도 우리가 전쟁 중이라고 생각하지 못할 만큼 서로에 대한 우리의 태도는 매우 우호적인 동맹 관계를 보였다.

우리가 가진 첫 번째 회견에서 힐야르 함장에게 항구의 중립성을 존중할 의도가 있는지 물었다. 그는 매우 진지하면서 강한 어조로 "귀관께서 항구의 중립성에 너무 많은 관심을 기울이고 계시니, 본인은 그것을 존중할 수밖에 없군요."라고 대답했다. 나는 그의 대답에서 충분한 확신을 받았으며, 이제 더 이상 전투태세를 갖출 필요가 없으니 마음이 더 가벼워지겠다고 응수했다.

예상한 대로 피비호는 나를 찾으러 발파라이소에 왔다. 그때 나는 에식스호에 있었고, 무장 나포선 에식스 주니어호는 다운즈 중위 지휘하에 항구 밖을 감시하고 있었다. 하지만 힐야르 함장이 취할 것이라고 내가 예측한 수순과는 달리 그는 슬루프 체럽호와 동행했는데, 체럽호에 탑재된 함포는 총 28문이었다. 32파운드 카로네이드[3] 18문, 24파운드 포 8문, 후갑판과 앞갑판에 장거리용 9파운드 포가 각각 1문씩이고, 정원은 180명이었다. 피비호의 화력은 장거리용 18파운드 포 30문, 32파운드 카로네이드 16문, 곡사포 1문, 장루[4]에 3파운드 포 6문으로 총 53문이고, 정원은 320명이었다. 합

---

3) 카로네이드(carronade)는 구경이 크고 포신이 짧은 함포의 일종이다.
4) 장루(檣樓, top)는 돛대 위에 꾸며 놓은 대(臺)로서 돛대 꼭대기(망루, 望樓)나 포좌(砲座)로 쓴다.

해서 그들은 함포 81문과 500명의 병력으로 구성되었다. 여기에 추가해서 그들은 항구에 있던 영국 나포선의 선원도 태우고 있었다.

피비호와 체럽호는 승무원들을 모집하여 승선시킨 후, 함포 22문을 탑재한 래쿤(Racoon)호와 함포 20문을 탑재한 군수 물자 수송선과 함께 에식스호를 수색할 명백한 목적으로 태평양에 파견되었고, "하느님과 영국은 영국 선원들의 최상의 권리, 반역자들은 이 두 가지 모두를 침해한다."는 모토가 새겨진 깃발들도 준비했다. 이것은 나의 모토인 "자유 무역과 선원들의 권리"에 대한 응수로, 내 승무원들이 주로 영국인이라는 생각과 나의 모토가 힐야르의 승무원들에게 미치는 영향을 막아보겠다는 잘못된 생각에서 나왔다.

에식스호의 화력은 32파운드 카로네이드 40문, 장거리용 12파운드 포 6문으로 총 46문이었다. 그리고 승무원은 나포선으로 많이 보냈기 때문에 255명뿐이었다. 군수 물자 수송을 위주로 하는 에식스 주니어호에는 18파운드 카로네이드 10문, 단거리용 6파운드 포 10문으로 총 20문이 있었다. 그리고 승무원은 60명만 승선하고 있었다. 그들이 쓴 모토에 대응하기 위해서 나는 뒷돛대의 세로돛대(mizen)에 "하느님과 미국, 그리고 자유. 독재자들은 이 모두를 침해한다."라고 적었다.

피비호와 체럽호의 항구 봉쇄

식량을 충분히 싣자 피비호와 체럽호는 항구를 떠나 근처에서 거의 6주 동안 우리를 감시하며 봉쇄했다.

그동안 나는 피비호 단척이 응전하도록 여러 차례 도발했다. 처음에는 에식스호와 에식스 주니어호 두 척을 동원해 보았고, 나중에는 두 척의 승무원 모두를 에식스호에 태워 피비호와의 전투를 유발하려고 했지만 효과는 없었다.

　나는 배를 몰고 여러 번 도발했으며, 속력에서 내가 크게 우위를 점하고 있음을 확인했다. 한번은 사정거리 이내로 근접하는 데 성공해 발포했지만, 피비호는 바람 불어가는 방향으로 2.5마일(4.6㎞) 거리의 체럽호가 있는 곳으로 달아났다. 이 때문에 힐야르 함장은 한편으로는 놀랐고, 또 분노가 치밀어 올랐다. 내가 배를 몰고 추적하기도 전에 항구 밖으로 나간 피비호는 모토가 적힌 깃발을 올린 다음 바람 불어오는 방향으로 함포를 발사했다. 힐야르 함장은 나와 거의 대등한 조건에서 싸우는 것을 피하기로 결심한 것처럼 보였다. 그가 자신의 배 두 척을 서로 근접 거리에 계속 두려는 극도의 신중함을 보였기 때문에 우리가 항구에 더 오래 머무는 것은 우리 쪽에 도움이 되지 않았다. 그래서 나는 기회가 주어지는 대로 바다로 나가기로 결심했다.

　함포 38문을 장착한 타거스(Tagus)호와 프리깃 두 척이 나를 추적하기 위해 이 해역으로 출동했다는 정보를 입수했기 때문에 결심이 더 굳어졌다. 그리고 컬럼비아강[5]에 있는 미국의 모피 가공 시설물을 파괴할 목적으로 파견되었던 래쿤호가 아메리카 북서 해안을 떠나 이곳에 도착한다는 정보도 있었다. 에식스 주니어호와 만날 장소를 정했으며, 바다로 나갈 모든 준비가 완료되었다. 에식스 주니어호가 탈출할 기회를 주기 위해 그들이 에식스호를 추격하도록 계획했다.

1814년 3월 28일, 탈출 시도와 교전

　이러한 계획을 결정하고 다음 날인 3월 28일, 바람이 남쪽에서 불어왔을

---

5) 컬럼비아(Columbia)강은 북미 북서부를 남서쪽으로 흐르는 강이다.

때 좌현 닻줄을 풀어 우현 닻이 바로 바다 쪽으로 끌리도록 했다. 돛을 펴는 데 한순간도 머뭇거릴 수 없었다. 적들은 만 서쪽 측면 포인트와 가까이 있었다. 적과 마주했을 때 우리 배가 바람이 불어오는 쪽으로 앞지를 가능성이 보였고, 한 번 접은 꼭대기 돛들 위에 펼쳐진 톱갤런트 세일(top gallant sails)을 접어 돛의 방향을 바꾸어서 앞지를 준비를 했다. 그러나 만 서쪽 측면 포인트를 도는 중에 강한 돌풍이 불어 배를 강타했고, 중앙 가운데 돛대(main top mast)가 쓸려 넘어지면서 그 위에 있던 승무원들이 떨어져 익사했다. 즉시 두 적선은 내가 타고 있는 에식스호를 추격했고, 중앙 가운데 돛대가 망가진 상태에서 우리는 항구로 되돌아가려고 했다. 그러나 적당한 묘박지를 찾을 수 없다는 것을 깨달은 나는 바람 불어가는 쪽이자 약 3/4마일(1.4㎞) 떨어져 있는 포진지가 있는 항구 동쪽의 작은 만을 향해 빠르게 배를 몰았다. 가능한 한 빨리 부서진 곳을 수리하기 위해 해안으로부터 권총 사거리 이내의 바다에 닻을 내렸다.

적군은 우리가 투묘한 장소가 중립 장소임에도 불구하고 명백한 공격 의도를 드러내면서 계속 접근했다. 중립 지역에 투묘한 에식스호를 공격하기 위해 접근하면서 적이 보인 조심성이란 그들의 돛대 꼭대기에 달린 모토가 새겨진 깃발과 다수의 국적기만큼이나 정말 꼴불견이었다. 사정이 허락하는 한 최대한 빨리 배를 움직이기 위해 닻줄에 스프링을 연결하려고 했지만, 적이 오후 3시 54분에 공격을 해 와서 성공하지 못했다.

피비호는 에식스호 선미 뒤쪽에 있었고, 체럽호는 우현 선수 쪽에 있었다. 그러나 체럽호는 곧 자신이 위험한 상황이라는 것을 인식하자마자 에식스호 선미 쪽으로 다가왔다. 양쪽에서 두 척의 배는 우리를 향하여 계속 함포를 쏘았다. 우리는 선미의 장거리 12파운드 함포 3문으로 매우 강력하면서도 효과적으로 응전했다. 30분 만에 무력화된 적선 두 척은 부서진 부분을 고치기 위해 선수를 돌렸다. 전투 중에 항해장 대리 에드워드 반월 (Edward Barnewall)이 갑판장 린스캇(Linscott)의 보조를 받으며 세 차례에 걸쳐 배를 돌리는 데 성공했다. 하지만 적은 화력이 너무 셌고, 우리가 방향을 완전히 돌리기 전에 도망가서 소용이 없었다.

에식스호는 크게 피해를 입었고, 사상자가 몇 명 발생했다. 하지만 강력한 화력을 앞세운 적과의 전투에 임한 나의 용감한 장교와 수병들은 불리한 상황임에도 불구하고 누구도 좌절하지 않았다. 모두가 마지막 순간까지 배를 지킬 것을, 그리고 부끄러운 항복보다는 차라리 죽기를 결심한 것처럼 보였다. 활대 위의 국기와 기치는 뒷돛대의 세로돛대와 함께 함포에 맞아 찢어졌지만, "자유 무역과 선원들의 권리"라고 적힌 깃발은 선수에서 계속 펄럭이고 있었다. 국기는 새것으로 교체했다. 그리고 비슷한 사태를 막기 위해 국기를 윗돛대의 세로돛을 묶는 밧줄에 매달고, 선수기를 배의 여러 곳에 게양했다.

적은 추가 공격을 위해 재빨리 피해를 복구했다. 힐야르 함장은 우리 배의 우현 선미 쪽에 그의 배 두 척을 위치시켰는데, 우리 카로네이드의 유효 사거리 밖이었고, 선미 함포를 돌릴 수도 없었다. 힐야르 함장은 우리 함포의 사거리 밖에 머물면서 아주 짜증나게 계속 쏘아댔다. 가까이 다가가서 공격하지 않으면 그에게 피해를 줄 가능성은 없었다.

내 배의 삼각돛(jib), 앞 가운데 돛대 버팀줄돛(fore top mast stay sail)의 마룻줄[6]뿐만 아니라 가운데 돛(top sail)의 아딧줄[7] 모두 함포에 맞았다. 끊어지지 않은 유일한 밧줄은 선수 삼각돛(flying-jib)을 묶어 놓았던 마룻줄뿐이었다. 내가 사용할 수 있는 유일한 돛인 선수 삼각돛을 올리고 케이블을 끊

---

6) 마룻줄(halliards)은 돛이나 기를 올리거나 내리는 밧줄이다.
7) 아딧줄(sheets)은 바람의 방향을 맞추기 위하여 돛을 매어 쓰는 밧줄이다.

게 한 다음, 피비호에 탈 의도로 두 배에 다가갔다. 쌍방 측면에서 쏘는 화력은 이제 엄청났다. 나는 내 배 앞 가운데 돛(fore top sail)과 앞 돛(fore sail)을 내리려 했으나 돛의 밑면 모서리 밧줄(tack)과 아딧줄이 끊어져 그렇게 되지는 않았다. 그러나 잠깐 적선에 접근할 수 있었다.

우리 갑판은 이제 시체로 뒤덮였고, 콕핏[8]은 부상자로 가득 찼다. 배에 여러 번 불이 붙었고, 완전히 파괴되었음에도 불구하고 체럽호가 어쩔 수 없이 뱃머리를 돌리는 상황이라서 우리는 여전히 배를 구할 수 있다는 희망을 가졌다. 체럽호는 근접 전투할 능력이 있었지만 그렇게 하지 않고 계속 장거리 함포를 쏘았다. 우리가 무력해진 상태에서 피비호는 위치를 옮겨 장거리 함포를 사용하기에 최적 거리를 선택해 우리를 향하여 빗발치는 발포를 계속했고, 우리의 용감한 동료 수십 명이 쓰러졌다. 우리 함포 대부분은 적이 쏜 포탄으로 쓸모없게 되었고, 또한 일부 함포의 포병이 전멸했다. 부상병들을 함포에 다시 배치했다. 특히 함포 한 문에는 세 번이나 인원을 배치했지만 여기서 15명이 전사했다. 그런데 이상하게 들리겠지만, 함장인 나는 경미한 상처만 입었을 뿐이었다.

우리 배가 적의 유효 사거리 이내에 들어 있다는 것을 인지하자마자 나는 적에게 접근하겠다는 모든 희망을 버렸다. 그 당시 바람이 유리한 방향으로 부는 것 같아서 해안 쪽으로 에식스호를 몰고 가서 내 부하들을 상륙시키고, 배는 가라앉히기로 결심했다. 모든 것이 내가 바라는 대로 되는 것 같았다. 우리는 머스킷 사거리 안에 있는 해안으로 다가갔고, 나는 성공을 의심하지 않았다. 바로 그 순간, 바람 방향이 바뀌어 육지에서 불어와 (이 항구에서는 오후에 그렇게 된다.) 에식스호의 뱃머리가 피비호를 향하게 되었고, 우리는

---

8) 콕핏(cock-pit)은 옛 군함의 맨 아래 갑판에 위치한 사관실로, 전시에는 부상병용으로 사용했다.

다시 끔찍한 포탄 공격을 받았다. 배는 이제 전혀 조종할 수 없는 상황이었다. 그러나 뱃머리가 적을 향하고 있었고, 적은 우리 쪽에서 바람 불어가는 방향에 있었기 때문에 나는 여전히 적선에 올라탈 수 있기를 바랐다.

이때 에식스 주니어호 지휘관 다운즈 중위는 내가 곧 포로가 될 것이라는 생각에 내 명령을 받기 위해 선상으로 올라왔다. 에식스호의 비참한 상태에서 그는 나에게 어떤 도움도 되지 않았다. 그리고 (적선이 키를 바람 불어오는 쪽으로 돌린 상태에서) 적선으로의 마지막 승선 시도가 성공하지 못할 것을 예감한 나는 다운즈 중위가 승선한 지 10분 정도 지난 후 그의 배로 돌아가 수비 태세를 취할 것과 적이 공격할 경우 에식스 주니어호를 파괴할 준비를 하도록 지시했다. 그는 내 배의 부상자 몇 명을 데리고 가면서 그 자리에 그의 승무원 3명을 남겨 두었다.

내 배의 인명 피해는 이제 참혹해졌고, 적은 계속해서 머스킷을 쏘고 있었다. 그렇지만 우리는 함포를 이동시킬 수 없었다. 그래서 나는 굵은 밧줄(hawser)을 예비용 닻(sheet anchor)에 묶고, 선수 닻(anchor)을 선수에서 끊어 배가 돌아가게 지시했고 성공했다. 우리는 다시 현측(broadside)이 적을 향하도록 배를 돌렸다. 불행히도 닻을 연결하는 밧줄이 끊어져 우리가 닻을 내렸다는 사실을 적이 알아차리지만 않았더라도 적선은 큰 피해를 보고 조종 불능 상태였기 때문에 함포 사거리 밖으로 떠내려갔을 것이라고 장담한다.[9]

내 배는 교전 중에 여러 번 불이 났으며, 걱정스럽게도 선수와 선미에 불이 붙었다. 모든 승강구(hatchways)에서 화염이 치솟아 배를 구할 희망이 없었다. 적의 포격으로 우리 보트가 파괴된 상황에서 화재가 탄약고 근처에서 일어났고, 아래에 있는 많은 양의 화약이 폭발하여 상황이 더 악화되었다는 보

---

9) 밧줄이 끊어졌기 때문에 에식스호는 함포 사격과 조종이 불가능한 상태에서 피비호의 공격을 피할 수 없게 되었다. 포터는 오히려 이 상황을 운이 없는 탓으로 돌리고 있다.

고를 받았다. 우리가 해안에서 3/4마일(1.4km) 이내 거리의 해상에 있어서 배가 폭발하더라도 많은 용감한 승무원이 목숨을 건졌으면 했다. 그래서 나는 수영할 수 있는 사람들에게 물속으로 뛰어들어 해안으로 갈 것을 지시했고, 일부는 성공했다. 일부는 적에게 붙잡혔고, 일부는 헤엄치던 중 사망했다. 그러나 대부분은 나와 함께 마지막까지 배에 남아 운명을 같이하길 원했다.

배에 남은 우리는 불을 끄는 데 온 힘을 쏟았다. 불을 다 끈 후 다시 함포가 있는 곳으로 가서는 몇 분간 계속 발포했다. 이때쯤 승무원들은 너무나 지쳐서 더 이상 저항하는 것이 불가능하다고 말했고, 포병들이 다 쓰러져서 함포를 사용할 수 없는 상황에서 더 이상의 공격은 가능하지 않으니 부상병들을 구하기 위해 배를 넘겨주자고 모두가 간청했다.

나포[10]

---

10) 출처: *A Voyage in the South Seas, in the Years 1812, 1813, and 1814 with particular Details of the Gallipagos and Washington Islands.* 1823. 그림의 제목은 'CAPTURE OF THE'라고 적혀 있으나 선명이 누락되었다.

국기 내리고 항복

나는 의견을 듣기 위해 장교들을 불러 모았다. 하지만 맥나이트 중위만 있다는 사실에 놀랐다. 그는 포열 갑판[11]에 있는 함포 상태에 관한 보고를 확인해 주었다. 경갑판[12]에 있는 함포 역시 양호하지 않았다. 윌머 중위는 전투 내내 가장 용감하게 싸운 후 선수에서 예비용 닻을 꺼낼 때 파편에 맞아 배 밖으로 떨어져 익사했다. 코웰(John G. Cowell) 중위 대우는 다리 하나를 잃었다. 임시 항해장(sailing master) 반윌은 가슴과 얼굴에 상처를 입은 후 아래로 옮겨져 있었다. 오덴하이머(W. H. Odenheimer) 중위 대우는 좀 전에 배 밖으로 떨어졌고, 배가 항복한 뒤에도 돌아오지 못했다. 나는 장교 후보생 사관실·하급 사관실·상급 사관실 그리고 수병 취침 갑판에 더 이상 부상병을 수용할 수 없으며, 부상병들은 선의가 치료하는 동안 죽어갔고, 신속하게 조처하지 않으면 배는 바닥에 나 있는 수많은 포탄 구멍으로 인해 곧 가라앉을 것 같다는 보고를 받았다. 그리고 목수를 불렀더니 자신의 휘하 모두가 죽거나 다쳤으며, 자신 또한 측면에 물이 새는 곳을 막고 있을 때 슬링[13]이 포탄에 맞아 자신은 물에 빠졌으나 겨우 구조되었다고 보고했다.

바다가 잠잠해지고, 우리가 발사한 카로네이드 포탄은 적선이 있는 곳까지 날아갈 수 없었다. 더 약해진 우리의 화력이 적을 거의 위협할 수 없게 되자, 이제 적은 우리를 목표물로 하여 조준 발사가 가능했다. 적이 쏜 포탄은 우리 선체를 명중시켰고, 내 배는 이전에 본 적이 없을 정도로 최악의 상태

---

11) 포열 갑판(gun-deck, 砲列 甲板)은 함포를 사격 대형으로 정렬해 놓은 갑판으로, 배의 좌우 현측에 위치한다.

12) 경갑판(spar deck, 輕甲板)은 배의 갑판 가운데 가장 위층에 있으며 '상갑판(upper deck, 上甲板)'이라고도 한다.

13) 슬링(sling)은 무거운 것을 들어 올리는 장치다.

가 되었다. 결국 배를 구할 희망이 전혀 보이지 않았다. 그래서 오후 6시 20분, 국기를 걸어 내리라는 치욕스러운 명령을 내렸다.

전투가 끝난 후 임무를 수행할 수 있는 모든 승무원은 장교를 포함해 75명이었다. 그들 중 대다수가 중상을 입었고, 그중 일부는 이후에 전사했다. 적은 여전히 발포를 계속했고, 나의 용감하지만 불운한 동료들은 여전히 내 주위에서 쓰러지고 있었다. 나는 적선과는 반대쪽 함포를 발사하도록 지시하여 우리가 더 이상 저항할 의사가 없음을 보여 주었다. 그러나 그들은 중단하지 않았고, 네 명이 내 옆에서 죽었다. 배의 다른 쪽에서도 수병이 죽어갔다. 나는 자비를 베풀지 않겠다는 적의 의사를 곧 알아차렸고, 기를 내리느니 휘날리는 국기와 함께 죽는 것이 나을 것 같아 다시 게양하려 할 때, 적은 발포를 중지했다. 국기를 내린 지 10분 정도가 지난 시점이었다.

1814년 4월 4일, 힐야르 함장과의 협정 체결

생포 당한 직후 나포선인 에식스 주니어호를 무장 해제한 다음, 두 배의 장교들과 승무원들을 그 배에 태워 나와 함께 미국으로 간다는 협정을 힐야르 함장과 맺었다. 힐야르 함장은 배가 영국 해군에 다시 나포되지 않도록 항해권(passport) 발부를 승인했다. 배는 작았고, 우리가 많은 고통을 겪어야 한다는 것을 알고 있었지만, 곧 안전하게 우리나라에 도착하여 다시 조국에 봉사할 수 있기를 기대했다. 배에는 항해를 위한 식량과 장비가 충분했으므로 이 협정 체결에는 별도의 경비가 필요하지 않았다.

에식스호가 나포된 직후, 나는 에식스호를 점령한 장교에 의해 피비호로 보내졌다. 그곳에 있는 동안 나의 처우에 대해 불평할 이유가 없었다. 힐야르 함장의 태도는 신중하고 정중했다. 발파라이소에 정박하는 즉시 나는 가석방으로 해안에 갈 수 있었고, 부상병과 장교들에게도 동일한 특전이 주어졌다. 나머지 인원은 힐야르 함장이 나포 선원이나 승무원 감시를 위해 빌린 스페인 상선에 승선한 채 감시를 당했다.

1814년 4월 27일, 에식스 주니어호로 미국 귀환길에 오름

나와 용감한 나머지 승무원들은 협약에 따라 에식스 주니어호에 태워졌다. 나는 발파라이소를 떠나고서부터 제때 고국에 도착하려고 모든 노력을 기울였는데, 그곳에서 배를 준비한 후 피비호와 나포된 에식스호를 가로채기 위해 영국해협으로 향하기 위해서였다. 바람이 유리하게 불어 73일 만에 샌디 훅(Sandy Hook, 미국 코네티컷주의 마을) 앞바다에 도착했다.

1814년 7월 5일, 영국 군함 새턴호를 만남

이곳에서 우리는 내쉬 함장[14]이 지휘하는 영국 전함 새턴호[15]를 만났다. 처음에 그는 나를 정중하게 대접했다. 에식스 주니어호 관련 서류를 검토하고, 최근에 발행된 신문과 약간의 오렌지를 보내 주는 편의를 제공했다.

조사관이 나의 항해권을 확인한 후 배가 항해하도록 허락했다. 에식스 주

---

14) 내쉬(James Nash, 미상~1827)는 영국 해군으로서 1793년에 중위로 진급 후 1801년에 팔콘호(16문), 1813년 8월부터 1814년 11월까지 새턴호(58문), 1814년에 루아르호(40문), 1815년에 세인트조지호(100문), 1816년에 임프레그너블호(98문)의 함장을 지냈다.
15) 새턴(HMS Saturn)호는 함포 74문을 탑재하고 1786년에 진수한 영국 전함이다. 1814~1815년 미국 뉴욕시를 봉쇄하는 소함대 소속으로 배치되었고, 포터 함장은 내쉬 함장에게 포로로서 심문을 받았다.

니어호가 새턴호와 같은 침로를 유지한 상태에서 두 시간 후에 보트를 타고 온 조사관 일행이 다시 서류를 검토하고 화물을 점검했다. 나는 그러한 절차에 크게 놀랐음을 알렸고, 내쉬 함장이 배를 조사한 것은 그 나름의 목적을 갖고 있다고 알게 되었다. 힐야르 함장에게는 그런 협정을 맺을 권한이 없고, 항해권 서류를 새턴호에 반환해야 하며, 에식스 주니어호가 억류되어야 한다는 사실도 덧붙여 알게 되었다. 나는 잠깐의 억류도 영국 측의 협정 위반이라고 주장하며, 나 자신을 더 이상 가석방 상태가 아니라 내쉬 함장의 포로로 간주하겠다고 선언했다. 그리고 내 칼을 양도하면서 힐야르 함장에게 양도한 때와 같은 심정으로 내놓는다고 조사관을 확신시켰다. 그는 칼을 수령하는 것을 거부한 후 새턴호로 돌아갔다가 에식스 주니어호가 새턴호에서 바람 불어가는 쪽에서 대기하라는 내쉬 함장의 명령을 받고 돌아왔다. 나는 그에게 "나는 당신들의 포로다. 나는 힐야르 함장과의 협정에 더 이상 구속된다고 생각하지 않는다. 협정이 깨졌으므로 그에 따라 행동할 것이다."라고 말했다.

1814년 7월 6일, 에식스 주니어호에서 보트로 탈출

이튿날 오전 7시, 남쪽에서 바람이 가볍게 불어오고 롱아일랜드(Long Island) 동쪽에서 약 30~40마일(55.6~74.1㎞) 떨어진 지점에서 에식스 주니어호와 새턴호는 서로의 머스킷 사거리 내에 있었다. 나는 탈출하려고 마음먹었다. 적은 에식스 주니어호를 풀어줄 의향을 보이지 않았으므로 나로서는 이 계획이 정당하다고 느꼈다. 이에 따라 무장한 승무원들을 태운 보트 한 척을 배에서 내렸다. 그리고 나는 내쉬 함장에게 전할 다음과 같은 메시지를 다운즈 중위에게 남겼다.

포터 함장은 지금 대부분의 영국 장교들이 명예를 지키지 않을 뿐만 아니라 서로의 명예에 무관심한 것을 알았다. 그는 무장해 있고, 그를 쫓아오면 쫓아온 배에 맞서 스스로를 방어할 태세가 되어 있다. 그를 만나야 한다면 적으로 만나야만 한다.

나는 내 보트와 새턴호 사이의 직선상에 에식스 주니어호를 두고, 에식스 주니어호로부터 멀어졌다. 그들이 나를 발견했을 때, 새턴호로부터 대략 함포 사거리에 있었다. 그 순간 바람이 불기 시작하자 새턴호는 모든 돛을 펼친 채 우리를 추격하기 시작했다. 그러나 다행히도 짙은 안개가 다가와 안

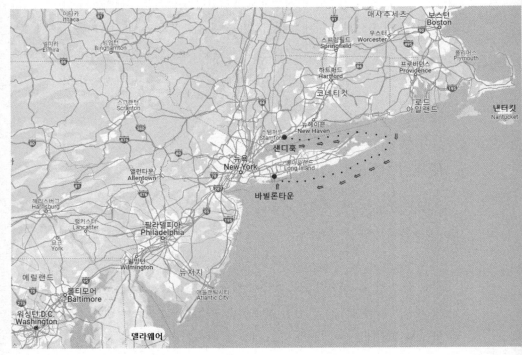

포터의 탈출 항로

개 속에서 내가 침로를 바꾸면서 추격을 완전히 벗어났다. 안개 속에서 적의 함포 소리를 들었고, 안개가 걷히자 에식스 주니어호를 쫓고 있는 새턴호를 보았다. 새턴호는 에식스 주니어호에 접근했다.

1814년 7월 8일, 롱아일랜드 바빌론타운에 도착

약 60마일(111.1㎞)을 노 저으며 항해한 후, 마침내 나는 많은 어려움과 위험 끝에 롱아일랜드에 있는 바빌론타운(town of Babylon, 뉴욕주 롱아일랜드섬 남부에 있는 지명)에 도착하는 데 성공했다. 그곳에서 영국군 장교라고 의심받은 나는 철저하게 심문을 받았다. 그리고 내 이야기가 특이해 보였으므로 다들 믿지 않았다. 그러나 내 위임장을 보여 주자 모든 의심이 사라졌고, 그 순간부터 모두가 일체가 되어 나에게 최고의 환대를 제공했다.

내가 육로로 뉴욕에 도착한 후 주민들이 나에게 열어 준 환영식과 내가 거쳐 온 모든 장소의 주민들이 보여 준 후한 대접을 기록하는 것은 적절하지 않다. 그것들이 내 마음에 감명을 주었고, 절대 지워지지 않을 것이라고 말하는 것으로 충분하다!

에식스 주니어호의 운명

에식스 주니어호는 내가 탈출한 후 하루 종일 새턴호에 억류된 채 돈을 약탈당했고, 하급 승무원들은 탈영병을 수색한다는 명목으로 갑판에 소집되었다. 장교들은 모욕과 수치스러운 폭력을 당하다 풀려났고, 이튿날 뉴욕에 도착했다. 뉴욕에서 에식스 주니어호는 공유 재산으로 수용된 후 매각되었다.

해 설

• 1812년전쟁과 데이비드 포터

'잊힌 전쟁(The Forgotten War)' 또는 '2차 독립전쟁(The Second War of Independence)'이라고도 명명되는 1812년전쟁(1812. 6. 18.~1815. 2. 17.)은 미국인들에게 미국의 정체성 확립과 국가의 자부심을 가져다줬다.

미국은 영국으로부터 독립한 지 약 30년 정도밖에 안 되었고, 신생국가로서 국가 정체성을 정립하고 나아갈 방향을 설정해야 했다. 전쟁을 감행한다는 것은 너무나 많은 희생과 경제적 손실을 감수하는 것이었지만, 매디슨 대통령은 1812년 6월 18일 영국에 대한 전쟁을 선포한다. 연방주의자들의 반대도 많았지만, 영국과 프랑스 사이에서 중립적 위치를 고수하던 미국은 더 이상의 피해는 피하고 맞서서 저항하면서 자신의 위치를 정립시켜야 할 상황에 마주치게 된 것이다. 당시는 나폴레옹전쟁이 전 유럽을 전장의 소용돌이로 몰아넣었고, 영국은 프랑스에 맞서면서 세계 곳곳에 건설한 식민지를 유지하고 확장하는 데 심혈을 기울이던 때였다. 북아메리카 대륙도 여러 국가가 더 많은 영토를 확보하려고 각축전을 벌이고 있었고, 미국은 이제 서부로 영토를 확장해 나가야 할 필요성이 절실하였기에 영국과의 대결은 피할 수 없게 된 것이다.

1812년전쟁의 원인은 나폴레옹과의 오랜 전쟁에 연루된 영국과 프랑스 두 나라가 미국에 대한 무역 봉쇄를 강화하자, 양측에서 중립을 지키며 무역하던 미국은 경제적으로 큰 타격을 입게 되었다. 무역에 크게 의존하던 미국은 이제 이를 타개할 이유를 찾아야 했다. 영국은 전쟁으로 영국 해군의 수병 인력 부족이 매년 심각해지자 미국 출신 선원에 대한 강제 징집은 더 빈번하게 이뤄졌고, 미국으로서는 이에 더는 참을 수 없는 지경에 이르게 되었다. 영국은 또한 인디언 원주민과 동맹을 맺어 미국 서쪽으로의 영토 확장에 제동을 걸고 작은 전투들에서 미국을 저지하며 방해물이 되었다.

　전쟁 초기에 미국은 당시 영국령이자 식민지였던 캐나다에 진군하면 쉽게 점령할 수 있을 것이라는 생각으로 진군했지만, 당시 캐나다에 파견된 소수의 영국군과 캐나다 민병대와의 전투에서 패배했다. 이는 오대호 부근의 국경선과 북서부 지역의 영토 확장을 시도했던 미국의 계획에 큰 차질을 가져왔다. 결정적으로 나폴레옹전쟁이 끝나고 영국이 이제 모든 물자와 인력을 미국과의 전쟁에 쏟아붓기 시작하자, 1814년 8월에는 심지어 많은 해군력이 수도 워싱턴에 진격하여 백악관을 비롯해 의사당 건물 등에 방화를 저지르는 상황까지 이르게 되었다. 이는 미국 수도에 외세가 침략하여 치욕을 안긴 유일한 사건이기도 하다. 그러나 전쟁이 막바지에 이르자 미국은 여러 곳에서 영국군을 패배시키며 승기를 잡기 시작한다. 1814년 9월에 뉴욕주의 플래츠버그전투와 볼티모어전투에서 육지와 바다에서 영국군을 물리친다. 결정적으로 1815년 1월에 앤드루 잭슨이 이끄는 미군이 뉴올리언스전투에서 뉴올리언스와 플로리다 서쪽을 차지하려던 영국군을 패퇴시킴으로써 이미 1814년 겐트조약으로 종전에 서명되었지만, 이러한 사실을 모르는 상태에서 일어난 이 전투를 마지막으로 1812년전쟁은 끝이 났다.

　육상에서와 마찬가지로 해상에서의 전투는 중요한 의의를 지닌다. 1812

년 6월 18일 매디슨 미 대통령이 전쟁을 선포했을 때 포터의 나이는 32세였다. 많은 해군 장교가 목숨과 명예를 걸고 이 전쟁에 참전했지만, 이 전쟁이 누구보다도 자신의 명성과 영예를 드높일 기회를 줄 것이라는 확신을 가진 사람은 포터였다.

포터는 아버지 때부터 해군에 뼈를 묻어 온 집안에서 태어나 16세 때부터 상선을 타기 시작하여 영국군에 두 번이나 징집될 뻔하기도 하고, 18세에 장교 후보생으로 콘스텔레이션호에 승선하여 프랑스와의 유사 전쟁에도 참전했다. 19세에 중위로 진급하였고, 26세에 매스터 커맨던트로, 그리고 1812년전쟁이 시작된 해인 32세에 함장으로 진급해 에식스(Essex)호를 지휘하여 전쟁에 참전했다. 1799년에 건조되어 전쟁을 위해 캐로네이드로 무장한 에식스호는 근거리에서 매우 강력한 화력을 행사하는 빠른 프리깃이다. 그러나 원래 건조된 목적을 바꾸어 전함으로 무장하는 바람에 나름의 무게가 다른 배보다 50퍼센트나 더 나가는 배다.

1812년 바다로 나간 포터는 작은 영국 배인 얼러트(Alert)호와의 전투에서 승리했는데, 이는 포터가 거둔 최초의 승리였다. 자신의 영예와 명성을 높이기 위해 보다 큰 프리깃과의 전투를 갈망하던 그는 컨스티튜션호를 따라 대서양 연안을 따라 남쪽으로 진출하라는 명령을 받고 항해를 계속한다. 그러나 몇 번의 랑데부 지점에서 컨스티튜션호를 만나지 못하자 독자적으로 판단을 내리고 명령을 완수한다는 개인적인 판단으로 케이프 혼을 돌아 태평양에 진출한다. 미 해군 배로서는 처음으로 에식스호가 악명 높은 케이프 혼을 돌아 태평양으로 진입하는 위업을 이루었다.

당시 많은 포경선이 태평양에서 조업했는데, 그의 목적은 미국 배를 보호하고 영국 포경선을 나포하여 많은 고래기름을 획득해 경제적 이익을 얻는 것뿐만 아니라, 영국의 포경업에 타격을 입히려는 것이었다. 실로 그는

12척의 영국 포경선을 나포하고 자신의 목적을 달성했다. 이는 당시에 영국 상선이나 해군이 가졌던 화력과 이미 태평양의 주요 지점에서 그들이 이루어 놓은 기반에 도전하여 승리했다는 사실로도 포터의 함장으로서의 지도력과 전략은 높이 평가받을 만하다.

그의 태평양 항해는 자체로도 미국의 존재와 위력을 유지하는 하나의 상징성을 가질 수 있는데, 그는 더 나아가 갈라파고스를 탐험하고 그곳에서의 경험을 항해기에 기록하는 등 전쟁 중에도 자신의 항해가 남길 영향과 의의에 대해 잘 알고 있었던 듯하다. 특히 마르케사스제도에 상륙하여 그곳 원주민들을 정복하고, 최초의 미국 식민지를 세우는 일련의 임무를 완수해낸 것도 큰 의미를 지닌다고 할 수 있다. 그곳의 한 섬인 누쿠히바섬(본문에서는 '누아히바'로 표기됨.)을 '매디슨섬'이라 명명하고, 그곳에 세운 요새와 함께 머물렀던 마을을 '매디슨빌'이라 이름 지은 것은 그가 미국을 대표하는 위치에 서서 이런 작업을 그의 지시하에 다 완성한 점에서 의미가 있다.

그가 나포한 포경선들을 거느리고 그중 하나를 '에식스 주니어(Essex Junior)호'로 무장시키고 당당히 미 해군의 명성을 드높인 것은, 이 전쟁에서 영국군이 미국에 대해 가지고 있던 태도와 위상을 다시 숙고하게 하는 계기를 만든 것이라고 할 수 있다. 그의 태평양 항해에서 보여 준 지도력과 여러 상황에서 취한 전략을 보면 그가 얼마나 훌륭한 함장이었는지를 알 수 있다.

그러나 영국은 에식스호에 대해 얻은 정보를 토대로 포터를 태평양에서 그대로 두었다가 닥치게 될 여러 어려움을 제거하기 위해 피비호와 체럽호를 파견하여 제지하려 했다. 이를 알게 된 포터는 칠레의 발파라이소에 머물고 있다는 피비호와의 대결을 염두에 두고 그곳으로 입항하게 된다. 그러나 그의 판단과 예상과는 다르게 피비호의 함장 힐야르는 에식스호와의 전투를 계획, 침몰시키는 것에 초점을 두고 그곳에서 기다리고 있었다. 항구에서의 중립성을 무시한 채 피비호는 막강한 장거리 화력을 이용해 에식스호에 발포, 많은 사상자를 내고 두 시간여 만에 포터의 항복을 받아 낸다.

포터는 해군으로서 자신의 역할을 다했지만, 독특한 성격의 소유자로 개인적인 야망과 영예에 너무 몰입하여 최후의 전투에서 패배했기에 경력에 큰 오점을 남기게 된다. 이에 따라 그는 자신이 이룬 혁혁한 공에 비해 오래 남아 있지 못하고 몇 년 뒤 스스로 사임하고 해군을 떠나야 했다. 그 후 멕시코 해군 창설에 관여하여 3년 정도(1826~1829) 일했고, 오토만 제국에서 공사로 일하다 콘스탄티노플에서 63세의 나이로 사망한다.

1812년전쟁으로 인해 삶의 중요한 부분을 바다에서 보내며 함장으로 참전했던 포터의 운명은 이것으로 크게 달라졌다고 볼 수 있다. 포터 함장과 함께 에식스호에 탔던 10대의 양아들 페러컷(David Glasgow Farragut, 1801~1870)이 후에 미 해군 초대 제독이 되고, 포터의 아들 D. 포터(David Dixon Porter, 1813~1891) 또한 제2대 제독으로 임명되어 미 해군 역사의 중요 인물로 자리 잡았다는 사실로 보아 포터의 영향이 얼마나 큰지 알 수 있다.

비록 1812년전쟁이 다른 큰 전쟁에 비해 작은 규모였지만, 그 결과로 미국은 이제 명실상부 쉽게 맞설 수 있는 국가가 아닌, 힘을 지닌 새로운 국가로 거듭나게 된다. 이에 따라 미국은 자국의 정체성을 새롭게 정립할 수 있었으며, 또한 국가의 자부심도 커지게 되었다.

데이비드 포터의 갈라파고스제도 •────

　남아메리카에서 서쪽으로 900킬로미터 거리 태평양 적도 선상에 위치한 19개 섬으로 이루어진 갈라파고스제도는 찰스 다윈이 진화론의 증거를 찾아낸 곳으로 유명하다. 1835년 탐사선 비글(Beagle)호를 타고 갈라파고스제도에 도착한 다윈은 한 달여 기간 머물렀다. 1535년 파나마 주교 토마스 데 베를랑가(Tomás de Berlanga) 수사가 페루로 항해하는 중에 발견했다고, 서양인으로서는 처음으로 갈라파고스제도를 발견했다고 전해진다. 스페인령이던 갈라파고스제도는 에콰도르가 독립하면서 현재 에콰도르령이 되었다.

　갈라파고스제도가 1570년 오르텔리우스(Ortelius)의 지도에 처음 기재될 때는 '거북섬(Insulae de los Galopegos)'이라는 이름이 붙여질 정도로 거북은 갈라파고스제도의 상징적인 동물로서 포터의 항해기에서 상당한 비중을 차지한다. 갈라파고스의 코끼리거북에 관한 포터의 서술은 에드거 앨런 포(Edgar Allan Poe, 1809~1849)의 장편소설 『아서 고든 핌의 모험』(*The Narrative of Arthur Gordon Pym of Nantucket*, 1838)에서 거의 그대로 인용되어 주인공이 배에 있던 갈라파고스 거북의 물주머니에서 물을 얻는다거나 보트로 남극해를 표류할 때 거북 세 마리를 싣고 간다든가 하는 에피소드로 등장한다.

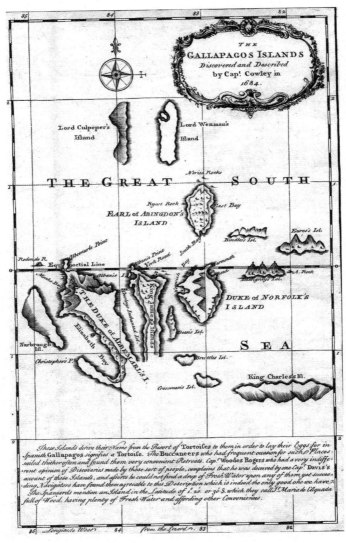

카울리의 갈라파고스제도(1684)[1]

---

1) 출처: https://en.wikipedia.org/wiki/Ambrose_Cowley#/media/File:Gallapagos_
   Islands_1684.jpg

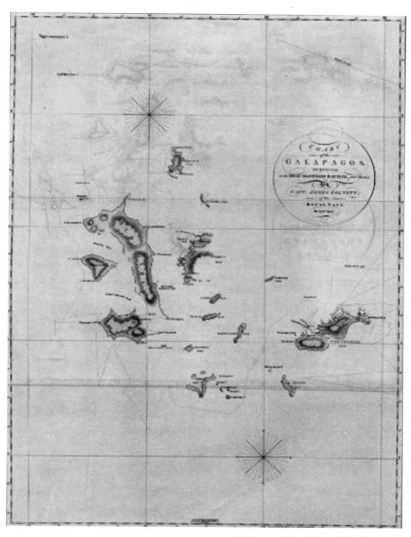

콜넷 선장의 갈라파고스제도(1798)[2]

---

2) 출처: https://www.loc.gov/resource/g5302g.ct001793/?r=-0.705,-0.038,2.411,1.481,0

갈라파고스제도는 16세기 말부터 신대륙에서 금과 은을 운반하던 스페인 배들을 습격하던 영국 해적선들이 은신처로 이용했다고 알려져 있다. 현재 갈라파고스제도의 섬들은 스페인어로 불리지만, 포터는 17세기의 영국 해적 카울리(William Cowley)가 제도를 탐사하고 지도로 남기면서 섬들에 붙인 영어 이름을 자신의 항해기에 사용하였다. 하지만 포터는 이 해역의 항해에서 제임스 콜넷(James Colnett) 선장의 항해기에 실린 지도 역시 참고했다. 제임스 쿡(James Cook) 함장의 3차 항해(1776~1780)에 참여했던 콜넷은 알래스카와 북미 대륙에서 구입한 바다표범과 해달의 모피를 중국에 판매하는 교역에 종사했고, 상선 래틀러(Rattler)호로 1793년과 1794년 사이에 갈라파고스제도를 방문하고 근처 고래 어장을 탐사했다. 포터는 1798년 영국의 애로우스미스(Arrowsmith)가 출판한 콜넷의 해도를 바탕으로 섬 사이에 은신해 있을 영국 포경선들을 찾았고, 눈으로 확인한 지형과 섬들의 모습이 콜넷의 지도와는 상이하다는 점을 지적했다.

갈라파고스제도는 스페인어로 '엔칸타다스(Encantadas)'라는 별명도 갖고 있는데, 마법의 섬 또는 저주받은 섬이라는 의미다. 화산 작용으로 생겨난 갈라파고스는 화산재와 화산암으로 이루어진 불모의 섬이기에 이런 이름이 붙었을 것이다. 포터도 화산 폭발을 직접 목격하고 그 장면을 생생하게 기록했다. 『모비 딕』의 작가로 유명한 허만 멜빌(Herman Melville)도 1841년 포경선 아쿠쉬넷(Acushnet)호 선원으로 갈라파고스제도에 물을 구하러 잠시 머물렀던 적이 있었고, 그의 중편 「엔칸타다스」(*Encantadas or Enchanted Isles*, 1854)에서 갈라파고스의 풍광과 섬을 거쳐 간 사람의 이야기를 묘사했는데, 사실 이 작품의 많은 에피소드가 포터의 항해기에 근거했다.

멜빌은 「엔칸타다스」에서 제도에 관한 문헌으로 해적 카울리의 지도, 콜넷 선장의 지도와 항해기, 포터 함장의 항해기를 꼽았다. 갈라파고스

거북의 묘사("Sketch Second, Two Sides to a Tortoise"), 갈라파고스 최초의 거주자라고 알려진 찰스섬의 아일랜드 선원 패트릭 왓킨스("Sketch Ninth, Hood's Isle and the Hermit Oberlus"), 섬에 홀로 남겨진 선원이나 해적들이 이용했다고 알려진 해변의 우체통 에피소드("Sketch Tenth. Runaways, Castaways, Solitaries, Gravestones, Etc.")가 모두 포터의 기록을 가져왔다. 물론 패트릭 왓킨스의 이야기는 1830년대 영국 포경선의 선의로 활동한 존 쿨터(John Coulter)의 『태평양 모험기』(Adventures in the Pacific, 1845)도 참조했다.

무엇보다도 멜빌은 「엔칸타다스」의 다섯 번째 에피소드("Sketch Fifth, The Frigate, and Ship Flyaway")를 포터 함장의 에식스호에 할애했다. 에식스호가 낯선 범선을 발견하고 쫓아갔지만 흰 파도로 밝혀졌고, 오히려 록 로돈도(Rock Rodondo) 근처에서 침몰할 뻔했다는 내용이다. '마법에 걸린 섬'이라는 별명에 걸맞게 이곳에서 영국기를 올려 적선을 헷갈리게 했던 에식스호에 대해 멜빌은 "이 수수께끼 같은 배—아침에는 미국 배, 저녁에는 영국 배인—는 바람이 없는 가운데도 돛을 잔뜩 부풀리고 있었으며, 다시는 그곳에서 볼 수 없었다."고 신비스러운 마법의 배처럼 묘사했다. 1812년전쟁에서 에식스호가 이룬 엄청난 성과를 이야기하면서도 멜빌은 에식스호가 과거의 해적들처럼 갈라파고스의 마법에 걸린 섬 사이를 항해했고, 거북을 잡고 섬을 탐사했던 환상적인 이야기에 더 초점을 맞추는 듯하다. 덕분에 포터의 '남태평양 항해기'는 그 자체의 중요성과 더불어 멜빌을 통해 문학적으로도 기념할 만한 작품이 되었다.

참고로 현재 통용되는 스페인어로 표기된 갈라파고스제도의 섬 이름과 포터의 항해기 등에서 사용된 영어 이름의 대조표를 기재한다.

갈라파고스제도의 섬			
스페인어	영어	스페인어	영어
Baltra 발트라	South Seymour	Seymour Norte 세이무어 노르테	North Seymour
Bartolomé 바르톨로메	Bartholomew	Pinzón 핀손	Duncan
Darwin 다윈	Culpepper	Pinta 핀타	Louis
Española 에스파뇰라	Hood	Rábida 라비다	Jervis
Fernandina 페르난디나	Narborough	San Cristóbal 산크리스토발	Chatham
Floreana 플로레아나	Charles	Santa Cruz 산타크루스	Indefatigable
Genovesa 제노베사	Tower	Santa Fe 산타페	Barrington
Isabela 이사벨라	Albemarle	Santiago 산티아고	James
Marchena 마르케나	Bindloe	Wolf 울프	Wenman

마르케사스(Marquesas)제도 •————

    남태평양 중부에 위치한 마르케사스제도는 프랑스령 폴리네시아에 속하는 섬들이다. 화산 폭발로 형성된 이곳은 수도 타이오해(Taiohae)가 있는 누쿠히바(Nuku Hiva)섬과 가장 많은 사람이 살고 있고, 프랑스 화가 고갱이 묻혀 있는 히바오아(Hiva Oa)섬을 비롯하여 우아후카(Ua Huka)섬, 우아포우(Ua Pou)섬, 타후아타(Tahuata)섬 그리고 파투히바(Fatu Hiva)섬으로 대표된다.

    '마르케사스'라는 이름은 1592년에 이곳을 방문한 스페인 항해자 멘다냐(Álvaro de Mendaña)에 의해 붙여졌다. 멘다냐는 항해를 지원한 당시 페루 총독이던 스페인의 마르키즈 데 카네테(Marqués de Cañete)에 감사하는 마음에서 그의 이름을 붙였다.

    첫 거주민들이 어디서 왔는지는 연구자들 간에 논쟁이 있지만, 이미 340년경에 섬에 사람이 살았다는 주장이 일반적이다. 그리고 약 10세기경 서부 폴리네시아의 소시에테제도(Îles de la Société)와 통가(Tonga)섬 등에서 사람들이 마르케사스제도로 이주해 와서 살면서 폴리네시아 전체적으로 유사한 풍습과 언어를 사용하게 되었다.

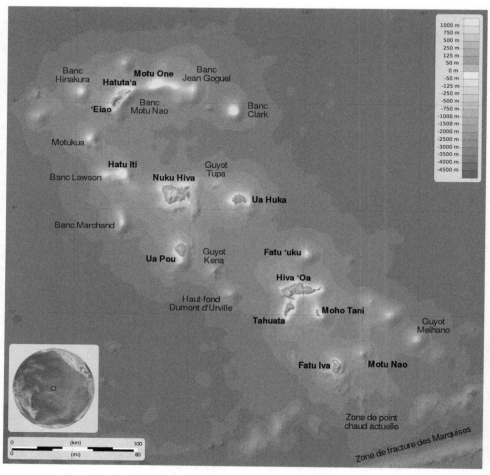

마르케사스제도[3]

3) 출처: https://en.wikipedia.org/wiki/Marquesas_Islands#/media/File:Marquesas_map-fr.svg

유럽인이 마르케사스제도에 입항한 것은 위에서 언급한 1592년의 멘다냐가 최초였고, 이후 1774년 영국의 쿡 함장이 그의 두 번째 태평양 항해 (1772~1775)에서 마르케사스제도에 속하는 파투후쿠(Fatu Huku)섬을 발견하고 '후드(Hood)섬'이라 불렀고, 식량을 얻기 위해 몇몇 섬에 상륙했다. 미국인 잉그램(Joseph Ingraham)이 1791년에 마르케사스제도 북서부에 있는 섬들을 방문하고 '워싱턴(Washington)제도'라고 명명했다. 1813년 10월 25일 포터 함장은 워싱턴제도에 있는 누쿠히바섬에 미국 국기를 달고 상륙한다. 두 달 남짓 기간 섬에 머물면서 포터 함장은 이 섬을 당시 미국 대통령의 이름을 따서 '매디슨섬'이라 부르고, 섬의 부족들과 동맹(일부는 무력으로)을 맺었다. 이후 미국령으로 편입하고자 했으나 미국 의회를 통과하지 못했다. 마르케사스제도는 1842년 프랑스령이 되었다.

마르케사스제도에는 평평한 해변이나 방파제 역할을 할 수 있는 산호초도 많지 않아 거주지는 주로 협곡에 자리하고 있다. 주 농작물은 코코넛 과육을 말린 코프라(copra), 얌과 유사하게 생긴 타라(tarra), 빵나무 열매, 커피와 바닐라이다.

데이비드 포터의 남태평양 항해와 이후 미국의 태평양 정책 변화

신대륙 발견과 탐사 외에도 선교, 교역, 포경이라는 새로운 쓰임새를 얻게 되면서 범선을 이용한 대양 항해는 19세기 말까지 세계의 여러 곳을 연결하면서 서구 국가들의 제국주의적 열망에 봉사했다. 오늘날에도 대양은 전략적 가치를 지니고 강대국들의 이해관계를 첨예하게 드러내는 곳이다. 현재 미국이 태평양과 접하고 있고, 태평양 지역에 하와이·괌·사모아 등을 주 또는 미국령으로 거느린 나라임은 주지의 사실이다.

일찍이 스페인과의 전쟁에서 승리하면서 필리핀을 식민지로 복속시킨 전적도 있는 미국에게 있어 태평양은 중요한 전략적 요충지이다. 미국이 태평양의 중요성을 인식한 것은 페리 제독이 오랫동안 쇄국정책을 펼치고 있던 일본에 수교를 요청했던 1850년대로 여겨진다. 하지만 1812년전쟁에서 태평양을 무대로 활약했던 포터 함장이 매디슨 대통령에게 편지를 보내 본격적으로 태평양을 탐사하자고 주장한 사실은 미국의 대태평양 정책의 단초로 기록될 만하다.

포터 항해기의 배경인 1812년의 미영전쟁은 세계사적으로 볼 때, 대혁명

이후 프랑스와 영국의 전쟁과 맞물려 있다. 원래 미국이 영국으로부터 독립을 추진했던 배경에는 영국이 아메리카 식민지 상인들이 아시아로 진출하여 본국의 허가 없이 무역 행위 하는 것을 금지했던 것도 그 이유로 작용했다. 포터가 영국 전함 피비호와의 해전에서 내걸었던 "자유 무역과 선원들의 권리"라는 깃발의 모토는 독립전쟁 당시 미국의 입장—본국의 통제를 받지 않는 식민지인의 자유 무역의 권리—을 재천명한 것이었다. 북서 태평양연안의 원주민들에게 구매한 모피와 하와이 등지에서 사들인 백단향은 대중국 무역의 주요 교역품이었고, 미영전쟁 중에도 중국과의 무역이 계속해서 이루어지고 있었음을 포터의 항해기에서도 확인할 수 있다.

편지에서 포터는 과거에 이루어진 주요한 발견의 항해를 언급한다. 네덜란드, 포르투갈, 스페인, 영국, 프랑스 등 유럽 국가의 '발견 항해'를 예시하는데, 군주와 민족이 잊힌다고 해도 항해자들의 항해가 그 나라를 영원히 존속시킬 것이라 주장한다. 1803년에야 러시아가 세계 일주 항해를 했다는 사실을 들어 발견의 항해에 미국의 참여가 너무 늦었다는 생각을 일축한다. 포터의 주장은 신생국가 미국이 유럽 국가들과 어깨를 나란히 하려면 이제부터라도 발견의 항해에 참여해야 한다는 것이다. 실제 미국이 대서양뿐만 아니라 태평양과도 접하고 있다는 사실은 후발주자인 미국이 가진 강점으로 작용한다. 당시 중국과 활발한 교역을 하고 있던 미국은 중국이나 일본과의 수교에 훨씬 더 적극적인 태도를 보일 필요가 있었다. 포터는 그가 태평양을 항해하고 원주민과 교류했던 경험에 근거하여 미국이 나아가야 할 방향을 제시한 것이다. 누아히바섬에서 벌어진 '타이피 전쟁'은 미국이 해외에서 거둔 최초의 승리였고, 포터는 매디슨섬을 미국 영토로 인정해달라는 청원을 의회에 내기도 했지만 이루어지지 않았다.

운항 경험이 많은 유휴 인력과 배를 활용하여 태평양으로 진출하자는 포터의 제안은 충분히 의미가 있었지만, 이 제안에 대해 매디슨 대통령을 비롯하여 워싱턴 정부에서 긍정적인 반응을 보였다는 기록은 없다. 남극으로 탐험대를 보내자는 레이널즈(Jeremiah N. Reynolds)의 제안에 1828년 미 하원은 탐사선 한 척을 보내자는 결의안을 통과시켰지만, 배 한두 척을 추가하여 탐사대원의 안전을 도모하자는 퀸시 애덤스 대통령의 주장은 받아들여지지 않았다. 남태평양과 남극 탐사는 1838년으로 미루어졌고, 그동안 중국과의 무역은 개인 차원에서 계속되었다.

아편전쟁 이후 중국은 미국과도 공식 외교 관계를 수립했고, 1854년 일본이 미국과 수교하면서 본격적인 미국의 태평양 시대가 시작되었다. 포터의 제안은 미국의 태평양 진출을 일찌감치 예견하고 주장했다는 점에서 의미가 있다.

부 록

매디슨 대통령에게 보낸 포터의 편지

데이비드 포터 주요 연표

출항 시 에식스호 승선자 명단과 계급, 인원

에식스호의 연혁과 제원

포터 함장의 에식스호가 나포한 배

범선의 돛 이름

매디슨 대통령에게 보낸 포터의 편지

위싱턴, 1815년 10월 31일

대통령 각하

조국에 봉사하고 조국의 명예와 영광을 위해 모든 노력을 기울이려는 바람으로, 위원회나 고위층의 지지에 기대지 않고 일개 개인으로서 각하께 하나의 방안을 제안하고자 합니다. 이 방안은 과학의 영역을 확장하고 인간의 지식과 국가의 명성에 보탬이 되려는 목적으로 한 국가가 과거에 착수했던 모든 기획과 마찬가지로 중요성을 띠고 있습니다. 단도직입적으로, 저는 각하께 북태평양과 남태평양으로 향하는 발견의 항해에 착수하자고 제안합니다.

이렇게 늦은 시기에 새로운 발견을 목적으로 항해를 제안하는 것이 일견 이상해 보일 수 있습니다. 하지만 1803년이 되어서야 러시아가 이런 목적으로 두 척의 배를 준비했다는 사실을 우리는 기억해야 합니다. 이 원정은 전 세계의 주목을 끌었고, 중요한 결과를 얻었으며,[1] 폰 랑스도르프의 항해기[2]는 모든 사람이 관심을 갖고 읽습니다. 모든 국가가 이런 방식으로 기여를 해왔지만 우리는 아니었습

---

1) 러시아의 첫 번째 세계 일주 항해는 1803년 8월부터 1806년 8월까지 아담 요한 폰 크루젠스턴(Adam Johann von Krusenstern) 함장의 나데즈다호와 유리 리시안스키(Yuri Lisyansky) 함장의 네바호에 의해 이루어졌다. 항해의 주목적은 러시아와 일본 간의 통상외교 관계를 확립하고, 러시아산 모피 거래를 위해 중국 항구를 확보하는 것이었다. 특히 크루젠스턴의 나데즈다호는 하와이에서 캄차카, 일본, 동해 등지를 탐사하였다.

니다. 미국은 타국인들의 노고에서 도움을 받기만 했지 우리 스스로 노력을 기울인 적은 없었습니다. 네덜란드인과 포르투갈인도 우리가 필적할 수 없는 정도의 노력을 보여 주었으며, 이들의 군주와 국가는 잊힌다고 해도 항해자들의 항해는 그 나라를 영원하게 할 것입니다. 스페인 민족이 명성을 얻은 것은 키로스·멘다냐[3] 등의 항해 덕분이며, 쿡·앤슨·밴쿠버[4] 등의 항해는 영국의 가장 큰 자랑거리입니다. 라 페루즈가 실종되었을 때,[5] 프랑스 사람들이 그의 생사에 얼마나 관심

2) 랑스도르프(G. H. F. von Langsdorff, 1774~1852)는 독일의 박물학자·탐험가이며, 외교관으로도 일했다. 크루젠스턴의 세계 일주 항해에 참여하여 1805년 캄차카에 상륙할 때까지 동행했다. 이후 알래스카를 거쳐 샌프란시스코까지 항해했다가 다시 시베리아를 거쳐 유럽으로 돌아왔다. 리우데자네이루의 러시아 총영사로 임명되어 브라질에서 미나스제라이스 탐험(1813~1820)과 아마존 열대우림 탐험(1825~1829)을 이끌었다.

3) 키로스(Pedro Fernández de Quirós, 1563~1614)는 포르투갈 출신의 스페인 항해자로, 멘다냐와 함께 스페인의 태평양 발견에 공을 세웠으며, 1605~1606년 미지의 대륙인 테라 오스트랄리스(Terra Australis)를 찾아 태평양 원정대를 이끌었다. 멘다냐(Álvaro de Mendaña y Neira 혹은 Neyra, 1542~1595)는 스페인의 항해자·지도 제작자로, 1567년과 1595년에 태평양을 항해하고 기록을 남겼다.

4) 제임스 쿡(James Cook, 1728~1779)은 영국 해군·탐사가로, 3회에 걸쳐 북태평양과 남태평양 등지를 탐사하고 지도화하여 19세기 영국이 해양국가로 성장하는 발판을 마련하였다. 앤슨(George Anson, 1697~1762)은 영국 해군 제독으로, 1740년부터 1743년까지 중남미와 필리핀에서 스페인의 마닐라 갈레온 선단을 물리치는 전과를 세우며 세계 일주 항해를 함으로써 '영국 해군의 아버지'로 불렸다. 밴쿠버(George Vancouver, 1757~1798)는 영국 해군의 함장으로, 제임스 쿡의 2차·3차 항해를 함께했으며, 디스커버리호의 함장으로서 북미 대륙을 탐사했다(1791~1795). 그의 북미 대륙 탐사 항해기는 『밴쿠버와 브로튼의 북태평양 항해기 1791~1795』로 번역되어 나왔다.

5) 라 페루즈(La Pérouse, 본명은 Jean-François de Galaup, 1741~1788?) 백작은 1785년 아스트롤라브호와 부쏠호를 이끌고 세계 일주 항해에 나섰으며, 유럽인으로서는 최초로 북태평양과 조선의 동해안을 탐사한 후 1788년경에 솔로몬제도에서 좌초하여 실종되었다. 그가 본국으로 보냈던 기록에 근거하여 밀레-뮈로(Millet-Mureau)가 편집한 『라 페루즈의 세계 일주 항해기』가 1797년에 출간되었다. 라 페루즈 원정대의 실종은 큰 화젯거리였고, 대혁명의 혼란기였음에도 불구하고 프랑스 제헌의회는 그의 자취를 찾기 위해 1792년 또 다른 원정대를 조직하여 남태평양으로 파견할 정도였다. .

갖고 있었는지를 세계에 증명했으며, 그의 실종과 관련하여 프랑스가 정치적 혼란 중에도 취한 조치들은 프랑스 국민이 가진 자부심과 감정을 보여 주었습니다. 모든 나라가 라 페루즈 때문에 프랑스를 부러워하고, 전 인류가 그의 실종을 애석하게 여깁니다. 그는 많은 일을 하려 했고,−많은 일을 이루었습니다만−또 많은 것을 이루지 못했습니다. 라 페루즈와 그의 물건을 찾으러 배가 파견되었지만, 여러 이유로 실패했습니다. 그가 탐색하려고 했던 목표 중 많은 곳이 아직 남겨져 다른 이들의 조사를 기다리고 있고, 지리와 과학의 관점에서 많은 흥미로운 지점들이 아직 미결정 상태로 남아 있습니다.

쿡 항해의 가장 중요한 특징은 스페인과 다른 나라 사람들이 오래전에 찾았던 섬과 주민에 관한 기록입니다. 쿡은 자신과 그의 조국, 원정에 참여했던 모두를 불멸의 존재로 만들었지만, 그가 어떤 새로운 발견을 한 것은 아니었습니다. 밴쿠버에 대해서도 같은 말을 할 수 있습니다. 그런데도 두 사람의 항해기는 관심을 갖고 읽히고 있고, 그들과 같은 길을 갈 사람들에게는 아주 유용할 것이 분명합니다. 그런데 아주 작아 보이지만, 대양에는 아직 배가 닿지 않은 많은 지역이 존재하며, 전승으로만 전해지는 셀 수 없이 많은 섬이 있습니다. 지구에는 문명인에게 알려지지 않았고, 혹 알려졌다 하더라도 불완전하게 알려진 많은 민족이 있습니다.

각하, 우리 미국은 위대하고 발흥하는 국가입니다. 우리는 다른 민족이 예전에 발견한 섬을 단순히 기록하거나 원주민 부족과의 교역을 확보하는 것 이상의 목표를 갖고 있습니다. 우리나라는 대서양과 태평양에 접하며, 태양이 더 오랜 시간 동안 빛을 비추는 광활한 땅을 갖고 있습니다. 세계의 이목이 집중하며, 다른 나라의 군주들도 피난처를 찾은 나라입니다. 그 크기나 자원, 주민에 대해 우리 스스로도 잘 모를 정도입니다. 우리는 러시아, 일본, 중국과 이웃하고 있습니다. 미국의 무역은 이 지역에서 이제 적국의 주의를 끌고 욕심을 불러일으킬 정도로 상당한 중요성을 갖고 있습니다. 서인도제도와 대서양과 접한 우리 주들과의 관계처럼,

우리의 북서부 해안[6]은 마찬가지의 관계를 가진 섬들과 인접해 있습니다. 이런 섬의 부족장들은 우리 상인들에게 그들이 어떤 국가에 속해 있는지도 모르면서 극도로 우호적입니다. 다른 국가의 배들은 그 국가를 대표해왔습니다만, 우리는 그러지 못했습니다. 다른 국가들은 섬의 상황을 개선하고 문명을 소개하는 데 기여했지만, 우리는 어떤 보답도 하지 않은 채 섬 주민들의 박애에서 도움을 받았습니다. 다른 국가가 기울인 수고의 이득을 취했습니다만, 이제 우리가 그들의 창고에 보태 줄 보답의 책무가 절실합니다.

중요한 일본과의 무역은 가장 저열한 수단으로 독점무역권을 확보한 네덜란드[7]를 제외하고 모든 국가에 닫혀 있었습니다. 다른 국가들이 일본과의 교류를 여러 번 시도했지만, 정부의 질서와 다른 원인(이 중에는 협상자 측이 당당한 위엄을 보여 주지 못했던 것을 꼽을 수 있습니다.)으로 인해 실패했습니다. 이후 세계에는 큰 변화가 일어났고, 이 변화는 일본에도 영향을 줄 것입니다. 지금은 좋은 시기로, 건국한 지 40년밖에 되지 않은 우리가 일본인의 뿌리 깊은 편견을 깨고 귀중한 무역권을 확보하여 일본인들을 세상에 알린다면 다른 국가가 이루어낸 것을 뛰어넘는 광영이 될 것입니다.

중국에 대해서도 같은 전망을 해 볼 수 있습니다. 매카트니 사절단[8]이 이룬 것보다 더 나은 성과를 얻지 못한다고 하더라도, 미국의 배를 보여 줌으로써 우리를

---

6) 북서부 해안은 미국이 북태평양과 연하고 있는 지역을 가리킨다.
7) 도쿠가와막부 치하의 일본과 유일한 독점권을 갖고 있던 네덜란드는 일본 내에서의 기독교인에 대한 탄압을 묵인했을 뿐만 아니라, 교역지였던 나가사키 근처의 데시마에서 정례적으로 기독교 성화가 그려진 판을 밟는 에후미(efumi) 의식을 거행함으로써 유럽 국가들의 비난을 샀다.
8) 조지 매카트니(George Macartney, 1737~1806)는 1792년 영국의 사절단을 이끌고 중국 건륭제를 만나 광동 이북 지역에서도 통상을 허락해 줄 것을 요청했지만 거절당했다. 매카트니 사절단이 황제를 만나 무릎을 꿇고 머리를 땅에 조아리는 고두(叩頭, kowtow)의 예를 거부했다는 일화는 잘 알려져 있다.

상인으로만 알고 있는 중국인들이 우리를 달리 평가할 수 있는 기회를 갖게 될 것입니다.

이 항해에서 다양한 목적을 이룰 수 있을 것입니다. 저의 전망은 포괄적이며, 전 세계를 아우릅니다. 제대로 탐험하지 않은 지역을 방문하고, 전승된 기록만을 갖는 곳들을 찾아 나섭시다. 그리고 아직 배가 지나간 적이 없는 대양의 지역들을 횡단합시다. 과학자들이 미국의 다양한 학회에 고용되어 탐험에 동참하도록 하고, 우리가 이익을 얻을 수 있는 수단을 시도도 하지 않은 채 내버려 두지 말아야 합니다.

지금은 목표를 이루기에 모든 상황이 최적입니다. 세계는 평화를 누리고 있습니다. 우리는 두 번의 해전을 명예롭게 헤쳐 나왔습니다. 우리에게는 추가적인 비용을 거의 들이지 않아도 되는 배가 있습니다. 크게 도움이 될 경력을 가진 장교들이 곧 배치를 기다리고 있습니다. 조국을 다른 나라와 같은 위치에 올려놓는 일에 자부심을 가질 재능 있는 사람들이 미국 전역에 있습니다.

해상 원정은 육로를 통해 태평양에 도달하는 원정으로 진행될 수도 있고,[9] 이는 다른 사람들이 택하지 않은 경로를 이용하는 것입니다. 태평양에 도달하면 원정대는 더 북쪽이나 남쪽에 상륙했다가 돌아올 수 있습니다. 워싱턴을 미국의 첫 번째 경도선으로 삼아 발견지의 경도를 여기서부터 계산할 수도 있습니다.

---

9) 제퍼슨 대통령의 제안으로 미 육군의 메리웨더 루이스 대위와 윌리엄 클라크 중위는 1803년에 프랑스로부터 구입한 루이지애나를 넘어 육로 원정대를 꾸렸다. 1804년 5월 일리노이주를 출발하여 미주리강을 따라 서진한 루이스와 클라크 원정대는 1805년 11월 컬럼비아강 어귀(현재의 오리건주)에 도착하였다. 그때까지 아메리카의 북서 태평양 연안 지역은 스페인이나 영국의 밴쿠버 일행에 의해 바다를 한 접근과 탐사가 이루어졌을 뿐이었고, 루이스와 클라크는 최초로 육로를 통해 북서 태평양 지역까지 탐사를 하며 '발견의 원정'을 하고, 이 지역에 대한 미국의 영토적 권리를 확인하였다. 포터는 이를 의식하여 태평양 항해는 육로를 통한 원정과 결합하는 방식을 제안한다.

유사한 원정을 수행하는 국가들은 예외 없이 선박 통항권을 다른 국가에 요청해야 한다고 생각했습니다. 미국이 그런 통항권 없이 이 항해를 수행할 수 있는 상태인지 아닌지는 고려해 보는 것이 좋겠습니다.

최고의 존경을 담아 각하의 충실한 종복임을 자랑스럽게 여기는

D 포터 올림

데이비드 포터 주요 연표

데이비드 포터의 초상화[10]

---

10) 출처: *Journal of a Cruise Made to the Pacific Ocean, in the United States Frigate Essex, in the Years 1812, 1813, and 1814.* 1822.

데이비드 포터의 주요 연표		
1780년 2월 1일	출생	데이비드 포터 시니어(David Porter Sr.)와 엘리자베스(Elizabeth) 사이에 미국 보스턴에서 출생
1798년 4월 16일	18세	콘스텔레이션(Constellation)호 장교 후보생으로 승선
1799년 10월 8일	19세	중위로 승진
1800년 10월 1일	20세	익스페리먼트(Experiment)호 함장
1806년 4월 22일	26세	마스터 커맨던트(Master Commandant)로 승진
1808~1810년	28~30세	뉴올리언스(New Orleans)에서 근무
1812년 7월 2일~ 1814년 7월 8일	32~34세	1812년전쟁 참여, 캡틴 진급 에식스호로 영국 포경선 12척을 나포하는 전과 올림.
1814년	34세	파이어플라이(Firefly)호 함장으로 서인도제도에 파견되었으나 '1812년전쟁'이 끝남.
1815~1822년	35~42세	미 해군 국방성 위원
1823~1825년	43세	서인도제도의 해적을 진압하던 중 부하 장교가 붙잡히게 되자 이를 복수하기 위해 푸에르토리코(Puerto Rico)의 파야르도(Fajardo, 스페인 식민지)를 침공한 이유로 미국에서 군사재판에 회부
1826년 8월 18일	46세	제대 후 멕시코 해군에 입대
1826~1829년	46~49세	멕시코 해군 복무
1829년	49세	미국 바바리주(Barbary States, 북아프리카 서해안 지역) 장관
1831~1840년	51~60세	오토만 제국에서 근무 후 공사로 승진
1843년 3월 3일	63세	오토만 제국 공사로 근무 중 콘스탄티노플(오늘날 '튀르키예 이스탄불')에서 사망

출항 시 에식스호 승선자 명단과 계급, 인원

델라웨어 출항 시 에식스호 승선자 명단과 계급[11]		
번호	이 름	계 급
1	David Porter	Captain(함장)
2	John Downes	1st Lieutenant(1등 중위)
3	James P. Wilmer	2d Lieutenant(2등 중위)
4	James Wilson	3d Lieutenant(3등 중위)
5	William Finch	Acting 4th Lieutenant(4등 중위 대우)
6	Stephen D. M'Knight	Acting 5th Lieutenant(5등 중위 대우)
7	John G. Cowell	Sailing-master(항해장)
8	Robert Miller	Surgeon(선의)
9	David P. Adams	Chaplain(군목)
10	John R. Shaw	Purser(회계관)
11	William H. Haddiway	Midshipman(장교 후보생)
12	David G. Farragut	Midshipman(장교 후보생)
13	Richard Dashiell	Midshipman(장교 후보생)
14	John S. Cowan	Midshipman(장교 후보생)
15	Charles T. Clark	Midshipman(장교 후보생)
16	William H. Odenheimer	Midshipman(장교 후보생)

---

11) *Journal of a Cruise Made to the Pacific Ocean, in the United States Frigate Essex, in the Years 1812, 1813, and 1814.* 1822.

번호	이 름	계 급
17	Henry W. Ogden	Midshipman(장교 후보생)
18	Henry Gray	Midshipman(장교 후보생)
19	George W. Isaacs	Midshipman(장교 후보생)
20	William W. Feltus	Midshipman(장교 후보생)
21	Thomas A. Conover	Midshipman(장교 후보생)
22	David Tittermary	Midshipman(장교 후보생)
23	Richard K. Hoffman	Acting Sur. mate(임시 선의 보조병)
24	Alexander M. Montgomery	Acting Sur. mate(임시 선의 보조병)
25	Edward Linscott	Boatswain(갑판장)
26	Lawrence Miller	Gunner(포수장)
27	John S. Waters	Carpenter(목수장)
28	David Navarro	Sail-maker(돛 수선장)
29	W. W. Bostwick	Captain's clerk(함장 보좌관)
30	William P. Pierce	Master's mate(항해장 보좌 하사관)
31	James Terry	Master's mate(항해장 보좌 하사관)
32	Thomas Belcher	Boatswain's mate(갑판장 보좌 하사관)
33	Joseph Hawley	Boatswain's mate(갑판장 보좌 하사관)
34	William Kingsbury	Boatswain's mate(갑판장 보좌 하사관)
35	George Martin	Gunner's mate(포수장 보좌 하사관)
36	James Spafford	Gunner's mate(포수장 보좌 하사관)
37	John Langley	Carpenter's mate(목수장 보좌 하사관)
38	Bennet Field	Armourer(무기 담당 하사관)
39	George Kensinger, jun.	Master at arms(선임 위병 하사관)
40	John Adams	Cooper(통장이)
41	John Francis	Cockswain(조타장)

델라웨어 출항 시 에식스호 승선자 명단과 계급

번호	이 름	계 급
\multicolumn{3}{c}{델라웨어 출항 시 에식스호 승선자 명단과 계급}
42	Thomas Coleman	Steward(식당 담당 하사관)
43	John Haden	Cook(조리장)
44	Thomas Bailey	Boatswain's yeoman(갑판장 보좌병)
45	Thomas Edwards	Gunner's yeoman(포수장 보좌병)
46	Benjamin Wodden	Carpenter's yeoman(목수장 보좌병)
47	James Rynard	Quartermaster(조타수)
48	Francis Bland	Quartermaster(조타수)
49	William Gardner	Quartermaster(조타수)
50	John Mallet	Quartermaster(조타수)
51	Robert Dunn	Quartermaster(조타수)
52	John Thompson	Quartermaster(조타수)
53	Issac Valance	Quartermaster(조타수)
54	Benjamin Geers	Quarter-gunner(선미 갑판 포수)
55	Adam Roach	Quarter-gunner(선미 갑판 포수)
56	James Steady	Quarter-gunner(선미 갑판 포수)
57	Leonard Green	Quarter-gunner(선미 갑판 포수)
58	James Marshall	Quarter-gunner(선미 갑판 포수)
59	Edward Sellman	Quarter-gunner(선미 갑판 포수)
60	Henry Stone	Quarter-gunner(선미 갑판 포수)
61	Henry Ruff	Boy(사환)
62	Joseph Smith	Seaman(이등병)
63	John Royte	Boy(사환)
64	James W. Stewart	Seaman(이등병)
65	Daniel Gardner	Ordinary Seaman(일등병)
66	John Rodgers	Seaman(이등병)
67	George Wyne	Seaman(이등병)

번호	이 름	계 급
\multicolumn{3}{	c	}{델라웨어 출항 시 에식스호 승선자 명단과 계급}
68	William Forbes	Ordinary Seaman(일등병)
69	John M'Keever	Ordinary Seaman(일등병)
70	Henry Vickers	Ordinary Seaman(일등병)
71	William Holland	Ordinary Seaman(일등병)
72	Edward Sweeny	Ordinary Seaman(일등병)
73	Joseph Thomas	Seaman(이등병)
74	Robert Phillips	Landsman(무등병)
75	Jonathan Henfield	Seaman(이등병)
76	Thomas Gibbs	Ordinary Seaman(일등병)
77	John Scott	Ordinary Seaman(일등병)
78	Edward Highley	Ordinary Seaman(일등병)
79	Ephraim Baker	Ordinary Seaman(일등병)
80	Joseph Ferrel	Ordinary Seaman(일등병)
81	John H. Parsall	Seaman(이등병)
82	Samuel Miller	Ordinary Seaman(일등병)
83	John Compodonico	Seaman(이등병)
84	Joseph Johnson	Seaman(이등병)
85	William Hamilton	Landsman(무등병)
86	Jordan Williams	Seaman(이등병)
87	Henry Baker	Ordinary Seaman(일등병)
88	Philip Thomas	Seaman(이등병)
89	Thomas Carlton	Seaman(이등병)
90	Francis Porter	Seaman(이등병)
91	Henry Piper	Ordinary Seaman(일등병)
92	Martin Gilbert	Seaman(이등병)
93	Thomas Johnson 1st	Seaman(이등병)

번호	이 름	계 급
94	Robert Scatterly	Seaman(이등병)
95	George Hill	Ordinary Seaman(일등병)
96	Martin Stanly	Ordinary Seaman(일등병)
97	Thomas Nordyke	Seaman(이등병)
98	John Russell	Seaman(이등병)
99	William Simons	Ordinary Seaman(일등병)
100	Francis Green	Ordinary Seaman(일등병)
101	John Wyble	Seaman(이등병)
102	Daniel Coleman	Landsman(무등병)
103	William Hines	Ordinary Seaman(일등병)
104	John Thomas	Ordinary Seaman(일등병)
105	Jasper Reed	Seaman(이등병)
106	Robert White	Seaman(이등병)
107	Thomas Mitchell	Ordinary Seaman(일등병)
108	John Brown	Seaman(이등병)
109	William White	Seaman(이등병)
110	William Burton	Boy(사환)
111	Matthew Tuckerman	Seaman(이등병)
112	William Boyd	Ordinary Seaman(일등병)
113	John Robertson	Seaman(이등병)
114	Joseph Emerson	Seaman(이등병)
115	John Stone	Seaman(이등병)
116	William Lee 1st	Boy(사환)
117	Zachariah Mayfield	Landsman(무등병)
118	Francis Davis	Seaman(이등병)
119	Peter Allan	Seaman(이등병)

번호	이 름	계 급
120	John Alvision	Seaman(이등병)
121	John Lazarro	Seaman(이등병)
122	Jacob Harrison	Boy(사환)
123	John M. Cresup	Ordinary Seaman(일등병)
124	Henry Humphries	Boy(사환)
125	John Williams 2d	Ordinary Seaman(일등병)
126	London Reed	Landsman(무등병)
127	Thomas Andrews	Ordinary Seaman(일등병)
128	George Stoutenbourgh	Seaman(이등병)
129	William Wood	Seaman(이등병)
130	Richard Sullivan	Boy(사환)
131	John Harvey	Seaman(이등병)
132	Henry Kennedy	Seaman(이등병)
133	David Smith	Ordinary Seaman(일등병)
134	James Clarke	Seaman(이등병)
135	Charles Earnest	Seaman(이등병)
136	George Love	Ordinary Seaman(일등병)
137	Francis Trepanny	Seaman(이등병)
138	Bartholomew Tuckerman	Seaman(이등병)
139	William Foster	Ordinary Seaman(일등병)
140	John Welsh	Seaman(이등병)
141	Williams Matthews	Seaman(이등병)
142	William Taylor	Boy(사환)
143	George Williams	Seaman(이등병)
144	Daniel Hyde	Seaman(이등병)
145	John Penn	Seaman(이등병)

델라웨어 출항 시 에식스호 승선자 명단과 계급

번호	이 름	계 급
146	Samuel Jones	Landsman(무등병)
147	David Davis	Ordinary Seaman(일등병)
148	Emero Males	Ordinary Seaman(일등병)
149	William Godfrey	Seaman(이등병)
150	Samuel Groce	Seaman(이등병)
151	William Nichols	Ordinary Seaman(일등병)
152	Peter Green	Seaman(이등병)
153	Benjamin Bartley	Landsman(무등병)
154	Nathaniel Whiting	Ordinary Seaman(일등병)
155	William Jennings	Landsman(무등병)
156	John Dobson	Seaman(이등병)
157	William Smith	Seaman(이등병)
158	Edmond Ollerson	Ordinary Seaman(일등병)
159	George Green	Boy(사환)
160	Martial Gills	Ordinary Seaman(일등병)
161	Matthew Lawder	Ordinary Seaman(일등병)
162	John Bachelder	Ordinary Seaman(일등병)
163	James Nicherson	Boy(사환)
164	Charles M'Carty	Ordinary Seaman(일등병)
165	William Johnson	Seaman(이등병)
166	Samuel Howard	Ordinary Seaman(일등병)
167	Charles Hays	Seaman(이등병)
168	Daniel F. Casimere	Ordinary Seaman(일등병)
169	James M'Rae	Boy(사환)
170	Robert Stanwood	Seaman(이등병)
171	Thomas Carroll	Seaman(이등병)

델라웨어 출항 시 에식스호 승선자 명단과 계급

델라웨어 출항 시 에식스호 승선자 명단과 계급		
번호	이 름	계 급
172	Francis Lemon	Boy(사환)
173	James Postell	Seaman(이등병)
174	James Daniels	Ordinary Seaman(일등병)
175	Samuel West	Seaman(이등병)
176	John C. Kilian	Seaman(이등병)
177	James Smith	Seaman(이등병)
178	Andrew Smith	Seaman(이등병)
179	James Mahony	Landsman(무등병)
180	Benjamin Hazen	Seaman(이등병)
181	James Middleton	Seaman(이등병)
182	George Young	Seaman(이등병)
183	James Campbell	Seaman(이등병)
184	James Turner	Ordinary Seaman(일등병)
185	Richard Sansbury	Ordinary Seaman(일등병)
186	William Cole	Seaman(이등병)
187	John C. Porter	Seaman(이등병)
188	William Bursell	Seaman(이등병)
189	Thomas M'Donald	Ordinary Seaman(일등병)
190	James Doyle	Seaman(이등병)
191	Charles Foster	Ordinary Seaman(일등병)
192	Mark Hill	Landsman(무등병)
193	Thomas Milburn	Seaman(이등병)
194	William Sinclair	Ordinary Seaman(일등병)
195	Samuel Dinsmore	Ordinary Seaman(일등병)
196	Sylvester Smith	Ordinary Seaman(일등병)
197	Enoch M. Miley	Seaman(이등병)

델라웨어 출항 시 에식스호 승선자 명단과 계급		
번호	이 름	계 급
198	Joseph Burnham	Ordinary Seaman(일등병)
199	Thomas O'Loud	Boy(사환)
200	John M'Kinsey	Seaman(이등병)
201	Adam Williams	Landsman(무등병)
202	John Burd	Seaman(이등병)
203	William Christopher	Seaman(이등병)
204	Joseph Roberts	Seaman(이등병)
205	Peter Johnson 1st	Seaman(이등병)
206	Gane Robertson	Seaman(이등병)
207	William Miller	Seaman(이등병)
208	James Chace	Seaman(이등병)
209	Reuben Marshall	Seaman(이등병)
210	John Chamberlain	Seaman(이등병)
211	Thomas Brannock	Seaman(이등병)
212	John Boyle	Seaman(이등병)
213	Charles Jamieson	Seaman(이등병)
214	Antonio Sallee	Seaman(이등병)
215	Charles Mooree	Ordinary Seaman(일등병)
216	James Spencer	Boy(사환)
217	John Jackson	Boy(사환)
218	Thomas Brown	Seaman(이등병)
219	Mark Antonio	Seaman(이등병)
220	John Collins	Seaman(이등병)
221	William Whitney	Seaman(이등병)
222	Cornelius Thompson	Seaman(이등병)
223	George Rex	Seaman(이등병)

번호	이 름	계 급
델라웨어 출항 시 에식스호 승선자 명단과 계급		
224	Thomas Welch	Seaman(이등병)
225	Samuel Martin	Seaman(이등병)
226	Oliver Nelson	Seaman(이등병)
227	Allan Jones	Seaman(이등병)
228	James Banks	Seaman(이등병)
229	Frederick Barnes	Seaman(이등병)
230	Thomas Ewing	Seaman(이등병)
231	Ramsay White	Ordinary Seaman(일등병)
232	Barnet Sparling	Seaman(이등병)
233	William Lee 2d	Seaman(이등병)
234	Charles Haliards	Seaman(이등병)
235	Henry Holliman	Seaman(이등병)
236	Cadet Gay	Seaman(이등병)
237	John William 4th	Seaman(이등병)
238	John Linghan	Seaman(이등병)
239	John Davis	Ordinary Seaman(일등병)
240	George Douglas	Seaman(이등병)
241	Francis James	Seaman(이등병)
242	Thomas Stewart	Seaman(이등병)
243	Levi M'Cabe	Seaman(이등병)
244	Daniel Ross	Seaman(이등병)
245	John Galligher	Ordinary Seaman(일등병)
246	Abraham Jackson	Ordinary Seaman(일등병)
247	John Harris 2d	Seaman(이등병)
248	James Bantain	Seaman(이등병)
249	Daniel Lombard	Seaman(이등병)

번호	이 름	계 급
	델라웨어 출항 시 에식스호 승선자 명단과 계급	
250	John Downey	Seaman(이등병)
251	David Holsten	Seaman(이등병)
252	Israel Covil	Ordinary Seaman(일등병)
253	Olof Hasslefeldt	Seaman(이등병)
254	William Robbins	Seaman(이등병)
255	James Harrison	Seaman(이등병)
256	John Glasseau	Seaman(이등병)
257	Levy Holmes	Seaman(이등병)
258	Samuel Leech	Seaman(이등병)
259	Joseph Linton	Ordinary Seaman(일등병)
260	James Johnston	Ordinary Seaman(일등병)
261	Hugh Gibson	Seaman(이등병)
262	Joshua Waple	Seaman(이등병)
263	William Clair	Seaman(이등병)
264	Charles Hague	Seaman(이등병)
265	Adam Lawrence	Seaman(이등병)
266	William Concord	Seaman(이등병)
267	Sherard Byran	Seaman(이등병)
268	George Hall	Seaman(이등병)
269	Mark Scott	Seaman(이등병)
270	John Godfrey	Seaman(이등병)
271	William Holmes	Seaman(이등병)
272	Benjamin Hamilton	Seaman(이등병)
273	George Bartle	Seaman(이등병)
274	John Morria	Seaman(이등병)
275	Nathaniel Jones	Seaman(이등병)

번호	이 름	계 급
\multicolumn{3}{c}{**델라웨어 출항 시 에식스호 승선자 명단과 계급**}
276	John Bennet	Seaman(이등병)
277	James Redden	Seaman(이등병)
278	George Brown	Seaman(이등병)
279	James Duffey	Seaman(이등병)
	정원 외 승선자[12]	
280	Samuel M'Isaacs	이등병, 전투로 인한 중상
281	Joshia Morris	계급 불명, 녹턴호로 전속
282	Samuel Manly	일등병, 신체 쇠약으로 녹턴호로 전속
283	Robert Isgrig	이등병, 에식스 주니어호로 전속
284	John Hubbard	계급 불명, 녹턴호로 전속
285	Edward O'Neal	계급 불명, 사유 불명
286	Nicholas Ledworth	계급 불명, 녹턴호로 전속
287	Joseph Dixon	이등병, 성병
	해병대	
288	John M. Gamble	Lieutenant Commanding(지휘관 중위)
289	Abraham Van Deezer	Sergeant(상사)
290	Pierce G. Small	Sergeant(상사)
291	Absalom Krewson	Corporal(하사)
292	Andrew Mahon	Corporal(하사)
293	William M'Donald	Drummer(고수)
294	William Mick	Fifer(피리 부는 병사)
295	George Fritz	Private(수병)

---

12) *Journal of a Cruise Made to the Pacific Ocean, in the United States Frigate Essex, in the Years 1812, 1813, and 1814.* 1815.

번호	이 름	계 급
296	Jonathan Witter	Private(수병)
297	Peter C. Swook	Private(수병)
298	Benjamin Bispham	Private(수병)
299	George Schlosser	Private(수병)
300	John Andrews	Private(수병)
301	Lewis Price	Private(수병)
302	John B. Yarnall	Private(수병)
303	Michael Smith	Private(수병)
304	Jacob Armstrong	Private(수병)
305	John Ayres	Private(수병)
306	Peter Caddington	Private(수병)
307	James Vigory	Private(수병)
308	George Gable	Private(수병)
309	John Pettinger	Private(수병)
310	Thomas King	Private(수병)
311	John Fulmer	Private(수병)
312	Orin Manly	Private(수병)
313	James Milburn	Private(수병)
314	Henry Ashmore	Private(수병)
315	John Long	Private(수병)
316	Issac Stone	Private(수병)
317	William Whitney	Private(수병)
318	Cable B. Van Voast	Private(수병)
319	Berlin St. Rose	Private(수병)

델라웨어 출항 시 에식스호 승선자 명단과 계급

출항 시 에식스호 승선자 계급과 인원 [13]			
계 급	인원수	계 급	인원수
Captain(함장)	1	Steward(식당 담당 하사관)	1
Lieutenants(중위)	5	Cockswain(조타장)	1
Lieutenant of marines(해병대 중위)	1	Cooper(통장이)	1
Sailing-master(항해장)	1	Cook(조리장)	1
Chaplain(군목)	1	Boatswain's yeoman (갑판장 보좌 하사관)	1
Purser(회계관)	1	Gunner's yeoman (포수장 보좌 하사관)	1
Surgeon(선의)	1	Carpenter's yeoman (목수장 보좌 하사관)	1
Surgeon's mates(선의 보조병)	2	Quartermasters(조타수)	7
Midshipmen(장교 후보생)	12	Quarter-gunners(선미 갑판 포수)	7
Boatswain(갑판장)	1	Sergeants(상사)	2
Gunner(포수장)	1	Corporals(하사)	2
Carpenter(목수장))	1	Drummer(고수)	1
Sail-maker(돛 수선장)	1	Fifer(피리 부는 병사)	1
Captain's clerk(함장 보좌관)	1	Private marines(해병대 수병)	25
Master's mates (항해장 보좌 하사관)	2	Seamen(이등병)	137
Boatswain's mates (갑판장 보좌 하사관)	3	Ordinary Seamen(일등병)	56
Gunner's mates (포수장 보좌 하사관)	2	Landsmen(무등병)	11
Carpenter's mates (목수장 보좌 하사관)	1	Boys(사환)	15
Armourer(무기 담당 하사관)	1	Supernumeraries(정원 외 승선자)	8
Master at arms(선임 위병 하사관)	1	총 계	319

---

13) *Journal of a Cruise Made to the Pacific Ocean, in the United States Frigate Essex, in the Years 1812, 1813, and 1814.* 1822.

에식스호의 연혁과 제원[14)

에식스호의 연혁	
미국 군함 에식스호(USS Essex)	1799년 해군함으로 진수
건조	미국 매사추세츠주 세일럼 카운티
인수	1798년 미 해군에서 $139,362에 인수
진수	1799년 9월 30일 해군함으로 전수
취역	1799년 12월 17일
에식스호의 제원	
유형	5등급 프리깃(Fifth-rate Frigate)
화물 적재량	864톤
길이	전장 42.2m
용골[15)	11.4m
흘수[16)	3.7m
선창 깊이	3.6m
추진 수단	돛
속도	11.4노트(21.1km/h)

---

14) 출처: https://en.wikipedia.org/wiki/USS_Essex_(1799)

15) 용골(keel)은 선박 바닥의 중앙을 받치는 길고 큰 재목으로, 선수에서 선미에 걸쳐 선체를 받치는 기능을 한다.

16) 흘수(draft)는 배가 물 위에 떠 있을 때 물에 잠겨 있는 부분의 깊이. 일반적으로 수면에서 배의 최하부까지의 수직 거리를 이른다.

미국 군함 에식스(USS Essex)호의 함포 수와 정원	
함포 수 총 46문	32파운드 카로네이드 40문 12파운드 함포 6문
정원	315명
미국 선적 에식스호의 지휘관과 복무 기록	
에드워드 프레블(Edward Preble)	1799~1801년
윌리엄 베인브리지(William Bainbridge)	1801~1802년
제임스 배런(James Barron)	1804년
존 스미스(John Smith)	1809~1810년
데이비드 포터(David Porter)	1812~1814년
미국 선적 에식스호의 작전 활동	
미·불준(準)전쟁(Quasi-War, 1798~1800)	카리브해, 미국 동부 해안
제1차 바르바리전쟁 (First Barbary War, 1801~1805)	아프리카 북부 바르바리 해안
1812년전쟁 (War of 1812, 1812. 6. 18.~1815. 2. 17.)	북미, 대서양, 태평양
영국 군함 에식스(HMS Essex)호	
복무	1814~1837년
공매 처분	1837년 6월 6일
영국 군함 에식스호의 함포 수	
함포 수 총 42문	18파운드 함포 26문 (상갑판) 32파운드 카로네이드 12문 (선미 갑판) 9파운드 함포 2문 (선수 갑판) 32파운드 카로네이드 2문 (선수 갑판)

포터 함장의 에식스호가 나포한 배[17]

연번	배 이름	국적	톤수 (tons)	함포 수 (나포 후 추가 탑재 수)	나포 일시와 장소	특이사항
1	녹턴호	영국	—	10	1812년 12월 12일, 프라야항 근해	우편선, 강풍에 침몰
2	네레이다호	페루	—	15	1813년 3월 25일, 페루 해안	사략선
3	애틀랜틱호	영국	351	6(20)	1813년 5월 28일, 갈라파고스	사략선, '에식스 주니어호'로 명칭 변경
4	그리니치호	영국	338	10	1813년 5월 28일, 갈라파고스	사략선, 수송선으로 개조 후 누쿠히바로 동반 항해
5	세링가파탐호	영국	357	14(22)	1813년 7월 12일	포경선, 누쿠히바로 동반 항해
6	뉴질랜더호	영국	259	8	1813년 7월 12일	포경선, 성능이 나빠서 선장에게 돌려줌.
7	찰턴호	영국	—	—	1813년 7월 12일	포경선, 성능이 나빠서 선장에게 돌려줌.
8	써 앤드류 해먼드호	영국	301	12	1818년 9월 13일	사략선, 누쿠히바로 동반 항해
9	조지아나호	영국	280	6(10)	1813년 4월 29일, 갈라파고스	포경선, 성능이 좋아서 미국으로 보냄.

---

17) *Journal of a Cruise Made to the Pacific Ocean, in the United States Frigate Essex, in the Years 1812, 1813, and 1814.* 1815.

연번	배 이름	국적	톤수 (tons)	함포 수 (나포 후 추가 탑재 수)	나포 일시와 장소	특이사항
10	폴리시호	영국	275	10(조지아나 호로 옮김)	1813년 4월 29일, 갈라파고스	포경선, 향유고래기름을 싣고 있어서 제 값을 받을 수 있는 미국으로 보냄.
11	몬테주마호	영국	-	2	1813년 4월 29일, 갈라파고스	포경선, 발파라이소에서 매각
12	캐더린호	영국	270	8	1813년 6월 24일, 갈라파고스	포경선, 발파라이소에서 매각
13	헥터호	영국	270	11	1813년 6월 24일, 갈라파고스	포경선, 발파라이소에서 매각
14	로즈호	영국	220	21	1813년 6월 24일, 갈라파고스	—

범선의 돛 이름

범선의 돛 이름[18]

---

18) 출처: George C. Daughan. *The Shining Sea*. 2013.
   패트릭 오브라이언, 이원경 역, 『마스터 앤드 커맨더』 1권, 황금가지, 2008

① 플라잉 집(Flying jib)

② 집(Jib)

③ 포어 톱마스트 스테이세일(Fore topmast staysail)

④ 포어 스테이세일(Fore staysail)

⑤ 포어세일 또는 코스(Foresail or course)

⑥ 포어 톱세일(Fore topsail)

⑦ 포어 톱갤런트(Fore topgallant)

⑧ 메인스테이세일(Mainstaysail)

⑨ 메인톱마스트 스테이세일(Maintopmast staysail)

⑩ 미들 스테이세일(Middle staysail)

⑪ 포어 톱갤런트 스테이세일(Main topgallant staysail)

⑫ 메인세일 또는 코스(Mainsail or course)

⑬ 메인톱세일(Maintopsail)

⑭ 포어 톱갤런트(Main topgallant)

⑮ 미즌 스테이세일(Mizzen staysail)

⑯ 미즌 톱마스트 스테이세일(Mizzen topmast staysail)

⑰ 미즌 톱갤런트 스테이세일(Mizzen topgallant staysai)

⑱ 미즌 세일(Mizzen sail)

⑲ 미즌 톱마스트(Mizzen topsail)

⑳ 미즌 톱갤런트(Mizzen topgallant)

㉑ 스팽커(Spanker)

조지 밴쿠버·윌리엄 로버트 브로튼, 김낙현·노종진·류미림·이성화·홍옥숙 옮김,
『밴쿠버와 브로튼의 북태평양 항해기 1791~1795』, 경문사, 2021

패트릭 오브라이언, 이원경 역, 『마스터 앤드 커맨더』 1권, 황금가지, 2008

Daughan. George C. *The Shining Sea: David Porter and the Epic Voyage of the U.S.S. Essex during the War of 1818.* Philadelphia: Basic Books, 2013

Porter, David. *A Voyage in the South Seas, in the Years 1812, 1813, and 1814 with particular Details of the Gallipagos and Washington Islands.* London: Sir Richard Philips, 1823

_____. *Journal of a Cruise Made to the Pacific Ocean, in the United States Frigate Essex, in the Years 1812, 1813, and 1814.* Vol. I-II. Philadelphia: Bradforda, 1815

_____. *Journal of a Cruise Made to the Pacific Ocean, in the United States Frigate Essex, in the Years 1812, 1813, and 1814.* Vol. I-II. New York: Wiley & Halsted, 1822